マンション

（判例ハンドブック）

犬塚　浩［編集代表］
宮田義晃
吉田可保里［編集委員］
永盛雅子

青林書院

はしがき

　分譲住宅建物の40％を占めるマンションを取り巻く環境は激変を続けています。

　平成28年３月，国土交通省のマンション標準管理規約の改正が行われました。これは老朽化するマンションが増加する中で，管理のクオリティーを上げることの他，判例の考え方ならびに民泊への対応を意識したものとなっています。

　一方でマンションに関しては老朽化したマンションの建替え（マンション再生）の問題が取り上げられつつあります。従来区分所有法に基づく単棟及び団地の建替え規定がありましたが，平成14年にマンション建替え円滑化法が制定され，区分所有法の建替決議後の手続の円滑化が図られました。また耐震性不足のマンションに関してはマンション建替え円滑化法の中で「敷地売却制度」が創設され，老朽化したマンションを処分して建て替える方法も創設されました。

　その他，開発段階での問題，分譲段階での問題，引渡し後の瑕疵担保責任，管理規約の解釈などマンションに関する法的な問題は尽きることがありません。

　従前『建築紛争判例ハンドブック』（平成28年刊）を作成したメンバーの大部分が参加して，新たにマンション関連の判例の分析を行いました。

　判例を正確にかつ分かりやすく説明するだけでなく，その射程距離に関してもより実務的な意味も踏まえて分析いたしました。

　現段階におけるマンション関連判例の最新かつ最高の作品として作成できたものと自負しております。

　最後になりましたがマンション関連の業務に携わる皆様方にとって本書が有益なものとなることを心より願っております。

　あわせて執筆者の皆様へのお礼を申し上げます。

平成30年2月

　　　　　　　　　　　　　　　　　　　弁護士　犬　塚　　浩

編集代表・編集委員・執筆者

【編集代表】

犬塚　　浩（弁護士　京橋法律事務所）

【編集委員】

宮田　義晃（弁護士　京橋法律事務所）
吉田可保里（弁護士　Ｔ＆Ｔパートナーズ法律事務所）
永盛　雅子（弁護士　株式会社ザイマックス法務部）

【執筆者（執筆順）】

永盛　雅子（上掲）
和久田玲子（弁護士　Ｔ＆Ｔパートナーズ法律事務所）
大橋　正典（弁護士　愛宕山総合法律事務所）
堀岡　咲子（弁護士　第一中央法律事務所）
山田　敏章（弁護士　石井法律事務所）
宮田　義晃（上掲）
楠　　　慶（弁護士　ひかり総合法律事務所）
髙杉　謙一（弁護士　共永総合法律事務所）
竹下　慎一（弁護士　竹下法律事務所）
石橋　京士（弁護士　一京綜合法律事務所）
髙木　　薫（弁護士　髙木薫法律事務所）
吉田可保里（上掲）
宗像　　洸（弁護士　東京赤坂法律事務所・外国法共同事業）
稲垣　　司（弁護士　石井法律事務所）

凡　例

1　関係法令

関係法令は，原則として平成30年1月22日現在のものによった。なお，平成29年法律第44号「民法の一部を改正する法律」による改正について，必要に応じて付記した。

2　法令の摘記

法令名は，地の文では原則として正式名称で表記し，かっこ内における法令条項の引用は，以下の要領で行った。

① 法令条項を列記するにあたっては，同一法令の場合は「・」，異なる法令の場合は「，」を用いた。
② 主な法令名は，後掲の「法令略語」を用いて表記した。
　〔例〕　建築基準法第99条第1項第1号
　　→　建基99条1項1号

3　判例の摘記

判例の引用は，次の〔例〕により，後掲の「判例・文献関係略語」を用いて行った。

　〔例〕　最高裁判所第三小法廷平成23年2月15日判決（平成21年(受)第627号），最高裁判所裁判集民事236号45頁
　　→　最三小判平23・2・15裁判集民236号45頁

4　文献の摘記

文献は，原則として次のように表記し，一部の主要な文献については，後掲の「判例・文献関係略語」を用いた。

　〔例〕　著者名『書名』頁数
　　　　編者名編『書名』頁数〔執筆者名〕
　　　　執筆者名「論文タイトル」掲載誌頁数
　　　　執筆者名・掲載誌頁

【法令略語】

円滑化	マンションの建替え等の円滑化に関する法律	被災	被災区分所有建物の再建等に関する特別措置法
行訴	行政事件訴訟法	標準管理規約	マンション標準管理規約
区分所有	建物の区分所有等に関する法律	品確	住宅の品質確保の促進等に関する法律
建基	建築基準法	不登	不動産登記法
建基施規	建築基準法施行規則	不登令	不動産登記令
建基施令	建築基準法施行令	民	民法
国賠	国家賠償法	改正民	民法（平成29年法律第44号による改正後）
宅建業	宅地建物取引業法		
宅建業施令	宅地建物取引業法施行令	民執	民事執行法
地自	地方自治法	民訴	民事訴訟法
都計	都市計画法		

【判例・文献関係略語】

大	大審院	無体集	無体財産関係民事・行政裁判例集
大連	大審院民事連合部		
最大	最高裁判所大法廷	金判	金融・商事判例
最一小	最高裁判所第一小法廷	金法	金融法務事情
最二小	最高裁判所第二小法廷	判時	判例時報
最三小	最高裁判所第三小法廷	判タ	判例タイムズ
高	高等裁判所	判自	判例地方自治
地	地方裁判所	ジュリ	ジュリスト
簡	簡易裁判所	判評	判例評論
支	支部	法セ	法学セミナー
判	判決	法ニュース	消費者法ニュース
決	決定	裁判所HP	裁判所ホームページ
民録	大審院民事判決録	LEX/DB	LEX/DBインターネット（TKC法律情報データベース）
民集	最高裁判所（又は大審院）民事判例集		
下民集	下級裁判所民事裁判例集	LLI/DB	LLI/DB判例秘書インターネット（LIC法律情報サービス）
裁時	裁判所時報		
裁判集民	最高裁判所裁判集民事		

目　次

はしがき
編集代表・編集委員・執筆者
凡　例

第1章　開発・建築

1　都市機能が集中する大都市における眺望を享受する利益（又は眺望権）
　　……………………………………………………（永盛　雅子）…3
　　大阪地判平成24年3月27日（平成22年(ワ)第15843号）判時2159号88頁

2　文化財保存に関する近隣住民の原告適格と確認の利益
　　……………………………………………………（和久田玲子）…8
　　東京高判平成25年10月23日（平成24年(行コ)第122号）判時2221号9頁，
　　判タ1415号87頁
　　（原審：東京地判平成24年2月17日（平成22年(行ウ)第271号）判時2221
　　号17頁，判タ1387号126頁）

3　マンション建築確認に対する執行停止申立て　………（永盛　雅子）…14
　　東京高決平成21年2月6日（平成21年(行タ)第5号）裁判所HP

4　マンションの建設・販売の阻止を目的とした市長の違法な行為の帰結
　　……………………………………………………（永盛　雅子）…20
　　東京高判平成27年12月22日（平成26年(ネ)第5388号）判自405号18頁，裁
　　判所HP

5　（一団地認定処分に続く）同一敷地内建築物処分の認定基準の適合性
　　……………………………………………………（和久田玲子）…27
　　東京地判平成28年2月16日（平成27年(行ウ)第243号）判時2313号18頁

6　渡り廊下とエキスパンションジョイントで接している複数の建築物の
　　「一の建築物」該当性　………………………………（大橋　正典）…32

東京地判平成23年11月11日（平成22年(行ウ)第295号）判タ1387号109頁

7　共用部分の容積対象該当性の判断と指定確認検査機関の義務の範囲
　　………………………………………………………（大橋　正典）…38
東京地判平成27年1月29日（平成25年(ワ)第697号）ウエストロー2015
WLJPCA01296011

8　指定確認検査機関の過誤による違法な建築確認の債務不履行責任の成否
　　………………………………………………………（堀岡　咲子）…43
東京地判平成27年6月19日（平成24年(ワ)第20670号）判タ1422号317頁

第2章　分譲・売買

9　マンションの耐震偽装と売買契約の要素の錯誤　……（山田　敏章）…51
札幌高判平成23年5月26日（平成22年(ネ)第291号，平成23年(ネ)第75号）
法ニュース89号203頁，LLI/DBL06620261

10　マンションの売主の情報提供義務　………………（堀岡　咲子）…56
東京地判平成25年12月27日（平成21年(ワ)第28348号）LEX/DB25516770

11　マンションの売主の説明義務　………………………（堀岡　咲子）…61
大阪高判平成26年1月23日（平成25年(ネ)第2160号）判時2261号148頁

12　マンション建設工事中の死亡事故と契約解除　………（宮田　義晃）…66
東京地判平成26年4月15日（平成25年(ワ)第3227号）ウエストロー2014
WLJPCA04158002

13　マンション管理適正化法に基づきマンション分譲業者が管理組合に交付すべき図書の意義　………………………………（山田　敏章）…70
東京地判平成23年9月30日（平成22年(ワ)第11068号）ウエストロー2011
WLJPCA09308002

第3章　瑕疵担保・不法行為

14　マンションの瑕疵判断と専門委員の「説明」…………（楠　　慶）…77
大阪地判平成25年2月26日（平成22年(ワ)第136号，平成23年(ワ)第1926

号）判タ1389号193頁

15 マンションの共用部分の瑕疵について，区分所有者に対する瑕疵担保責任の成否 ……………………………………………（楠　　慶）…83
東京地判平成25年3月11日（平成24年(ワ)第12463号）ウエストロー2013 WLJPCA03118001

16 中古マンションの浸水被害と瑕疵 ………………………（髙杉　謙一）…88
東京地判平成26年1月15日（平成25年(ワ)第15563号）LEX/DB25517189

17 中古給湯器が故障していることと相当因果関係のある損害の範囲と額 ……………………………………………………（竹下　慎一）…93
東京地判平成26年12月9日（平成26年(レ)第394号）ウエストロー2014 WLJPCA12098003

18 マンション建築予定地の地中コンクリート杭の存在と瑕疵 ……………………………………………（竹下　慎一＝宮田　義晃）…98
東京地判平成25年11月21日（平成24年(ワ)第26150号）ウエストロー2013 WLJPCA11218004，LEX/DB25515985

19 建材に含まれる有害物質とマンション開発業者の不法行為責任 ……………………………………………………（石橋　京士）…105
東京地判平成21年10月1日（平成16年(ワ)第18418号）法ニュース82号267頁

20 建築基準法違反の構造計算の誤りによる建築士の不法行為責任 ……………………………………………………（石橋　京士）…110
福岡地判平成23年3月24日（平成17年(ワ)第3128号）判時2119号86頁

21 設計施工会社の不法行為責任 ……………………（髙木　薫）…115
東京地判平成25年8月23日（平成22年(ワ)第12710号）LEX/DB25514411，ウエストロー2013WLJPCA08238001

22 不法行為が成立する「建物としての基本的な安全性を欠く場合」の該当性 ……………………………………………………（髙木　薫）…119
福岡高判平成24年1月10日（平成23年(ネ)第764号）判時2158号62頁，判タ1387号238頁

第4章　区分所有・管理・組合運営

第1　組合・規約・決議等

23　共用部分の侵害に関する給付請求における原告適格
……………………………………………（吉田可保里）…125
最三小判平成23年2月15日（平成21年(受)第627号）裁判集民236号45頁，判時2110号40頁，判夕1345号129頁，金法1944号123頁

24　共用部分の工事に関する理事会の裁量 …………（宗像　洸）…129
東京地判平成24年3月28日（平成21年(ワ)第23322号，平成22年(ワ)第45754号）判時2157号50頁

25　管理組合の規約で専ら専有部分に係る事項を定めることの可否
……………………………………………（山田　敏章）…134
大阪高判平成20年4月16日（平成20年(ツ)第7号）判時2018号19頁，判夕1267号289頁

26　管理組合の規約で専有部分の水道料金に関わることを定めることの可否
……………………………………………（髙杉　謙一）…139
名古屋高判平成25年2月22日（平成24年(ツ)第7号）判時2188号62頁

27　住民活動協力金の負担を定める規約変更と区分所有法31条1項後段の「特別の影響」……………………………………（吉田可保里）…144
最三小判平成22年1月26日（平成20年(受)第666号）裁判集民233号9頁，判時2069号15頁，判夕1317号137頁

28　マンション管理規約の「違約金としての弁護士費用」の意義
……………………………………………（宗像　洸）…149
東京高判平成26年4月16日（平成25年(ネ)第6530号，平成26年(ネ)第432号）判時2226号26頁，判夕1417号107頁

29　マンション管理組合保管の書類の閲覧謄写請求権 …（宮田　義晃）…154
大阪高判平成28年12月9日（平成28年(ネ)第1420号）裁判所HP，ウエストロー2016WLJPCA12099002

30　管理組合法人が管理規約に基づき区分所有者がバルコニー上に設置した増築部分の撤去を求めることの可否……………（山田　敏章）…160

東京地判平成21年1月29日（平成20年（ワ）第8735号）判タ1334号213頁

31　専有部分を税理士事務所として使用することの禁止請求の可否
………………………………………………………（吉田可保里）…165
東京高判平成23年11月24日（平成23年（ネ）第3590号）判タ1375号215頁

第2　迷惑行為（又はニューサンス）

32　飲食店の深夜営業の共同利益背反行為該当性 ………（楠　　慶）…169
東京地判平成21年12月28日（平成19年（ワ）第25978号）ウエストロー2009WLJPCA12288001

33　猫への餌やりと管理組合規約違反……………………（楠　　慶）…175
東京地立川支判平成22年5月13日（平成20年（ワ）第2785号）判時2082号74頁

34　シェアハウスとしての使用禁止請求…………………（吉田可保里）…180
東京地判平成27年9月18日（平成26年（ワ）第5667号）LLI/DBL07031046

35　暴力団組事務所としての使用と区分所有法59条1項の競売請求の可否
………………………………………………………（髙木　　薫）…186
福岡地判平成24年2月9日（平成23年（ワ）第2294号）裁判所HP

36　役員への誹謗中傷と共同利益背反行為該当性 ………（楠　　慶）…193
最三小判平成24年1月17日（平成22年（受）第2187号）判時2142号26頁

37　議案説明書に記載された事実の名誉毀損該当性 ……（竹下　慎一）…197
東京地判平成28年2月23日（平成27年（ワ）第25430号）LEX/DB25533870

第3　敷地・共用部分

38　通行地役権に基づく妨害排除請求の被告である管理組合の被告適格
………………………………………………………（竹下　慎一）…203
東京地判平成28年2月26日（平成26年（ワ）第15270号）LEX/DB25533857

39　マンションの法定敷地に関する共有物分割請求の可否
………………………………………………………（山田　敏章）…208
東京地判平成20年2月27日（平成19年（ワ）第30283号）LLI/DBL06330962

40　連棟式建物の区分所有者が土地を分有する際の占有権原
………………………………………………………（宗像　　洸）…213
東京地判平成25年8月22日（平成21年（ワ）第26799号，平成22年（ワ）第

3953号）判時2217号52頁

41 共用部分の賃貸借契約についての手続要件 ………… （堀岡　咲子）…218
　　札幌高判平成21年２月27日（平成20年（ネ）第234号）判タ1304号201頁

42 共用部分の登記と背信的悪意者 …………………… （堀岡　咲子）…223
　　東京高判平成21年８月６日（平成21年（ネ）第2046号）判タ1314号211頁

43 共用部分を対象とする大規模排水管更新工事の決議要件と差止事由
　　……………………………………………………… （宗像　洸）…226
　　東京地判平成26年７月10日（平成26年（ワ）第3903号）ウエストロー2014
　　WLJPCA07108003，LEX/DB25520423

44 共用部分の改修工事に反対する区分所有者の協力義務
　　……………………………………………………… （宮田　義晃）…231
　　東京地判平成27年２月16日（平成26年（ワ）第16514号）判時2267号67頁，
　　ウエストロー2015WLJPCA02168002

45 マンション１階部分の専有部分該当性 ……………… （稲垣　司）…235
　　東京地判平成26年10月28日（平成24年（ワ）第26314号）判時2245号42頁

第4　組合と金銭の問題

46 区分所有法59条の競売請求の可否 ………………… （髙木　薫）…240
　　東京地判平成22年５月21日（平成20年（ワ）第900号）ウエストロー2010
　　WLJPCA05218001

47 区分所有法59条の競売請求訴訟認容判決に基づく競売申立てと口頭弁論
　　終結後の区分所有権の譲受人 ……………………… （髙木　薫）…247
　　最三小決平成23年10月11日（平成23年（ク）第166号，平成23年（許）第８号）
　　裁判集民238号１頁，判時2136号36頁，判タ1361号128頁

48 管理組合の区分所有者に対する管理費等債権を被担保債権とする先取特
　　権と優先弁済 ……………………………………… （大橋　正典）…251
　　東京高決平成22年６月25日（平成22年（ラ）第1083号）判タ1336号281頁

49 破産財団から放棄されたマンションの費用について，買受人から破産者
　　への請求の可否 …………………………………… （大橋　正典）…255
　　東京高判平成23年11月16日（平成23年（ツ）第148号）判時2135号56頁

50 区分所有法59条１項の競売請求権を被保全権利とする民事保全法上の処

分禁止の仮処分を申し立てることの可否 ……………（髙杉　謙一）…259
　　　最二小決平成28年3月18日（平成27年（許）第15号）民集70巻3号937頁
51　管理組合が区分所有者から承継した和解金債権の弁済保証制度上の扱い
　　　………………………………………………………（髙杉　謙一）…264
　　　東京地判平成25年5月27日（平成24年（ワ）第29021号）LEX/DB25513111
52　共用部分に関する不当利得返還請求権の帰属 ………（稲垣　　司）…269
　　　最二小判平成27年9月18日（平成25年（受）第843号）民集69巻6号1711頁，
　　　判時2278号63頁，判タ1418号92頁
53　修繕積立金払戻割合の公序良俗違反性 ………………（竹下　慎一）…274
　　　福岡地小倉支判平成28年1月18日（平成26年（ワ）第1109号）判時2300号
　　　71頁
54　管理費等の滞納に対する管理受託会社の義務の内容
　　　………………………………………………………（大橋　正典）…279
　　　東京地判平成27年1月29日（平成25年（ワ）第34283号）ウエストロー2015
　　　WLJPCA01298031

第5章　建替え・震災

第1　建替え

55　団地一括建替え決議の憲法29条適合性 ………………（稲垣　　司）…287
　　　最一小判平成21年4月23日（平成20年（オ）第1298号）裁判集民230号435
　　　頁，判時2045号116頁，判タ1299号121頁
56　団地内建物の一括建替え決議に反対し建替えに参加しない旨を回答した
　　　区分所有者に対する売渡し請求 ………………………（稲垣　　司）…292
　　　東京地判平成24年12月27日（平成22年（ワ）第38641号）判時2187号51頁，
　　　判タ1394号340頁
57　建替組合認可の要件 ……………………………………（和久田玲子）…298
　　　東京高判平成25年3月14日（平成24年（行コ）第387号）LLI/DBL06820503
　　　（原審：東京地判平成24年9月25日（平成23年（行ウ）第597号）判時2201
　　　号42頁）

58 建替組合参加に対する条件付き回答の有効性 ………（和久田玲子）…304
　　東京地判平成27年1月26日（平成25年（ワ）第31372号）判時2253号94頁、
　　判タ1423号329頁

第2 震　災

59 地震と相当因果関係にある損害と損害保険における地震免責条項との関
　　係 ………………………………………………………（和久田玲子）…309
　　東京高判平成24年3月19日（平成23年（ネ）第7546号）金法1958号96頁
　　（原審：東京地判平成23年10月20日（平成23年（ワ）第11368号）金法1958
　　号103頁）

60 震度5弱の地震による専有部の給湯配管亀裂による漏水の所有者責任
　　………………………………………………………………（石橋　京士）…315
　　東京地判平成24年11月26日（平成23年（ワ）第24308号）LEX/DB25497814

61 「大規模半壊」罹災証明による災害救助法の各種優遇措置取消処分の適
　　法性……………………………………………………（石橋　京士）…320
　　仙台地判平成25年10月8日（平成24年（行ウ）第20号）LLI/DBL06850527

62 被災マンション法に基づく敷地売却決議の集会招集通知の瑕疵
　　………………………………………………………………（石橋　京士）…325
　　仙台地判平成27年9月28日（平成27年（ワ）第6号）公刊物未登載

第6章　そ　の　他

第1 税

63 団地の敷地にかかわる固定資産税登録価格決定の適否
　　………………………………………………………………（永盛　雅子）…333
　　最二小判平成25年7月12日（平成24年（行ヒ）第79号）判時2201号37頁、
　　判タ1394号124頁

第2 著作権

64 マンション建築設計図の著作権 ………………（宮田　義晃）…339
　　知財高判平成27年5月25日（平成26年（ネ）第10130号）裁判所HP

《判例索引》 ……………………………………………………………………345

第1章
開発・建築

1 都市機能が集中する大都市における眺望を享受する利益（又は眺望権）

大阪地判平成24年3月27日（平成22年（ワ）第15843号）
判時2159号88頁

争点

1 都市機能の集中する大都市にあるマンション（原告マンション）居住者であるＸらの眺望を享受する利益（又は眺望権）を，隣地に建設されたマンション（本件マンション）は侵害しているか

2 本件マンションの建設主であり原告マンションの売り主であるＹは，Ｘらに対して周辺環境を保持すべき義務があったか，及び周辺環境の変化についての説明義務違反があったか

判決の内容

■ 事案の概要

Ｘらは，平成18年9月ころ，Ｙから20階建ての原告マンションを購入し居住している者らである。Ｙは平成23年9月頃，原告マンションの隣接地に24階建ての本件マンションを建設した。Ｘらは，主位的に人格権（眺望権・圧迫感を受けないで生活する権利）を侵害されたとしてＹに不法行為に基づく損害賠償を求め，予備的に原告マンションの売買契約の附随義務違反・眺望に関する説明義務違反に基づく損害賠償を求めた。

■ 判決要旨

1 本件マンションはＸらの眺望を享受する利益（又は眺望権）を侵害しているか

(1) 眺望を享受する利益の法的保護の必要性判断基準

一般に，ある場所を所有するなどして占有しその場所からの良好な眺望を享受している者は，当該眺望を享受する利益を有しているといえる。しかし，このような利益は，たまたま事実上独占的に享受し得た結果であり，周辺における客観的な状況の変化によって自ずから変容ないし制約を被らざるを得ないものであり，常に人為的な変化を排除し得る権能をもつものではない。

しかし，ある眺望を享受する利益が，単なる主観的利益を超えて法的な保護を得られる程度に重要な利益といえる場合には，法的に保護されるべきであり，その該当性は，①客観的に重要な価値を有するといえるか，②主観的にも，単なる主観的利益を超えて重要な価値を有するかといえるか，という点から判断されるべきである。

(2) **本件でのあてはめ**

都市景観は都市の発展や衰退に伴って移ろいゆくものであり，Ｘらは自らも都市に居住している以上，当然に周辺環境の変化を受け入れざるを得ない。したがって本件マンションが建設されるまでの間享受していた高層ビル群の夜景や水辺環境等の良好な眺望は，たまたま享受できたに過ぎない一過性のものであり客観的な価値を有するまでにはいたっていない。

またＸらが原告マンションを購入した時のＹの説明，購入者のアンケート結果等から，購入にあたり眺望が極めて重要と考えられていたとは認められず，Ｘらは長期間にわたって眺望を享受したとまでは言い難く，購入後に眺望の重要性が大きく高まったなどともいえない。とすると本件眺望がＸらにとって単なる主観的なものを超えた，極めて重要な主観的な価値を有するとまではいえない。

したがって，Ｘらの眺望を享受する利益は，法的保護に値するほど重要であったとはいえず，Ｘらの不法行為に基づく損害賠償請求には理由がない。

(3) **その他の主張**

なお，Ｘらが主張する圧迫感を受けないで生活する利益についても，法的保護に値するほどの客観的重要性を有すると認めることはできないとして請求を棄却した。

2　ＹはＸらに対して周辺環境を保持すべき義務を負ったか

マンションの売主が買主に対し，周辺環境が良好であることを指摘して勧誘したとしても，周辺環境が時間の経過とともに変化していくことは買主においても了解済みといえるから，売主が引渡し後まで周辺環境に配慮すべき義務を負うことはない。良好な環境が維持されることを前提として勧誘をしていた場合に説明義務違反との関係で問題になるに過ぎない。

もっとも売主が販売の時点で周辺環境の変化を制御し得る地位にあった場合には付随義務として，引渡し後も周辺環境に配慮すべき義務を負うべきである。

本件では，売主が良好な環境の維持を前提として勧誘していた事実も，周辺環境の変化を制御し得る地位にあった事実も認められず環境保持義務を負っていない。

また，Yは原告マンションの販売時に，眺望に変化が生じる可能性を十分に説明しており説明義務違反はない，として損害賠償請求は棄却されている。

解　説

1　景観・眺望を享受する利益の考え方
(1)　判例の考え方

(a)　景観や眺望等を享受する利益については，健康等に直接的に影響するものではないと考えられ，日照や騒音のように法規で規制されてはいない。

近隣住民にとっての良好な景観を享受する利益について，最高裁は法律上景観権という権利性を有するものと認めることはできないが，一定の場合には良好な都市の景観は客観的価値を有し，一定の者の良好な景観を享受する利益は法律上保護に値する場合があると認めている（最一小判平18・3・30民集60巻3号948頁・判時1931号3頁・判タ1209号87頁。以下「国立マンション判決」という）。

景観利益と眺望利益は同一ではないが，眺望についても国立マンション判決以前より下級審判例では，眺望権を認めてはいないが，社会観念上からも

独自の利益として承認されるべき重要性が認められる場合には，眺望利益が法的保護に値する場合があるとされている（東京高決昭51・11・11判タ348号213頁。以下「熱海マンション判決」という）。

なお，人格権に基づき主張される，良き環境を享受する権利と定義される環境権も，個人の生命・健康・財産に直接影響を与える蓋然性が高いわけではなく，裁判所は法的保護の対象となる権利性を認めていない。

(b) また，景観・眺望の利益が法的保護に値するとしても損害賠償が認められるのは，侵害する者の行為が不当に社会的相当性を欠き受忍限度を超える場合であるとしている（国立マンション判決及び熱海マンション判決）。

(2) 本件事例での判断

本件でも，Xらは人格権に基づく眺望権を請求の根拠として主張しているが，裁判所は眺望権という言葉を使用せず，眺望を享受する利益が一定の場合には法的保護に値する場合があること，及びその判断規範を示し，本件でのあてはめの結果Xらの利益は法的保護に値しないとし，侵害行為の不当性を検討することなく損害賠償請求を否定している。

両マンションの存在する本件エリアは，市による再開発が行われている最中で，駅から2分の位置で地域の中核をなす地区となることが予定されており，周辺地区の中でも容積率の最高限度が最も高い600％であった。

都市景観は都市の発展や衰退に伴って移ろいゆくものと判決でも述べられているが，本件のような都市エリアは，先述の国立マンション判決や熱海マンション判決に比してもより変貌することが考えられるから，眺望利益の法的保護を求めることは難しいといえるだろう。

となると，次の論点である売買契約の付随義務としての周辺環境保持や説明義務が問題となってくるのであり，実際にこの論点で争われている事例は多い。

2　周辺環境保持義務及び隣地についての説明義務

本件ではYが原告マンションの売主でもあることからこの論点が問題になる。

一般に周辺土地の利用はその所有者の自由であるから，周辺環境が変化することはマンションの売買契約の当事者間で当然の前提とされているといえ

るから，売主が引渡し後まで周辺環境に配慮すべき義務を負うことはない。しかし売主がその環境を制御し得る立場にあったような場合，すなわち自己の所有地であった，又は所有することが確実であったなどの場合には，売主は売買契約に基づく目的物引渡義務の付随義務として，引渡し後も周辺環境に配慮すべき義務を負うとされる。

　本件では，原告マンションの引渡し時にＹが隣接地を購入することが確定していたわけではなく，その義務を負わないとされた。同一売主業者が南側に近接してマンションを建設し，信義則上眺望を害さないよう配慮すべき義務に反するとして経済的損失と慰謝料の一部の請求を認めた判例もある（札幌地判平16・3・31裁判所HP）。

　説明義務は，直接的な根拠規定はないが，契約そのものに内在する要請として信義則上認められるとされ，本判例のような売主が事業者であって買主が消費者であるようなマンションにおいては，買主が購入するか否かの合理的判断をするために必要な情報を提供する義務を負うというべきとしている。説明義務違反により買主からの損害賠償が認められた例は多くあり，本書でも，日影規制についての説明義務違反を【本書判例11】（大阪高判平26・1・23判時2261号148頁）で紹介している。

　売主が眺望や日照等をセールスポイントとして販売した際には，十分に周辺環境の変化の可能性について説明をしたか，その証左を残したか，などが重要な事実となる。

3　本判決の意義

　本判例はそれまでの判例・学説による判断であり，新しい判断を示したものではないが，都市機能の集中するエリアでの高層マンションの事例であり，近時都会の高層マンションの建設も多いため，販売者，購入者双方にとって参考になると考え紹介する。

【永盛　雅子】

2 文化財保存に関する近隣住民の原告適格と確認の利益

東京高判平成25年10月23日（平成24年（行コ）第122号）
判時2221号9頁，判タ1415号87頁
（原審：東京地判平成24年2月17日（平成22年（行ウ）第271号）
判時2221号17頁，判タ1387号126頁）

争点

1　国の重要文化財である建築物の近隣住民は，景観の利益に基づき，環境保全命令（文化財保護法45条1項）の義務付けの訴えの原告適格を有するか

2　建物建築完了後，重要文化財の保存に影響を及ぼす行為に対する許可手続（文化財保護法43条1項）を行う義務があることの確認の訴えにつき確認の利益があるか

判決の内容

■ 事案の概要

Xらは国の重要文化財である建築物の近隣に住む住民である。Aは当該建築物の敷地に隣接する場所に高層マンションを新築した。

Xらは，文化財の価値を享受する利益と良好な景観の恵沢を享受する利益が一体不可分に結合した法的利益を有しており，本件マンションの新築に伴い，ビル風，地盤及び地下水位の変動並びに工事による振動等を原因として本件建物が損傷し，本件建物を中心とする良好な景観が破壊されると主張して，Y（国）に対し，①文化庁長官が，Aに対し，文化財保護法45条1項に基づき，本件建物に現状を超えるピーク風力係数をもたらす構造物を建設してはならないとの環境保全命令をせよとの義務付けを求める（義務付けの訴え）とともに，②文化庁長官が，本件マンションの建設について，同法43条

1項に定める許可手続を行う義務があることの確認を求めた（確認の訴え）。
　原審は，①義務付けの訴えにつき原告適格を否定し，②確認の訴えにつき確認の利益を欠き不適法であるとして，本件各訴えを却下したため，Xらの一部が控訴したのが本件である。

■ **判決要旨**

　裁判所は，①義務付けの訴えの原告適格については，(i)小田急最高裁判決に基づき，根拠法令である文化財保護法及びこれと目的を共通にする関係法令の趣旨及び目的を斟酌することにより，環境保全命令の根拠法令が，Xらが主張する被害の防止や利益の確保ないし保全をその趣旨及び目的としているか否かを検討し，(ii)それが個々人の個別的利益としても保護される趣旨のものか否かを検討することが相当であるとした。
　これを前提とした上で，裁判所は(i)文化財保護法45条1項は環境保全命令を発するときとして，「重要文化財の保存のために必要があるとき」としているが，重要文化財の所在する場所の周辺の景観やXらの主張する本件利益のために発することができる旨は定めていない。Xらが主張する本件利益の保護は景観法，東京都条例，文京区条例，歴史まちづくり法の目的ないし基本理念に掲げられていないとして，当該根拠法令である文化財保護法及びこれと目的を共通にする関係法令であるとXらが主張する景観法等の趣旨及び目的を斟酌することによっても，文化財保護法45条1項の規定がXらが主張する本件利益の確保ないし保全をその趣旨及び目的としていると解することは困難であり，(ii)ましてや同条項が本件利益を個々人の個別的利益としても保護すべきものとする趣旨をも含むと解することはできないとして，Xらの義務付けの訴えにおける原告適格を否定した。
　②の確認の利益については，裁判所は，以下のとおり判示した。本件マンションは既に完成しており，文化財保護法43条1項本文の規定にいう「保存に影響を及ぼす行為」としての処分の対象となる行為が終了し，その対象を欠くこととなったものであり，本件確認の訴えは確認の利益を欠くものというべきである。これに加えて実質的当事者訴訟としての確認訴訟も，①で判断したとおり，Xらの権利又は法律上の地位に現に危険・不安が存するとは

いえないから，この点からもXらには本件確認の訴えに確認の利益が認められない，と判断してXらの控訴を棄却した。

解　説

1　義務付けの訴えにおける原告適格
(1)　行政訴訟における原告適格
　行政事件訴訟法37条の2第3項及び第4項は，義務付けの訴えにおける原告適格について「法律上の利益を有する者」として定め，法律上の利益の有無の判断については取消訴訟の要件（同法9条2項）を準用している。

　原告適格の判断における「法律上の利益」の解釈については，①法律上保護された利益説と②法的な保護に値する利益説の2つの学説が対立しているが，通説・判例は①の説をとり，原告適格の判定を，処分の根拠となる法令の解釈に帰着させるとしている（櫻井敬子＝橋本博之『行政法〔第5版〕』280頁）。

　小田急最高裁判決（最大判平17・12・7民集59巻10号2645頁）は，「法律上の利益を有する者」について「当該処分により自己の権利若しくは法律上保護された利益を侵害され，又は必然的に侵害されるおそれのある者をいう」とし，「当該処分を定めた行政法規が，不特定多数者の具体的利益を専ら一般的公益の中に吸収解消させるにとどめず，それが帰属する個々人の個別的利益としてもこれを保護すべきものとする趣旨を含むと解される場合には，このような利益もここにいう法律上保護された利益に当たり，当該処分によりこれを侵害され又は必然的に侵害されるおそれのある者は，当該処分の取消訴訟における原告適格を有する」としている。

(2)　原告適格に関する判例
　都市計画法29条に基づく開発行為許可処分及び同法35条の2に基づく開発行為変更許可処分の取消しを求める訴えにつき，裁判所は，同法33条1項2号の目的及び同号が保護しようとしている利益のうちには，文言上当然に，開発区域外であっても直近・隣接する現住の建築物がある場合には，予定建物を含む開発区域内の火災が開発区域外に火の粉や煙を及ぼしあるいは延焼する等といった災害の直接的影響により，隣接する開発区域外の住民の生

命・身体に具体的な危険が及び得る場面を想定していると解さざるを得ないとして，同法33条1項2号は，開発区域外の住民についても，その個別具体的利益を保護する趣旨を含むと判断して，原告らの原告適格を肯定した（大阪高判平26・3・20LLI/DBL06920424）。

2　行政訴訟における確認の利益

(1)　確認の利益

公法上の法律関係に関する確認の訴え（行訴4条後段）が有効となるためには，確認の利益が必要である。原審では，確認の利益を①Xらの権利又は法律上の地位に現に危険・不安が存在し，②その危険・不安がYに起因するものであって，③その危険・不安を除去するために，求められている確認の対象について判決により確認をすることが必要かつ適切である場合であることを要するとしている。

原審は，文化財保護法43条，45条の趣旨から，保存に影響を及ぼす行為とは基本的に重要文化財の現在の保存の状態を継続することに支障を生じさせるべき新たな事実上の行為を意味し，本件マンションの新築の工事をすることであると定義した。そして，本件マンションは既に工事が完了しているので，同法43条1項の本文にいう処分の対象となる行為が終了し，対象を欠くことになったので，確認の利益を欠くと判断した。控訴審も原審と同じ理由で確認の利益を否定した。

(2)　確認の利益（訴えの利益）に関する判例

判例は，建築確認処分の取消訴訟について，建築工事の完了により訴えの利益が失われるとしている（最二小判昭59・10・26民集38巻10号1169頁）。

新築マンションの建築確認処分をめぐって，付近住民らが同処分（以下「前処分」という）は違法であるとする審査請求を行ったが，区建築審査会はこれを棄却する裁決を行った。そこで住民らは，前処分及び裁決は違法であるとして取消しを求める訴訟を提起したところ，訴訟中に，さらに建築計画変更確認処分（以下「本件処分」という）が行われたため，住民らも本件処分の取消しに訴えを変更した事例がある。

裁判所は，本件マンションの建築工事が完了していることを認めた上で，前掲最判の趣旨を前提に，本件処分の取消しを求める訴えの利益は消滅した

ものと解した。また裁決の取消しについては、訴訟の目的が前処分の取消しにあるとしたうえで、前提となる前処分は本件処分がされたことにより効力が消滅したとして、前処分の取消しによって回復するべき法律上の利益を欠くに至ったと判断した（東京地判平27・11・24LLI/DBL07031213）。

3　控訴審におけるその余の判断

控訴審はXらのその余の主張について、以下のように判断を示している。

国立マンション最高裁判決（最一小判平18・3・30民集60巻3号948頁）では、景観利益一般が個々の国民につき法律上の保護された具体的利益であると判示したものではないから、同最判を根拠として、景観利益一般が客観的価値を有するものであり司法上の利益として確立しているとみるのは困難であるとして、Xらの本件利益を私法上の法律関係において保護された利益であることを前提とした主張は失当であると判示した。

また、小田急最高裁判決、サテライト大阪最高裁判決（最一小判平21・10・15民集63巻8号1711頁）の趣旨を踏まえ、以下のように判示した。周辺住民の生命、身体の安全や健康又は生活環境等に著しい被害が生じるおそれがあるとまではいえない生活環境に関する利益については、一般的法益に吸収解消されていると解するのが相当である。Xらの主張する利益は、広い意味での生活環境に係る利益にほかならないから、景観利益が害されるとしても、直ちに周辺住民等の生命、身体の安全や健康あるいは財産に著しい被害を直接的に生じさせるおそれを招くものではない。したがって本件利益はXらの原告適格を基礎づける法律上の利益にあたらないとした。

なお、Xらは文化財保護法43条1項にいう「保存に影響を及ぼす行為」はマンションが完成している状態が継続すること（不作為）も上記行為に含まれる旨を主張した。これに対して、裁判所は、同法43条の文理及び趣旨から、「保存に影響を及ぼす行為」とは、重要文化財の保存状態に何らかの影響を及ぼし得る新たな事実行為を意味し、当該行為が既に完了した時点において、その行為の結果生じた状態が継続することは含まないと解するのが相当であると判断した。

【和久田玲子】

〔参考〕
- 「重要文化財に関しその現状を変更し,又はその保存に影響を及ぼす行為をしようとするときは,文化庁長官の許可を受けなければならない。(以下略)」(文化財保護法43条1項)
- 「文化庁長官は,重要文化財の保存のため必要があると認めるときは,地域を定めて一定の行為を制限し,若しくは禁止し,又は必要な施設をすることを命ずることができる。」(文化財保護法45条1項)

3 マンション建築確認に対する執行停止申立て

東京高決平成21年2月6日（平成21年(行タ)第5号）
裁判所HP

争点

マンションに係わる建築確認処分の執行停止（効力の停止）が認められるための「重大な損害を避けるため緊急の必要」が認められるか

決定の内容

■ 事案の概要

本件マンションは，東京都心でありながら緑が残され，通称「たぬきの森」と呼ばれていた敷地に計画された。その敷地は袋地状に道路に接しており，事業主は新宿区長から東京都建築安全条例（以下「安全条例」という）4条3項に基づく安全認定を受けたうえで，平成18年7月31日に，新宿区（Y）の建築主事から建築確認を受けた。

平成19年5月26日，周辺住民であるXらは，当該建築確認について同建築主事が所属するYに対し安全認定及び建築確認の取消訴訟（本案訴訟）を提起し，平成21年1月4日に控訴審の東京高等裁判所は，安全条例所定の接道義務に違反するので建築確認は違法であるとして，建築確認を取り消した。

Xらは，その判決後の同年1月26日に本件建築確認処分（以下「本件処分」という）の効力の停止（行訴25条2項）を求めて東京高等裁判所に本件申立てをした。

なおYは，その翌日である同年1月27日に本案訴訟にて上告受理の申立てをした。

■ 決定要旨

　高等裁判所は，本件処分の効力は本案上告受理事件の裁判があるまで停止するとの決定をし，Xらの申立てを認めた。その理由の概略は以下のようなものである。
① このまま工事が続行され本件マンションが完成すると，本件マンションの倒壊，炎上等により，Xらは生命又は財産に重大な損害を蒙るおそれがある。
② 本件マンションの工事は完了間近であり（同年5月頃とされている），完了するとXらの訴えの利益は失われ上告審で不適法却下となり，Xらの損害防止ができなくなり，法が損害防止の手段を与えていることと適合しない結果になってしまう。
③ これらを媒酌すると，本件処分により生ずる重大な損害を避けるため，本件処分の効力を停止する緊急の必要がある。

解　説

1　執行停止と建築確認
(1)　執行不停止原則
　行政事件訴訟法25条1項は，取消訴訟の提起は，処分の効力等を妨げないとする執行不停止の原則を定める。これは行政の円滑な執行を確保し，国民による濫訴を避けることを目的している。
　本件でいえば，建築確認の取消訴訟を提起しただけでは，自動的に建築確認の効力が停止し，結果建設工事が中断されることにはならないということである。

(2)　執行停止制度
　民事事件では民事保全法に基づく仮処分等の仮の救済制度が用意されているが，行政事件訴訟法44条は，行政庁の処分にあたる行為については，民事保全法の仮処分をすることができないと定めている。
　そこで，法は原告が特に仮の権利保護を求める場合に，一定の要件の下で

執行停止を認めている（行訴25条2項）。

執行停止の対象は，処分の効力，処分の執行又は手続の続行の全部又は一部であるが，本件申立てでは，裁判所は「建築確認において処分の執行は観念できないから，……建築確認処分の効力の停止を求めるものと理解される」として判断している。

(3) 建築確認の効力

建築確認は，それを受けずに建物の工事を行うことは違法であり（建基99条1項1号・2号），事業主は工事停止などの是正命令（同法9条）を受ける場合もあるので，周辺住民等が建築確認の取消し又は効力の停止を請求することは，法的効果があり，事実上も工事の中断等を期待できる。

もっとも建築確認は，それを受けなければ工事をすることができないという効果をもつだけであり，工事完了後は取消しを求める訴えの利益は失われる（最二小判昭59・10・26民集38巻10号1169頁）。執行停止ができるのも，取消判決と同様に工事の完了までとなる。

(4) 執行停止の要件

法定の要件をすべて満たす必要があることは言うまでもないが，本件では，本案の控訴審で建築確認が取り消されていることから形式的要件や「本案について理由がないとみえるとき」にあたらないという要件は充足しており，特に問題になるのは，「重大な損害を避けるため緊急の必要」があるときにあたるか，という点であった。

2 執行停止の要件該当性判断

(1) 本案訴訟の概要

「たぬきの森」と呼ばれる本件敷地は，都心に残された緑豊かな空間であり，自然保護の観点から建設反対のトラスト運動が展開され，周辺住民からは公園にしてほしいという要望の声もあった。しかし，法規制があるわけではなく，それらの根拠で建設を阻止することはできない。そこで周辺住民は，本件建築確認が違法であり，周辺住民に安全上重大な支障があるとして，安全条例による安全認定及び建築確認の取消しを求めたのが，本案訴訟である。

本件敷地は，安全条例4条1項所定の接道要件を満たしていないが，同

条3項による安全認定（周囲の空地の状況等により知事が安全上支障がないと認める処分）を前提として新宿区建築主事が建築確認をしたものである。1審では棄却されたが，控訴審は，本件安全認定は新宿区長がその裁量権を逸脱又は濫用してした違法なものであるから，本件建築物の敷地は安全条例4条1項所定の接道義務に違反しており建築確認は違法であるとして取り消した。（東京高判平21・1・14裁判所HP）

なお最高裁は，安全認定と建築確認の違法性の承継についてのみ判断をして，上告を棄却し建築確認の取消しは確定した。違法性の承継について最高裁が肯定した初めての事例として大きな意義のある判例である（最一小判平21・12・17民集63巻10号2631頁・判時2069号3頁・判タ1317号81頁）。

(2) **重大な損害を避けるための緊急の必要があるか**

建築確認の執行停止が確定した決定は少ない。東京高裁平成11年8月2日決定（判タ1057号153頁）は，建物が完成し火災が発生した場合に申立人の生命，身体，財産に生ずるおそれのある被害は「重大な損害」にあたるが，そのおそれは火災が発生して初めて現実化するものであり，当該建物が格段火災発生の可能性が高いとは認められず「緊急の必要がある」の要件を満たさないとして申立てを却下している。

本件では「重大な損害」は上記判例と同様に捉え，さらに工事完了間近であり，工事が完了すると訴えの利益が失われ，このような事態は法に適合しないこととなるので，併せ考えると「緊急の必要がある」として要件を満たすと，判断している。

訴えの利益の消滅を防ぐことに緊急の必要がある，と解するのではなく，建物が完成しておそれが高まるのを防ぐために建築確認の効力を停止する「緊急の必要」があると考えた，と解するべきであろう。

(3) **総合的判断**

執行停止の要件は，総合的に判断するのが相当であると一般に解されている。本件では申立て時点で，本案控訴審が取消判決をしていることから，本案について理由がないとみえる程度が極めて低く，申立て却下の結論は落ち着きが悪いといえ，総合的判断として損害要件が多少緩やかに肯定されてもよいと考えられている（判自327号81頁）ようである。

3 本決定の意義とその後

(1) 意　義
　本決定は，接道義務違反の場合の建築確認の執行停止の数少ない実例であり，接道義務違反では執行停止が認められ得る，という点で今後の実務に参考になると考える。

(2) 本件のその後
　本決定後，Yの抗告は棄却され確定した（最一小決平21・7・2判自327号79頁）。

　事業主は，本案で建築確認が取り消された後，Yと東京都に対し，国家賠償請求訴訟を提起したが，棄却されている（東京地判平26・2・4（平22(ワ)第31348号）公刊物未登載）。

　一方建設途中の建物はそのままの状態であったため，周辺住民もYに対し除却命令を求める義務付け訴訟を提起したが，こちらも棄却されている（東京地判平24・9・21（平22(行ウ)第613号）LEX/DB25496539）。建築途中の現時点においては，周辺住民らに重大な損害にあたるというのが相当な程度の損害を生じさせるような火災が発生するものとは考え難く，本件建物の倒壊の可能性も認め難いことなどを理由としている。

(3) 近時の裁判例
　建築確認の執行停止は，本件のように本案判決が出てからではなく，取消訴訟提起と間をおかず申し立てられることのほうが多い。

　東京地裁平成27年6月24日決定（裁判所HP）の執行停止申立事件は，同じく東京都内で建設中のマンションに対し完成予定時期の約3か月前に安全条例4条及び都市計画法29条の違反を主張し建築確認の取消訴訟を提起し，その約2週間後に執行停止を申し立てたものである。裁判所は次のように述べて申立てを却下した。すなわち，行政事件訴訟法25条3項の重大な損害を生ずるか否かは，当該処分の内容及び性質に照らして申立人以外の者に対していかなる影響が生じるかをも考慮しつつ判断することを求める趣旨であると解し，原告らが引用した事案（本件決定のこと）は，東京高裁の本案判決で建築確認が取り消された後に，同高裁にされた効力停止の申立てを認容したものであり，効力停止を受ける側の利益を保護する必要に乏しいとの認識を踏

まえて重大な損害を生ずるおそれがあるとの判断がされたと理解する余地があり，事案が異なるものである。

　執行停止の認容の判断において本案の結論の見通しは大きな考慮要素であることが示されている。

【永盛　雅子】

4 マンションの建設・販売の阻止を目的とした市長の違法な行為の帰結

東京高判平成27年12月22日（平成26年（ネ）第5388号）
判自405号18頁，裁判所HP

争点

1　市がマンション事業主である民間企業に支払った損害賠償金等につき，当時の市長に対して市は求償権（国賠1条2項）を有するか

2　求償権を放棄する市議会の議決後の求償権の消滅の可否，及び求償権行使の権利濫用又は信義則違反の該当性

判決の内容

■ 事案の概要

本件は，景観利益の判断等で著名な国立マンション訴訟の一連の訴訟のうち6番目にあたる結びの訴訟である。一連の訴訟を，判決確定順に第1訴訟ないし第5訴訟とよび，第6訴訟にあたる本件については，本件とよぶ。本件の原告Xは国立市であるが，本件訴訟以外においては国立市と表記する。

1　市の損害金の発生（第4訴訟）

マンション事業主Aは国立市に対し，国立市の前々市長Y（本件の被告）が違法にAの建設・販売を計画するマンションに対し営業妨害活動及び信用棄損行為をしたためAが損害を蒙った，として損害賠償を求めた。国立市がAに対し2500万円と遅延損害金等（以下「本件損害金」という）を支払うことを命じた判決が確定し，国立市は平成20年3月27日にAに本件損害金を支払った。

2　市の求償義務（第5訴訟）

国立市の住民であるBらは，Yの上記営業妨害活動及び信用棄損行為は，

故意又は重大な過失によるものであって，国立市はYに対し求償権（国賠1条2項）を有し，その不行使が怠る事実に該当するとして，地方自治法242条の2第1項4号に基づき，国立市のYの後の市長Cに対し，Yに本件損害金相当額の支払を請求することを求める住民訴訟を提起した。1審判決は国立市が求償権を取得したことを認め，CがYに対し本件損害金相当額の請求をすることを命じた。Cは控訴を表明していたが，選挙で敗れ次に当選した現市長Dが控訴を取り下げたため，1審が確定した。

3 本件損害賠償請求訴訟

第5訴訟の判決が確定したため，地方自治法242条の3第1項の規定に基づきDはYに対し本件損害金の支払を請求したが，Yが支払わなかったため，平成23年12月21日，X（国立市）が同条2項の規定に従いYに対して本件損害賠償請求訴訟を提起した。

Yは第5訴訟に補助参加していたが，上記のとおりDが控訴取下げをしたことにより，上訴の機会を奪われており，1審及び2審ともこれは「被参加人が補助参加人の訴訟行為を妨げたとき。」（民訴46条3号）に該当するので，Yに第5訴訟判決の効力が及ばない（参加的効力がない）ことを前提として，改めてXのYに対する求償請求の可否について判断することとしている。

なお，本件訴訟提起後1審判決日（平成26年9月25日）前の，平成25年12月19日に国立市議会でXのYに対する求償権を放棄する議決（以下「本件放棄議決」という）がされている。1審は，求償権の存否について判断するまでもなく，Yの予備的主張である，求償権行使が本件放棄議決等を理由とする信義則違反であることを認め，Xの請求を棄却したため，Xが控訴した。

■ **判決要旨**

1 求償権の存否

求償権をXが取得するためには，①第4訴訟において不法行為と認定されたYの行為が国家賠償法1条1項の適用上違法の評価を受けること，②上記行為によりAに本件損害金相当の損害が生じたこと（国立市がAに対して支払った本件損害金の額が損害賠償義務の履行として相当なものであること），③上記行為につきYに故意又は重大な過失があったこと，が必要であるところ以下のよう

に述べ，XがYに対する求償権を有すると認めた。この判断は第5訴訟の求償権の存否判断と大要同じである。

(1) ①について

国家賠償法1条1項は，公務員が個別の国民に対して負担する職務上の法的義務に違反して国民に損害を加えたときに，国又は公共団体が賠償する責任を負うことを規定するものである。Yのマンション建設・販売阻止のための一連の行為は，社会的相当性を逸脱する違法なものであり景観利益保護という目的の公益性があったとしても違法性を阻却するものではない。

(2) ②について

本件違法行為によりAが被った損害額についても，第4訴訟及び第5訴訟の判断を踏襲し，第4訴訟の判決に基づき国立市がAに支払った本件損害金を相当と認めた。

(3) ③について

Yの行為が市長の職務を逸脱し，手段として社会的相当性を欠くものであることは容易に認識することができたということができ，少なくともYに重過失があったと認定した。

(4) 求償権の認容

以上からXが国家賠償法1条2項の求償権を有することが認められ，AがXから支払われた損害賠償金と同額の寄付を行ったことも，X・A間の損害賠償金の返還ではなく一般寄付であることを前提としたこと，Aの企業イメージ回復のための営業判断であること等から求償権の填補又は相殺にあたるものではない。

2 放棄議決後，求償権は消滅していないこと及び求償権行使が権利濫用及び信義則違反にあたらないこと

(1) 求償権が放棄されていないこと

普通地方公共団体による債権の放棄は債務の免除の法的性質を有するものと解され，条例による場合を除き，議会の議決だけでは放棄の効力は生じず，その長による執行行為としての放棄の意思表示を要するものと解する（最二小判平24・4・20裁判集民240号185頁）。したがって本件では国立市長による執行行為としての求償権放棄の意思表示がされるまでは，求償権は消滅しな

い。
(2) 求償権行使の妥当性
　本件放棄議決の後に，最新の選挙によって選出された市議会議員により，本件放棄議決に反対の意思を表明し，Xに求償権の行使を求めるとの行使議決がなされている。Xとしては現在の民意を反映していると考えられる最新の市議会の議決に従うべきであるから，本件求償権の行使が権利濫用又は信義則違反に該当することはない。

解　　説

1　本判決の意義
(1)　公金返還訴訟(地自242条の2第1項4号・242条の3)と議会の議決
　近年，地方議会の議決により首長に対する損害賠償請求権の放棄がなされることが多く，その妥当性についての議論がなされている。本件は住民が訴訟により求償権の行使を現首長に求め認容され，現首長が支払請求訴訟を提起しているが，その間に議会の放棄議決があり，次の選挙で選出された議会では逆に行使議決があるという状況であるところ，最新の議会の意思を尊重し求償権行使は信義則違反ではないとしたものであり，議会の求償権放棄の適否について今後の参考になると思われる。
(2)　国家賠償法1条2項の求償権
　国家賠償法1条2項の求償権行使自体も実際に用いられることはほとんどなかったことから，求償権の要件である，マンション建設・販売を阻止しようとする市長の行為の違法性と故意又は重大な過失の判断は，今後の参考になる。

2　本件訴訟の前提事件のあらまし
　本判例の意義の理解に資すると考え国立マンション事件の背景を簡単に述べる。
(1)　事件の発端
　マンション分譲会社Aは，国立市内に14階建て高さ44mのマンションの建築計画をし，平成12年1月5日に東京都建築主事から建築確認を得て，同日

着工した。国立市は，同月24日付で本件土地を含む地域について，高さを制限する地区計画を決定・告示し，同年2月1日付で当該地区計画の内容に沿う建築物の制限に関する改正条例（以下「本件条例」という）を公布・施行した。

(2) **第1訴訟**（東京高決平12・12・22判時1767号43頁）

国立市の住民が建築禁止仮処分を申し立て，2審の東京高裁は，本件条例施行時に本件マンションは根切り工事中であり，これは「現に建築の工事中」にあたらないから，改正後の本件条例の適用を受け，高さ20mを超える部分は違法建築となるが，その他の争点の環境権，景観権の否定及び住民の受忍限度を超えないという点から，申立てを却下した。

なお，この根切り工事が「現に建築の工事中」に含まれるかについては，その後第4訴訟の控訴審が含むと判断し，最高裁でも同旨の判断が示されたため，判例上は決着がつき，本件マンションは適法な建物であることも確認された。

(3) **第2訴訟**（東京高判平14・6・7判時1815号75頁）

住民らが東京都に対し，建築物除却命令の義務付け訴訟を提起し，1審では認容されたものの，高裁で訴え却下，その後上告棄却され住民側の敗訴となっている。

(4) **第3訴訟**（最一小判平18・3・30民集60巻3号948頁・判時1931号3頁・判タ1209号87頁）

いわゆる国立景観訴訟である。住民らは，Aに対し高さ20mを超える部分の建築禁止ないし撤去，損害賠償を求める訴えと，建築指導事務所長らに対し建物除却命令を求める訴えを提起し併合された。1審は景観利益の侵害を認め高さ20mを超える部分の撤去を命じたが，2審と最高裁は一定の景観利益が法的保護に値することを認めつつも，本件では侵害態様が社会的相当性を欠くものではなく違法な行為ではないとして，住民敗訴となった。

(5) **第4訴訟**（東京高判平17・12・19判時1927号27頁）

3つの訴訟と異なり，Aから国立市及びYに対し本件条例の高さ20mとする部分の無効確認又は取消請求，及び国立市に対し本件条例の制定による価値下落分及び信用棄損行為による損害として4億円の賠償請求訴訟を提起し

たものである。

　前段の論点については，処分性や確認の利益が認められず却下されたが，損害賠償については，1審2審とも認容額を大きく減額したものの国立市に支払を命じる判決が確定した。事案の概要も参照されたい。

(6)　**第5訴訟**（東京地判平22・12・22判タ1360号105頁）
　事案の概要を参照されたい。

3　市長のマンション建設・販売阻止行為に対する判断

(1)　求償権の要件であるＹの行為の違法性（国賠1条1項）
　本判決は，普通地方公共団体の長は，事務を自らの判断と責任において誠実に管理し執行する義務を負い（地自138条の2），団体の一体性を確保するため総合調整権（同138条の3ほか）を与えられていることなどに言及し，私人に保障される営業の自由を尊重すべき義務があり，中立性・公平性を保持することが要請されるとした。
　しかるにＹの，別のマンションの懇談会で本件建物の建設反対運動を広げ，国立市をして地区計画や条例の制定という方策に変更させ，着工前の制定を目指して自ら積極的に準備行為をし，市議会においても本件建物を違反建築物であると答弁し，違反建築物ではないことを十分に知悉しながら電気・ガスの供給承諾を留保するよう都知事に働きかけ，市としては違反建築物であると判断している旨の報道を繰り返させ，他方でこれらの行動の誤りを訂正したり，市民が抱く誤解を払しょくする言動もないという行為が，普通地方公共団体の長に要請される中立性・公平性を逸脱し，異例かつ執拗な目的達成行為であって，社会通念上許容される限度を逸脱し，違法であるとされている。
　もっとも，1審は，Ｙは景観保全を公約として市長となり，その政策実行として地区計画や条例の制定という方策をとったのであり，特定の企業の営業活動を狙い撃ちしようとしたわけではないと認められ，それによって何らかの私的利益を得ていないとして，違法性を否定する論調であった（先述のとおり，信義則違反を認定して，違法性については判断していない）。国賠法の求償権は本来公務員の個人的な事情に関わる場合に発生するという考え方もあるところであろう。

(2) **本判決後**

平成28年12月13日に上告棄却で本判決が確定し，Yは請求金額を支払う旨をXに伝え，全国の支援者から募金が寄せられているようである（平成29年2月22日毎日新聞）。

【永盛　雅子】

5 （一団地認定処分に続く）同一敷地内建築物処分の認定基準の適合性

東京地判平成28年2月16日（平成27年(行ウ)第243号）
判時2313号18頁

争点

1 同一敷地内建築物処分が認定基準に適合しているか
2 同一敷地内建築物認定で求められる説明の程度と行政行為の瑕疵の治癒

判決の内容

■ 事案の概要

　Y市は，昭和50年，A団地の敷地を含むY市内の約51万m^2の区域（本件公告認定対象区域）に係る一団地認定の申請について，建築基準法86条1項の規定に基づき，安全上，防火上及び衛生上支障がない旨の認定（本件一団地認定処分）をした。平成12年にY市は，一団地認定や同一敷地内建築物以外の建築物位置及び構造の認定（以下「同一敷地内建築物認定」という）などの基準として，①敷地内に幅員12m超の道路を含まないこと，②道路の管理及び建築物の計画等について協定等を締結することなどを内容とする基準を定めた。

　Xらは本件公告認定対象区域に居住する，A団地の近隣住民である。

　A団地は建替えを計画しており，A団地管理組合は，A団地に隣接する土地所有者等に対し説明会を開催するなどしたが，同一敷地内建築物認定に関する説明をしておらず，隣接する土地所有者以外には説明がなされなかった。

　A団地管理組合は，平成25年，Y市長に対し，A団地にかかる同一敷地内

建築物認定の申請をし、併せて説明措置記載書面を提出した。これを受けて、Y市長は同一敷地内建築物認定処分（以下「本件処分」という）を行った。

Xらは、Y市建築審査会に対し、本件処分の審査請求を行ったが、棄却された。その間に、A団地管理組合は、本件公告認定対象区域内の各戸に対し書面を配布したり、説明会を開催したりするなどして同一敷地内建築物認定の申請内容についての説明を行った。

XらはY市長に対して、本件処分の取消しを求めた訴訟を提起した。

■ 判決要旨

1 本件処分の認定基準に対する適合性

Xらは、同一敷地内建築物認定にあたっては、改めてその時点で公告認定対象区域の一団地認定を行うべきであるが、本件公告認定対象区域はY市の定める認定基準①及び②を満たしていないから、同一敷地内建築物認定をすることは許されないと主張した。

裁判所は、一団地認定は敷地単位の厳格な規制を緩和するものであるが、一団地認定をされた区域の権利者は、将来にわたって当該区域内の他の建築物とは無関係に建築を行うことはできなくなるため、関係者の権利を保護する観点から、認定の申請にあたっては必ず土地所有者等の同意を得ることとした。これに対し、同一敷地内建築物認定は、一団地認定により既に定められている公告認定対象区域内における建築物の建替え等を行う場合の手続といえるものであり、対象区域全体の利害や支障の有無について改めて見直す性質のものではないと述べて、両者の違いを明確にした。そして、建築基準法上の規定では建築物の建替えにあたっては、当該区域内の土地所有者等の同意を得ることとはされておらず、両者の基準には違いがあると判断した。

そしてY市認定基準①及び②は、一団地認定の審査基準であることが明らかであり、同一敷地内建築物認定に適用される審査基準ではないので、本件には適用されないと判断した。加えて、Y市認定基準②を同一敷地内建築物認定基準と解した場合、結局他の土地所有者等に事実上同意権を付与する結果となって、建築基準法の定めにそぐわない結果となるとして、本件処分は認定基準に適合していないものとはいえないと判断した。

2 同一敷地内建築物認定申請における説明の程度

　Xらは、A団地管理組合が同一敷地内建築物認定に関する説明をしなかったか、あるいは説明が不十分であったから説明措置記載書面に不備があったとして、本件処分は違法であると主張した。

　裁判所は、説明措置記載書面の提出は、同一敷地内建築物認定を得て新たな建築行為が区域内の土地所有者等の知らないうちに行われると、土地所有者等の将来的な建築行為に規制が及び権利が侵害されることになりかねないので、事前の説明措置を講じさせることで、このような事態を未然に防止しようとする趣旨に基づくものとした。その上で説明措置の程度としては、少なくとも認定区域内の土地所有者等の大半に説明内容が伝わり得るような形態のものであることを要するとし、A団地管理組合の提出した書面は、法の求める説明措置記載書面とは評価できないとした。

　そして、裁判所は、特定行政庁は提出書面の記載内容から、法の趣旨にかなった説明措置が実施されたといえるかを審査しなければならないと解すべきであり、本件処分には瑕疵があったとみる余地があると判断した。

3 行政処分の瑕疵の治癒

　裁判所は、行政処分の瑕疵の治癒について検討し、その後の追加説明により、当該瑕疵は治癒されたと解するのが相当であると判断した。

解　　説

1 建築基準法の一団地認定及び同一敷地内建築物認定

(1) 一団地認定基準

　建築基準法の各種制限は、原則として敷地単位に適用される。複数の建築物には、原則としてそれぞれ敷地が設定されることになるが、一団地内に総合的設計によって複数の建築物を建築する場合においては、建築基準法の各種制限を敷地単位（一団地＝一敷地）で適用しても支障がない場合がある。そこで、特定行政庁がその各建築物の位置及び構造が安全上、防火上及び衛生上支障がないと認めるものについては、これらの建築物は同一敷地内にあるものとみなすこととしている（建基86条）（逐条解説建築基準法編集委員会『逐条解

説建築基準法』1047頁）。

　一団地認定を得ることにより，その敷地に複数の建築物を建てる場合であっても，接道義務，容積率制限，建ぺい率制限，日影制限等が緩和される。

　一団地認定の認定基準は特定行政庁が定める。特定行政庁とは，建築主事を置く市町村の区域については当該市町村長，その他の市町村の区域については都道府県知事をいう（建基2条35号）。本件において，特定行政庁はY市長である。

(2) 同一敷地内建築物認定

　特定行政庁から一団地認定を得た後，一団地認定を得た建築物以外の建築物を建築する場合には，安全上，防火上及び衛生上支障がない旨の特定行政庁の認定を受けなければならないとされている（建基86条の2第1項）。そしてこの認定基準も特定行政庁が定める。

(3) 両者の認定基準の相違

　一団地認定は，将来的に公告認定対象区域内の権利者が建物を建築しようとする際，区域内の他の建物と無関係に建築できなくなることから，権利に大きな影響を与える。そのために一団地認定にあたっては権利者の同意が必要とされる。同一敷地内建築物認定は，区域全体の利害を見直すものではないことから，権利者の同意は不要と解されている。裁判所は，このように両者の認定基準は異なるものとの前提にたち，Y市基準①，②が一団地認定の基準であると解した上で，同一敷地内建築物認定に対する同基準の適合性はないと結論付けたものである。

2　同一敷地内建築物認定における土地所有者への説明の程度

　同一敷地内建築物認定の申請をしようとする者は，区域内の他の所有権者又は借地権者に対する建築物の計画に関する説明のために講じた措置を記載した書面（説明措置記載書面）を特定行政庁に提出するものとされている（建基施規10条の16第2項2号）。裁判所は，この規定の趣旨は，地域内の土地所有者等の権利保護のために，同一敷地内建築物認定の説明を行い，かつ土地所有者等の大半に説明内容が伝わり得ることを要すると解した。

　しかし本件では，十分な説明が行われていなかったために，本件処分に瑕疵があったとする余地があるとした。

3 瑕疵の治癒

瑕疵の治癒とは，瑕疵ある行政行為がなされたが，事後的に当該行政行為の要件が満たされ，当該瑕疵が追完される場合をいう。本件では，瑕疵の治癒が認められるかどうかは，処分要件の趣旨・内容，瑕疵の程度，事後的にされた措置の内容，瑕疵が関係者に与えた影響その他諸般の事情を考慮して判断すべきと説示した。そして，最も利害関係が強いと思われる隣地土地所有者等には本件処分前に説明を行っていること，本件処分後に追加説明措置が行われていること，説明措置は土地所有者に同意権を与えたものではなく，事実上土地所有者等が予想を超える不利益を受けないことを指摘し，本件処分当時においては瑕疵があったと見る余地があったとしても，治癒されたものと解するのが相当と判断した。

本件では，裁判所は，瑕疵が軽微であり事後的に要件を具備しており，かつ，関係者への影響が大きくないことを理由に，瑕疵の治癒を認めている。この判断は妥当と思われる。

4 一団地認定が争われた事案

一団地認定は特定行政庁による行政処分であるところ，一団地認定の取消しを求める訴えは，審査請求に対する建築審査会の裁決を経た後でなければ提起できないと定められていた（旧建基96条）。現在は，同法96条は行政不服審査制度の不服申立前置制度廃止に伴い削除されているが，建築審査会の裁決を経ていないことを理由に，一団地認定の取消請求が認められなかった裁判例（大阪地判平19・12・27判タ1270号191頁）がある。

本件は，同一敷地内建築物認定の基準の適合性について実質的に判断した事例であったが，今後は，一団地認定に関する裁判所の実質的な判断がなされていくものと思われる。

【和久田玲子】

6 渡り廊下とエキスパンションジョイントで接している複数の建築物の「一の建築物」該当性

東京地判平成23年11月11日（平成22年（行ウ）第295号）
判夕1387号109頁

争点

1　マンション建築確認等取消訴訟においていかなる者に原告適格が認められるか
2　建築審査会が審査請求を却下した場合に審査請求前置があるといえるか
3　建築基準法施行令1条1号「一の建築物」の解釈

判決の内容

■ 事案の概要

　指定確認検査機関であるYが，訴外会社に対して，分譲マンション2棟（以下，「本件西棟」「本件東棟」といい，2棟を合わせて「本件マンション」という）の計画について行った建築確認（建基6条の2第1項に基づく確認の処分。以下，本件西棟に関するもの，本件東棟に関するものを合わせて「本件各確認処分」という）について，本件マンションの敷地（神奈川県平塚市）の近隣住民である原告らが，①本件西棟及び本件東棟は，いずれも複数の建築物と評価すべきものであり，本件西棟及び本件東棟がそれぞれ「一の建築物」であることを前提としてされた本件各確認処分には，「一建物一敷地の原則」（建基施令1条1号参照）に違反する違法がある，②本件西棟については，平塚市長がした都市計画法29条に基づく開発行為の許可及び平塚市建築基準条例26条1項2号の規定により安全上，防火上及び避難上支障がないと認める処分が違法なもので

あり，その違法が本件確認処分に承継されるなどと主張して，本件各確認処分の取消しを求めた事案である。

■ **判決要旨**

1 訴えの利益

本件東棟については既に建築工事が完了していたところ，建築確認は，それを受けなければ上記工事をすることができないという法的効果を付与されているに過ぎない以上，建築工事が完了した場合は建築確認の取消しを求める訴えの利益は失われるとした（最二小判昭59・10・26（昭58(行ツ)第35号）民集38巻10号1169頁，最三小判平14・1・22（平9(行ツ)第7号）民集56巻1号46頁参照）。

2 建築基準法施行令1条1号「一の建築物」の解釈

建築基準法，同法施行令等の規定には，建築物がいかなる場合に施行令1条1号にいう「一の建築物」にあたるかを定めた規定はない以上，ある建築物が「一の建築物」にあたるか否かは，社会通念に基づき事案ごとに決せざるを得ない。

「一の建築物」という用語の文理や，「一の建築物」という法的概念が果たしている役割に鑑みれば，法の趣旨及び目的を踏まえた上で，構造上，外観上及び機能上の各面を総合的に判断し，社会通念上一体性があると認められる建築物は，同号にいう「一の建築物」にあたるものと解するのが相当である。

3 本件西棟の「一の建築物」該当性

本件西棟（これはF・G・H・Iの4棟からなる）は，それぞれが，各階において渡り廊下（屋外開放廊下）によって連結され，エキスパンションジョイント（温度変化による伸縮，地震等の振動性状の違いなどによる影響を避けるために，建築物をいくつかのブロックに分割して設ける相対変位に追随可能な接合部の手法及び工法）で接している。エキスパンションジョイントの部分を含む各棟間の架橋部分の長さは，3ｍ前後である。これらの事実から，西棟の4棟には構造上・外観上の一体性が認められる。

エントランス及びメールコーナーは，Ｉ棟の1階のみに設置されており，また，エレベーターは，Ｉ棟の渡り廊下（屋外開放廊下）のほぼ中央部に面し

た部分に2機が設置される一方，F棟，G棟及びH棟には設置されておらず，さらに，F棟，G棟及びH棟のそれぞれに1か所ずつ，上記各棟の1階から5階までの各階の渡り廊下（屋外開放廊下）を結ぶ直通階段（有効幅員1.2m以上）が設けられている。そして，本件西棟の2階以上の階に居住する者において，緊急時には，上記の各階段及び渡り廊下を経由して，I棟1階のエントランスから本件西棟の外部へと避難することが想定されている。本件西棟への電気の引込みは1か所に設置された設備を介して行われ，本件西棟の電気室及びごみ置場は，I棟の北側と南側の2か所に設置されている。また，本件西棟内への給水の引込みは，1か所に設置された設備を介して行われている。さらに，本件西棟の各住戸の台所からの排水は，1か所のディスポーザー排水処理水槽を経由して外部へと排出される構造となっている。以上の構造・諸設備の位置に鑑みれば，本件西棟は全体が一体となって1つの共同住宅として機能しており，機能上の一体性がある。

解　説

1　一敷地一建物の原則

　建築基準法施行令1条1号は「敷地　一の建築物又は用途上不可分の関係にある二以上の建築物のある一団の土地をいう。」と定めている。このことから，原則として「一の建築物」又は「用途上不可分の関係にある二以上の建築物」について1つの「敷地」が成立し，1つの敷地には1つの建築物，又は複数の建築物の場合にはそれらが用途上不可分の関係にあることが必要とされる。この原則を「一敷地一建物の原則」という。

　複数の建築物が用途上不可分の関係にある例としては，母屋と離れが挙げられる。すなわち，離れには風呂・トイレ等の生活に必要な設備が備わっておらず，離れ単体では生活ができないので，母屋と用途上不可分と評価される。

2　なぜ「一の建築物」であることが争われたのか

　本件西棟はF・G・H・I棟がE字状に組み合わされている。これらの建物が，完全に切り離されていた場合は4個の建築物になるから，敷地も4個

必要となり，この場合，各棟が相互に日照を確保するため，隣地斜線規制及び北側斜線規制を受けることになる。一方，本件のようにエキスパンションジョイントで接続することで4棟が「一の建築物」と評価されるならば，各棟が個別に隣地斜線規制及び北側斜線規制を受けることはなくなり，4個の建築物を建てる場合に比してより大きな建築物を建てることができる。近隣住民にとって，このような大きな建築物が建てられることにより日影等の影響も大きくなるのであり，「一の建築物」であること等を争って本件提訴にいたったようである。

3 構造上の一体性

当時の建築基準法施行令81条4項は，二以上の部分がエキスパンションジョイント（地震等による建築物相互の異なる動きを伝達しないように，構造物同士を緊結せずに接続する方法）その他の相互に応力を伝えない構造方法のみで接している建築物の当該建築物の部分は，同条1項から3項までの規定の適用については，それぞれ別の建築物とみなす旨を定めていた。当該規定が構造上の一体性を否定するものとして評価されるか否かにつき，本判決は，エキスパンションジョイントを用いて接続する建築物が「一の建築物」に含まれることを前提とした規定であることが明らかと判断している。

建築における構造という言葉は，概ね部材の組合せを意味するものと解されるところ，本判決では，少なくとも，構造設計における建築物の一体性は必要とされていない。すると，構造上の一体性の判断要素は，畢竟，棟同士が何らかの形でつながっているという程度のものになり，事実上は外観上の一体性の判断に吸収されているようにも思われる。

4 外観上の一体性

外観の一体性は，各棟が渡り廊下（屋外開放廊下）によって連結されている事実，各棟間の架橋部分の長さは3m前後である事実から認定されており，字義どおり，専ら見た目の一体性から判断されている。

5 機能上の一体性

機能上の一体性については，F～I棟がエントランス及びメールコーナー・エレベーター・直通階段・電気室・ごみ置場を共用し，電気の引込み及び給水の引込み・排水が1か所で行われていることを適示して，認定してい

6 他の争点

本件においては，上記のほか，①原告らの原告適格の有無，②審査請求前置の有無も争点となっている。①については，建築基準法6条1項の趣旨及び目的，同項が建築確認を通して保護しようとしている利益の内容・性質等に加え，同法の趣旨及び目的（1条）に鑑み，(i)建築確認に係る建築物の倒壊，炎上等により直接的な被害を受けることが予想される範囲の地域に存する建築物に居住し又はこれを所有する者及び(ii)当該建築物により日照，通風を阻害される周辺の他の建築物に居住する者は，それぞれ当該建築確認の取消しを求めるにつき法律上の利益を有する者として，その取消訴訟における原告適格を有するとした。②については，指定確認検査機関の処分の取消しの訴えは，当該処分についての審査請求に対する建築審査会の裁決を経た後でなければ，提起することができないところ（法94条1項・96条），当該審査請求が適法なものであるにもかかわらず，建築審査会が誤ってこれを却下する裁決をした場合には，当該裁決は，原則として，同条の規定にいう建築審査会の裁決に該当するとした（最二小判昭36・7・21民集15巻7号1966頁参照）。本件において，平塚市建築審査会は，原告らを含む9名がした審査請求につき，原告1名（X_1）以外の原告らを含む8名の審査請求を審査請求人適格を欠くものとして却下し，X_1についての審査請求を棄却する旨の裁決をしていたが，原告X_1のみならず，それ以外の原告らについても，本件審査請求の審査請求人適格が認められる以上，いずれも審査請求の前置がされていると判断した。

7 同種事件に関する他の裁判例

エキスパンションジョイントを用いた場合の「一の建築物」該当性について判断した裁判例には以下のものがあり，否定した例は少ない。

(1) 否　定　例

　(a) 東京地裁平成13年2月28日判決（判時1748号110頁・判自217号65頁・裁判所HP）は「『一の建築物』とは，外観上分離されておらず，また構造上も外壁，床，天井，屋根といった建築物の主要な構造部分が一体として連結し，あるいは密接な関連をもって接続しているものを指すと解すべきであ

る」と判示した上で、エキスパンションジョイントによる接続は「主要な構造部分の関連性をもたらすものではない」、「外観上一体かのように見えるだけであって、右のように主要な構造部分に関連がない以上、一の建築物とは到底いえない」として、「一の建築物」該当性を否定した。当該判例は、構造上の一体性を重視している点で本判例と判断基準が異なっている。

(b) 東京地裁平成28年2月12日判決（裁判所HP・ウエストロー2016WLJPCA02128024）は、外観上の一体性が欠けること、物理的に応力を伝える連結方法が予定されていたのは地下2階のみであることから構造上の一体性も欠けること、機能上の一体性の程度は必ずしも高いものではないことを理由に、「一の建築物」該当性を否定した。

(2) 肯定例

(a) さいたま地裁平成20年12月24日判決は「一の建築物」該当性を肯定し、当該事件の控訴審である東京高裁平成21年5月28日判決も当該判断を維持している（なお、いずれの判例も、掲載された公刊物は見当たらなかったが、さいたま地川越支判平23・8・18LLI/DBL06650470の判決内で引用されている）。

(b) 東京地裁平成17年11月21日判決（判時1915号34頁・判タ1255号190頁）及び東京地裁平成19年10月23日判決（判タ1285号176頁・ウエストロー2007WLJPCA10238004）、東京地裁平成21年12月24日判決（ウエストロー2009WLJPCA12248012）、仙台地裁平成23年6月30日判決（裁判所HP・ウエストロー2011WLJPCA06309005）は、本判例と概ね同様の論旨から「一の建築物」該当性を肯定している。

【大橋　正典】

7 共用部分の容積対象該当性の判断と指定確認検査機関の義務の範囲

東京地判平成27年1月29日（平成25年(ワ)第697号）
ウエストロー2015WLJPCA01296011

争点

指定確認検査機関のなした建築確認が建築審査会によって取り消された場合の、指定確認検査機関の善管注意義務違反の有無

判決の内容

■ **事案の概要**

分譲マンション事業を営むXは、指定確認検査機関であるYの建築確認を受けて、マンションの建築工事を開始した。ところが、審査請求を受けた建築審査会は、Yの判断と異なり、門扉を設置した廊下のポーチ部分が容積率算定の基礎となる延べ面積に算入されない「共用の廊下」（建基52条6項）に該当しないと判断し、容積率超過の違法があるとして、建築確認を取り消し、その結果、建築工事が休止され、マンションの完成が遅延した。Xは、当該遅延はYの善管注意義務違反によって生じたものである、また、特定行政庁であるb市長に対して法解釈について確認する義務を負っていたにもかかわらずこれを怠った、又は、少なくとも、Xに対して計画変更を勧める義務を負っていたにもかかわらずこれを怠った、と主張して、Yに対し、債務不履行に基づく損害賠償を求めた。

■ **判決要旨**

1 Yの善管注意義務違反の有無

①平成9年に開催された講習会において、建設省（当時）の住宅局市街地

建築課は，建築物の構造上，共用廊下等と区画された部分は，延べ面積への不算入措置の対象としないとした上，門扉等については，個々の具体の事例について判断するとしていること，②東京都が平成９年に行った説明会で配布した資料には，戸の玄関前にあるアルコーブ（部屋の壁面を後退させて作られた付属的な空間をいう）部分に門扉がある場合でも，門扉が軽微なもので廊下等と一体的な空間を形成しているとみなせる場合は，延べ面積に算入しない取扱いをすることができる旨の記載，③その他，門扉がある場合でも，その構造等によっては，延べ面積に算入しないとする文献や裁決例の存在，④本件建物の建築以前にも，Ｘは，門扉を設置した廊下のポーチ部分を延べ面積に算入しないことを前提として設計されたマンションを何棟も建築しており，その中には，ｂ市内に建築したものもあり，Ｙも，門扉を設置した廊下のポーチ部分を延べ面積に算入しないことを前提として設計されたｂ市内のマンションについて，建築確認をして確認済証を交付したものがあったこと，⑤また，門扉を設置した廊下のポーチ部分を延べ面積に算入するか否かについて，ｂ市の関係部局等が公表した資料はなかった上，これを延べ面積に算入しないことが建築基準関係規定に適合しないとの指摘をｂ市の関係部局等がＹに対して行ったこともなかったこと，⑥Ｙは，以上の事実を踏まえ，本件建物が建築基準関係規定に適合すると判断して，本件建築確認をし，確認済証を交付したと認定し，以上の認定事実によれば，門扉を設置した廊下のポーチ部分を延べ面積に算入するかどうかは，個別の事情に応じて判断するというのが一般的な考え方であり，ｂ市においてこれと異なる取扱いがされる可能性をＹが認識することができたというべき事情はうかがわれないとして善管注意義務違反を否定した。

2 特定行政庁であるｂ市長に対して法解釈について確認する義務の有無

Ｙが法による指定を受けた指定確認検査機関であることを前提とすると，このような場合に，Ｙが建築確認を行うにあたり，特定行政庁であるｂ市長の法解釈をあらためて確認する義務があったということはできない。また，Ｙ自身が定めるＹ協会確認検査業務規程（以下「本件規程」という）には，「協会は，法第94条第１項に規定する審査請求が行われた場合において，これに適切に対処する。」，「協会は，不適格案件（建築基準関係規定に適合しない又は適

合するかどうかを決定できない案件について，誤って確認済証又は中間検査合格証又は検査済証を交付したものをいい，法第6条の2第11項に規定する通知を受けた案件を含む。以下同じ。）が発生した場合について適切な処理を確実に実施する。」，「協会は，確認済証，中間検査合格証又は検査済証を交付したあとに不適格案件であることが確認されたときは，速やかに建築主及び特定行政庁にその旨を報告するとともに，特定行政庁の指示のもと適切な措置をとる。」とされているものの，そのことから直ちにXの主張するような確認義務があったということはできない。なお，Yは，審査請求について，弁明書を提出し，口頭審査に出頭するなど，処分庁として対応し，また，審査請求の状況をXに報告していたのであって，これらの対応に不適切な点があったとは認められない。

　また，Yが建築基準関係規定に適合すると判断して確認済証を交付した案件は，その時点においては「不適格案件」にあたらないのであって，後に，審査請求等の手続において，建築基準関係規定に適合しないと判断されるにいたったとしても，さかのぼって当初から「不適格案件」であったとされるべきものとはいえず，本件規程には抵触しない。

　さらに，建築審査会は，特定行政庁の法解釈に拘束されることなく，自らの判断に従って裁決をするのであるから，裁決の結果を予測する上で，特定行政庁の法解釈を確認することに意味があるとはいえない。

　したがって，いずれの点からみても，特定行政庁であるb市長に対して法解釈についての確認をする義務があったとは認められない。

3　Xに対して計画変更を勧める義務

　計画変更をすれば，それに伴って，相当の損失がXに発生するのであるから，計画変更を勧めるというのは，Xに対し，そのような損失を被るよう求めることを意味するところ，Yは本件建築確認が取り消される可能性が高いと認識していたか容易に認識することができた，あるいは，Xにはそのような認識がなかった等の事情を認めるに足りる証拠はないこと，Yは，1週間から10日に1回の頻度で審査の状況をXに報告し，建築審査会の委員の会合が複数回開かれていることも伝えていたから，本件建築確認が取り消される可能性の有無ないし程度を判断する上で有用な情報であってYが認識してい

るものは，Xに伝えていたというべきこと，Yが建築確認等の業務を目的とする指定確認検査機関であって，建築確認をした後，それに関する助言をすることは少なくともその主たる業務ではないことを考慮すると，Yに計画変更を勧める義務があったということはできない。

解　　説

1　指定確認検査機関の負う注意義務

　指定確認検査機関の注意義務については，最高裁平成25年３月26日第三小法廷判決（いわゆる耐震偽装事件に関するもの。裁判集民243号101頁・裁時1576号８頁・裁判所HP）が，「建築主事による当該計画に係る建築確認は，例えば，当該計画の内容が建築基準関係規定に明示的に定められた要件に適合しないものであるときに，申請書類の記載事項における誤りが明らかで，当該事項の審査を担当する者として他の記載内容や資料と符合するか否かを当然に照合すべきであったにもかかわらずその照合がされなかったなど，建築主事が職務上通常払うべき注意をもって申請書類の記載を確認していればその記載から当該計画の建築基準関係規定への不適合を発見することができたにもかかわらずその注意を怠って漫然とその不適合を看過した結果当該計画につき建築確認を行ったと認められる場合に，国家賠償法１条１項の適用上違法となるものと解するのが相当である（なお，建築主事がその不適合を認識しながらあえて当該計画につき建築確認を行ったような場合に同項の適用上違法となることがあることは別論である。）。」と判示していることが基本的に妥当すると考えられる。指定確認検査機関も建築主事も，共に建築確認等を行う者として同様の義務を負っているからである。

　そして，当該最高裁判決における「建築主事が職務上通常払うべき注意」とは，実際に行われている建築主事の実務というべきものを指すと解され，建築基準関係規定が，ある要件を明示的に定め，かつ，申請書類の記載事項における誤りが明らかであるにも関わらず，他の資料等との照合を怠った場合，との例示も勘案すると，さほど精緻な審査をすべき注意義務は認めていないこととなる。

当該判例の理からすると，本件における，門扉を設置した廊下のポーチ部分が容積率算定の基礎となる延べ面積に算入されない「共用の廊下」にあたるか否かのような，個別具体的な事情によって判断がなされ，行政庁による判断も分かれ得るものに関しては，なおさら注意義務違反は認められにくいであろう。

2 特定行政庁であるb市長に対して法解釈について確認する義務の有無

特定行政庁であるb市長に対して法解釈について確認する義務の有無については，判示されているとおり，法による指定を受けた指定確認検査機関である以上，指定確認検査機関が逐一特定行政庁の法解釈をあらためて確認するべきこととされたならば，事実上は指定確認検査機関という制度の意味がなくなってしまうのであり，かかる義務を認めることは困難であろう。

3 原告に対して計画変更を勧める義務

本件の判断は，指定確認検査機関及び建築主の双方において建築確認が取り消される可能性を認識していた程度，原被告間の情報共有の程度，計画変更を勧めた場合の建築主の損害の有無・程度等を総合的に判断したものと思われる。したがって，例えば，建築確認が取り消される可能性が高いことを指定確認検査機関の側で認識し，また建築主が本件Xのような建築専門家（本件Xは分譲マンション業者であり，建築の専門家といえる）ではなく単なる消費者であるような場合には，計画変更を勧める義務が認められる余地があるのではないだろうか。

4 小　　括

本件は，指定確認検査機関の善管注意義務の有無が争点となったものであり，具体的事情のもとに当該義務違反を否定した事例判決といえる。同種の事案の参考になると思われる。

【大橋　正典】

8 指定確認検査機関の過誤による
違法な建築確認の債務不履行責任の成否

東京地判平成27年6月19日（平成24年（ワ）第20670号）
判タ1422号317頁

争点

指定確認検査機関の過誤による違法な建築確認について、債務不履行に基づく損害賠償責任が認められるか

判決の内容

■ 事案の概要

集合住宅の開発、販売等を業とする株式会社たるXは、東京都世田谷区に購入した土地をA敷地とB敷地に2分割し、それぞれ一棟ずつ低層マンションを建築し、販売することを計画した。両土地は、いずれも路地上の敷地部分のみが道路に接するいわゆる旗竿地であった。Xから、A敷地について、建物の設計を委託された訴外Z設計事務所は、「非常用の進入口」（建基施令126条の6本文）に代わる設備として、同条2号所定の「その他の開口部」（以下「代替開口部」という）を設置することとした。Zは指定確認検査機関（建基77条の18）であるYから指示を受け、これについて世田谷消防署に相談を行い、消防活動上支障はないとして了解を得た。

Xは、YにA敷地についての建築計画の確認検査業務を委任した。Yは、Zより上記の消防署との相談の経緯の説明を受け、これを踏まえて同消防署から同意（建基93条）を得た。

しかし、Yは、世田谷区建築審査課から、事務連絡レベルであるため、強制はできないが、旧建設省事務連絡（道から非常用の進入口等までの延長が20m以下であることを定めたもの）に適合していないので、建築確認時に確認報告書に

Yのコメントを記入されたい旨連絡を受けた。これに対し，Yは，旧建設省事務連絡についてはこれを適用しないとの東京都事務連絡が現に発されていること，消防署の同意を得ていること，世田谷区からの指摘も，旧建設省事務連絡との不適合を指摘するのみであり，東京都事務連絡を適用することは世田谷区も了解していると考え，建築基準法施行令126条の6第2号に適合していると判断し，本件確認申請について，建築基準関係規定に適合していると判断した根拠を追記して確認審査報告書を提出した。同日，Yは，Xに対し，建築基準法6条1項の建築基準関係規定に適合していることを確認する旨の決定をし，Xに確認済証を交付した。上記の報告書について，世田谷区から特に連絡はなく，建築基準関係規定に適合しないと認める旨の通知もなかった。

しかし，その後，周辺住民が建築審査会にA敷地の確認処分の取消しを求める審査請求を行ったのに対し，建築審査会は，本件代替開口部の形状及び設置位置は，旧建設省事務連絡に該当しないとして，同確認処分を取り消すとの裁決を行った。

そこで，Xは，Yに対し，Yが旧建設省事務連絡を考慮せずに漫然と本件確認処分を行ったことにより，建築物の設計変更を余儀なくされたとして，準委任契約の債務不履行に基づき上記の設計変更により生じた損害の賠償を求めて提訴した。

■ 判決要旨

本件代替開口部は，上記2号の要件を充足していないとまではいえないが，仮に要件該当性が否定され，本件確認処分が違法となった場合のYの責任について検討するとして，以下のとおり判断した。

1 建築主の指定確認検査機関に対する建築確認検査業務委託契約の不履行を理由とする損害賠償請求の当否

指定確認検査機関による確認に関する事務は，建築主事による確認に関する事務の場合と同様に地方公共団体の事務であり，その事務の帰属する行政主体は当該確認に関わる建築物について確認する権限を有する建築主事が置かれている地方公共団体と解するのが相当である。

しかし，指定確認検査機関がなした確認に関する事務に過誤があった場合の責任主体及び責任原因については，少なくとも建築主が指定確認検査機関に対し，建築確認検査業務委託契約に係る債務不履行責任を追及することも許容されるというべきである。

2 指定確認検査機関が負う善管注意義務の内容

建築確認検査業務委託契約は，指定確認検査機関が建築基準法6条1項に沿い，建築主の建築計画が建築基準関係規定に適合するか否かを判定することを委任の本旨とするものであるから，指定確認検査機関は，確認審査を行うに際し，建築基準関係規定はもとより，国土交通大臣及び特定行政庁等からの指示・連絡等に係る文書のほか，建築基準関係規定の解釈等について特定行政庁が公表している情報又は発行している資料を参考にし，これらにより建築基準関係規定の解釈，都市計画に関する状況等を明確に判断できない場合は特定行政庁への照会を行うなどして，当該建築計画が建築基準関係規定に適合するか否かについて判断する債務を負うと解すべきである。

3 Yの善管注意義務違反の有無

Yが東京都事務連絡により旧建設省事務連絡は排除されていると考えたことには合理的な理由があるといえ，Yは，本件代替開口部が上記2号の要件を具備しているか否かについても消防署の見解を踏まえて実質的な見地から検討，判断を行ったといえるから，Yにおいて，東京都事務連絡と旧建設省事務連絡の適用関係について特に世田谷区に照会せず，上記に認定した以外の調査検討を行わなかったとしても，それをもってYが善管注意義務を怠り，上記2号に適合するとの判断をしたとはいえない。

解　説

1 指定確認検査機関の過誤による責任主体及び責任原因

建築基準法は，平成10年の改正により，建築行政の民間開放を理由として，指定確認検査機関を置き，建築主事のみならず，市町村長又は都道県知事により任命された指定確認検査機関もまた，建築物の確認又は検査を行うことができるようになった（建基6条の2）。

近時では，むしろ確認のほとんどが指定確認検査機関により行われており，これにより，指定確認検査機関の過誤を理由とする損害賠償請求事件も増加するにいたっていることから，その責任主体及び責任原因がたびたび問題となる（判タ1422号317頁）。
　これについて，本判決も引用するように，指定確認検査機関による確認に関する事務の帰属する行政主体は当該地方公共団体であるとして，行政事件訴訟法21条1項に基づく訴えの変更を許容した最高裁決定があり（最二小決平17・6・24判タ1187号150頁），指定確認検査機関の過誤について，市を被告とする国家賠償法1条1項の責任を認めた裁判例（横浜地判平17・11・30判自277号31頁）が存するほか，指定確認検査機関の善管注意義務違反に基づく損害賠償請求が問題となり，これを認めた裁判例も存する（東京地判平21・5・27判タ1304号206頁）。
　本判決は，後者の東京地判と同じく，指定確認検査機関が確認検査業務委託契約の債務不履行を理由に損害賠償義務を負う場合があることを肯定したものであるが，訴訟における主張によれば，Yも責任主体や責任原因については特に争っていない。この点，立法担当者は，指定確認検査機関が行う建築確認は，建築主との間の契約に基づく民事行為であるとしており，同東京地判もこれに従い，指定確認検査機関の確認には，公法上の義務と併存して私法上の契約関係が存すると解してその責任を認めたものとして参考になるが（判タ1304号206頁），この両責任の関係については，未だ十分な議論はなされておらず，今後なお検討が待たれる問題であるといえる。

2　指定確認検査機関が負う善管注意義務の内容

　本判決は，Yの善管注意義務の内容について，①建築基準関係規定にとどまらず，②国土交通大臣及び特定行政庁等からの指示・連絡等に係る文書のほか，③建築基準関係規定の解釈等について特定行政庁が公表している情報又は発行している資料を参考にし，④これらにより建築関係規定の解釈，都市計画に関する状況等を明確に判断できない場合は特定行政庁への照会を行うなどして，当該建築計画が建築基準関係規定に適合するか否かについて判断する債務を負うとした。
　この点においては特に目新しい要素はないが（判タ1422号317頁），本判決で

は，①②③に照らし，Ｙが消防署の見解も踏まえて実質的な見地から検討，判断を行っていることから，④特に世田谷区に照会していなくとも，善管注意義務違反はないと判断したもので，必ずしも④の有無によらず，総合的に義務違反の有無を判断すべきことを明らかにしたものとして，この点においても参考になる判決であるといえる。

【堀岡　咲子】

第2章
分譲・売買

9 マンションの耐震偽装と売買契約の要素の錯誤

札幌高判平成23年5月26日（平成22年(ネ)第291号，平成23年(ネ)第75号）
法ニュース89号203頁，LLI/DBL06620261

争点

1　新築分譲マンションの耐震偽装が発覚した場合，マンションの買主は，錯誤無効を主張し，売買代金の返還を求めることができるか
2　錯誤無効による売買代金返還と居住利益の相殺
3　錯誤無効による売買代金返還と，買主によるマンション明渡し及び所有権保存登記・抵当権設定登記等の抹消登記は同時履行関係にあるか

判決の内容

■ 事案の概要

　控訴人（被告）Yが分譲した本件マンションは，耐震性能が偽装された構造計算書を用いて建築確認を受けた上で建築されたものであり，建築基準法令の定める耐震基準を満たしていなかった。被控訴人（原告）Xらは，Yとの間で売買契約を締結し，マンションを購入した。本件マンションのパンフレットには「新耐震基準に基づく安心設計」「新耐震基準に基づき，かつ阪神淡路大震災のデータなども考慮に入れた構造を採用」などの記載があった（ただし，66項目の説明事項のうちの1つ）。
　その後，Yは構造計算書偽装の報告を受け，調査した結果，本件マンション1階Y方向の保有水平耐力指数が0.86であり，本来なければならない1.0を下回っていることが判明した。Yは本件マンションの管理組合と対応策につき協議をし，補強案を提示したが，管理組合総会において4分の3以上の

賛成は得られず（Xらは棄権），補強工事は着工されていない。

　Xらは，Yに対し，耐震偽装された本件マンションの売買につき，錯誤無効，及び，Yが重要事項である耐震性能につき事実と異なることを告げたとして消費者契約法4条1項1号による取消しを主張し，売買代金の返還及び売買代金支払日の翌日以降の利息の支払等を求めた。Yは，Xらの動機が表示されていないので錯誤無効の主張は認められない，耐震性不足は補修で対応可能であり瑕疵担保の規定に基づき対処すべきであるなどと主張した。

　原審（札幌地判平22・4・22判時2083号96頁）は，Xらの錯誤無効の主張を認め，Xらの請求を一部認容したため，Yが控訴した（Xらは附帯控訴）。控訴審において，Yは，錯誤無効の主張は権利濫用であること，仮に錯誤無効が認められるとしても，Xらに返還する売買代金相当額からXらがマンションに居住した間の使用利益を相殺すべきであること，売買代金の返還はXらによるマンション明渡しや所有権保存登記，抵当権設定登記等の抹消登記と同時履行の関係にあることなどを主張した。

■ **判決要旨**

1　原　審

　マンション販売において，マンションの基本的性能（耐震強度等）は，立地条件，外観等と比較してセールスポイントとして強調等されることはないが，それは基本的性能の方が重要であるが故に建築基準法令により最低限の性能の具備が義務づけられているからであり，建築基準法令所定の基本的性能が具備された建物であることを当然の大前提としてYが販売し，Xらが購入したことに疑いはないから，マンションの耐震性能が不足することは，売買目的物の性状に関する錯誤（いわゆる動機の錯誤）にあたる。本件の耐震強度不足は，錯誤を主張する者に契約関係から離脱することを許容すべき程度に重大な瑕疵であり，要素の錯誤に該当すると認めるのが相当である。当事者双方が契約の大前提として了解している性状に錯誤があった場合，予想外の錯誤の主張によって売主が困惑するという事態は発生しないとみられるから，「当該性状があるから買い受ける」という動機の表示がされたがその性状がなかった場合と同視すべきであり，動機を明示しないで売買契約を締結

したことは，耐震強度に関する錯誤の主張を禁ずる理由にはならない。

2 控訴審判決
(1) 耐震偽装と要素の錯誤
仮にXらが売買契約締結当時，本件マンションは耐震性が不足し補修工事が必要であることを知っていれば，補修工事の内容が比較的小規模なもので対応できたとしても，あえて高額な代金を支払って購入する決断をしたとはおよそ考えられない。本件マンションに構造計算の偽装を原因とする耐震性不足があったことは，売買契約を締結する上で極めて重大な問題であり，錯誤の要素性を満たしていることは明らかである。錯誤無効の主張が権利濫用にあたり又は信義則に反するとの事情も見当たらない。

(2) 売買代金返還と使用利益との相殺の可否
売買契約が錯誤により無効な場合，民法575条2項本文を類推適用し，YがXらに返還すべき売買代金の利息とXらが各自のマンションをYに返還するまでの使用利益は同等で，いずれも発生しないとするのが相当である。

(3) 売買代金返還とマンション明渡し及び所有権保存登記抹消等との同時履行関係
公平の観点から，YからXらへの売買代金返還と，XらからYへのマンション明渡し及び所有権保存登記・抵当権設定登記の抹消手続との同時履行を認めるべきである。Xらへの売買代金返還は，XらがYに対し各自のマンションの明渡しと所有権保存登記等の抹消手続を行うことと引換えにのみ請求することができる（原審判決を引換給付判決に変更）。

解　説

1 マンションの耐震性不足と錯誤無効の成否
本件では，マンション購入後耐震性不足が判明した場合において，原審・控訴審ともに，買主からの錯誤無効の主張を認めた。

本件は，本件マンションに本来備わっているべき耐震性能が不足しているという，売買目的物の性状の錯誤（いわゆる動機の錯誤）の事案である。動機の錯誤が民法95条の要素の錯誤となるためには，表意者が意思表示の際に動

機を表示しなければならないとするのが従来からの裁判例である(注)。本件においても，Yは，Xらは動機を表示していないため錯誤無効は認められない旨の主張をしている。

　しかし，原審は，本件マンションが建築基準法令所定の基本的性能（耐震性能を含む）を具備していることは，当事者双方が契約の大前提として了解している性状であるとして，耐震性能に錯誤があった場合，予想外の錯誤の主張によって売主が困惑するという事態は発生しないものとみられるから，「当該性状があるから買い受ける」という動機の表示がされたがその性状がなかった場合と同視すべきであるとして，Xらが「法令が要求する耐震強度を満たしているから買い受ける」という動機を明示しないで本件売買契約を締結したことは，耐震強度に関する錯誤の主張を禁じる理由にはならないと判示する。控訴審でもこの点の見直しはされていない。

　裁判所は，動機の錯誤が要素の錯誤となるには動機の表示が必要であるという従来の裁判例の考え方を踏まえた上で，本件の事情のもとでは明示の表示と同視できる又は黙示の表示があったというべきと判断したものと解されるが，かような判断にいたった背景としては，耐震性能に関する錯誤は重大な錯誤であるという本件裁判所の基本的な認識があることが推察される。

　もっとも，原審判決のいうように，マンションが建築基準法令を満たすことが契約当事者の大前提であるとしても，マンション建築に関する建築基準法令の定めは数多くあり，その1つでも満たさない点があれば，すべて原審判決と同様の論理で錯誤無効が認められるという趣旨ではなく，耐震強度という重要な法令違反があったことから，錯誤無効を認めたものと解される。違反する建築基準法令の内容及び重大さによっては，錯誤無効ではなく瑕疵担保責任の問題として処理されるべき事案も多いと思われる。

　また，耐震性不足の事案であっても，耐震性不足の程度が非常に小さく補修が容易な場合，若しくは，構造計算書偽装というスキャンダラスな問題がない事案の場合には，錯誤無効まで認めない（瑕疵担保の問題として処理する）という結論もあり得るのではなかろうかと思われる。

2　錯誤無効による売買代金返還と居住利益の相殺

　民法575条2項本文は，「買主は，引渡しの日から，代金の利息を支払う義

務を負う。」と定めており，売買契約の目的物の引渡しまでの果実の収受権は売主にあること（民575条1項）との均衡から，買主は目的物の引渡しを受けるまでは代金の遅延利息を支払う義務を負わないこととしている（特約がある場合は別）。控訴審は，目的物引渡済みの売買契約が錯誤無効により売買代金を返還しなければならない場合も同様の関係にあるとして，返還すべき売買代金の利息と，引き渡すべき売買目的物の使用の利益は，いずれも発生しないと解するのが相当であると判示したが，妥当な結論と思われる。

3 錯誤無効による売買代金返還と買主による物件明渡し及び所有権保存登記・抵当権設定登記等の抹消登記は同時履行関係にあるか

Yは，控訴審において，仮に錯誤無効により売買代金を返還する義務を負うとしても，Xらが物件をYに明け渡すこと，物件を原状に復すること，及び所有権保存登記や抵当権設定登記の抹消登記をすることと同時履行関係にある旨の主張をした。控訴審は，公平の観点から，Yの主張のうち，物件のYへの明渡しと所有権保存登記・抵当権設定登記等の抹消登記について，売買代金返還との同時履行関係を認めたが，Yの求めた物件の原状回復との同時履行については，模様替えや改装等種々の個別的要素を考慮する必要があるので，別途当事者間において解決するのが妥当であり，同時履行関係の内容に含ませることは相当ではないとした。

控訴審の判断は，たしかに公平の観点からは妥当性が認められようが，現実の処理には難しさが残っている。例えば，裁判所が同時履行関係を認めなかったマンションの原状回復義務について当事者間で合意に達しない場合には別途紛争が発生する可能性がある。また，特に，抵当権設定登記の抹消を同時履行関係に含めると，第三者である金融機関の同意を得るためには別途予め資金を調達する必要が生じる旨がXらから主張されている。控訴審は，代金返還が確実な状況であれば債権者の協力も得られる可能性もあると判示するが，実際には容易ではない場合も想定される。

【山田　敏章】

(注)　改正民法95条では錯誤は取消事由とされ，また，同条2項において，動機の錯誤の場合動機の表示が必要なことが明文化された。

10　マンションの売主の情報提供義務

東京地判平成25年12月27日（平成21年(ワ)第28348号）
LEX/DB25516770

争点

マンションの売主に対する信義則上の情報提供義務違反に基づく損害賠償請求が認められるか

判決の内容

■ 事案の概要

　Xら夫婦は，東京都江東区豊洲所在のタワーマンションの1住戸につき，手付金1385万円を支払った上，Yらと売買契約を締結した。
　同マンションに付設された駐車場は屋内駐車場ではなかったが，Xらは，同マンションの購入に際し，販売担当者が屋内駐車場であるかのような説明をしたと主張し，主位的に消費者契約法上の不実告知若しくは不利益事実の不告知による取消し又は民法95条の錯誤無効を理由とする手付金の返還を，予備的に信義則上の情報提供義務違反による損害賠償を求め，訴えを提起した事案である。

■ 判決要旨

1　消費者契約法上の取消しの可否

　本判決は，Xらが主張する駐車場が屋内であるか否かの事情が消費者契約法4条1項1号に定める重要事項にあたるか否かも疑問がないわけではないと前置きした上で，この点を措くとしても，販売担当者がXらに屋内駐車場であると述べた事実を認めることができないとして，Xらの請求には理由がないと判断した。

また，同条２項の不利益事実の不告知の有無については，Xらが主張するように，駐車場が住戸の近くに存在するといった利益事実の告知によって，屋内駐車場ではないといった不利益事実が存在しないと消費者が通常考えるべきものとはいえないとして，Xらの主張は失当とした。

2 錯誤無効の成否
　Xらの主張は高級高額な車の維持管理に適切な駐車場が設置されたマンションを購入したいというもので，この動機を販売担当者に表示したが，割り当てられた駐車場は屋内駐車場ではないから，この維持管理に適切なものではなかったというものであったが，この点については，かかる錯誤は，高級高額な車の維持管理に適切かという個人の評価ないし満足感との不一致を問題とするものであるから，内心的効果意思や動機と客観的事実との不一致であるともいえず，民法95条の錯誤とはいえないとして失当とした。

3 情報提供義務違反による不法行為の成否
　Xらは，Yらが青田買い勧誘をしていたことや，アンケートに車種の記入欄があったこと，本件住戸がプレミアムフロアの物件であり，住戸専用の駐車場区画が定められていたことなどからすると，Yらには当該駐車場が屋内であるか否か等についての情報を提供すべき義務があると主張したが，本判決は，Xらの主張する諸事情を総合しても当然にそのような法的義務が導かれるということはできないとし，また交付を受けたプレゼンテーションブックや立体図，パビリオンに設置されている模型等には，駐車場の構造が気になる者にとって，これを確かめることが出来る程度の情報が提供されていたとして，Xらの主張には理由がないとした。

解説

1 説明義務と情報提供義務
　本判決では，消費者契約法，錯誤無効に関する論点のほか，明文の規定のない情報提供義務違反が問題となっている。
　そもそも情報提供義務については，説明義務との概念に違いを設ける立場と，両者を区別しない立場がある。今日では，情報提供義務とは，情報格差

是正を目的とした行為義務を指すものとして，説明義務と区別して，特に情報提供義務の概念を用いるものが通例とされているともいわれるが（潮見佳男「説明義務・情報提供義務と自己決定」判タ1178号9頁），結局のところ，問題となっている注意義務に照らして，情報提供義務，さらには開示義務，告知義務，注意喚起義務といった様々な用語を区別しているものと考えられる（光岡弘志「説明義務違反をめぐる裁判例と問題点」判タ1317号28頁）。本稿においては，情報提供義務も，広義の説明義務の問題と捉えて，両者を特に区別せずに論ずる。

2 説明義務ないし情報提供義務の法的性質

そもそも，私的自治原則の下，契約の拘束力は，契約当事者の意思の合致によってのみ正当化されるが，そのためには，契約当事者がそれぞれ契約の内容を十分に理解して契約を締結する必要がある。契約当事者が，契約を締結するか否かを決定するために必要な情報の収集等は，自己責任の上で行い，なんらかその不足によって生じた不利益は，自らがその責任において負担しなければならないはずである。

しかし，上記のような原則も，契約当事者において，必要な情報を取得・検討し得てはじめて成り立つ。

そこで，契約当事者間に，専門性，情報収集能力等に格差が存する場合には，一方当事者から他方当事者に信義則上，情報を提供すべき義務が課されることがある。このような義務が，説明義務ないし情報提供義務である（中川博文「不動産売買における説明・情報提供義務について(1)」判タ1395号36頁）。

本判決のように不動産売買の場面においては，契約に関する法的知識やそれに付随する担保や税金に関する事項等，専門的情報が数多く含まれており，また売主が宅地建物取引業者であって，買主が一般消費者の場合のように，情報格差が生じやすいことから，度々かかる義務の違反が問題となり得る。

これまで裁判例においては，所有権の有無，賃貸制限の有無，代理権の有無，制限物権の有無，法令上の制限の有無等，宅建業者に課せられる重要事項説明義務（宅建業35条）に含まれるか，これに密接に関わるものであって，これらの説明の懈怠が居住目的の当事者の最低限の目的である居住それ自体

を拒むおそれが大きい事項については，比較的異論なく説明義務ないし情報提供義務違反が認められてきた。またさらに近時においては，眺望や日照をはじめとする，ただ居住することを超えた価値についても説明義務違反が問題とされる事例が増え，これが認められる事例が見られるようになっているほか（光岡・前掲判タ1317号28頁，東京地判平11・2・25判時1676号71頁，大阪高判平11・9・17判タ1051号286頁など），隣人が迷惑行為を行う可能性が高く，その程度が著しい場合には，建物に平穏に居住することに支障を生じることから，この事実を説明する義務を肯定した事例も存する（大阪高判平16・12・2（平15（ネ）第3590号）判時1898号64頁）。法令上の制限や重要事項説明にあたらない日照阻害についての説明義務違反を認めた【本書判例11】（大阪高判平26・1・23判時2261号148頁）もこの一例である。売主の説明義務ないし情報提供義務の範囲は，先の居住それ自体に関わる事項に限られず，拡大傾向にあるといえる。

3　本判決の意義

本判決は，端的にいえば駐車場が屋内駐車場であるか否かについて，売主に情報提供義務違反が認められるか否かが問題となった事例である。かかる事項も，居住それ自体に関する事項ではなく，上記のうち，居住を超えた利益として説明義務ないし情報提供義務が認められるかが問題となっている。

この点について，まず本判決は，Xら主張の諸事情を総合しても，当然にそのような法的義務が導かれるということはできないとして，情報提供義務を否定するが，かかる判断には，その前提として認定した，かかる事項が個人的評価や満足感の問題に位置するにすぎない事項であることが考慮されていると思われる。一般の買主にとってみれば，当該事項が契約締結を判断するにあたって重要な事項であるかに照らし，当該事項はこれに該当しないという価値判断のもと，先の傾向の中にあって，情報提供義務の限界を示した判決として参考になるといえる。

もっとも，かかる義務の根拠は信義則に基づくところ，信義則は，その時代や社会状況によって，日々変化するものであるから，例えば，本件のような高級なマンションにあっては屋内駐車場が付設されるのが一般的となったり，屋外駐車場であるか屋内駐車場であるかによって建物それ自体の価値が

大きく異なる等，本判決の判断時と異なる社会状況が前提となれば，上記の判断が，今後も変わりなく維持されるとは限らない。

　また，本判決は，先の情報提供義務を否定するにあたり，本件で問題とされた事項について，買主がこれを確かめるための情報が提供されていたことにも言及している。情報提供義務ないし説明義務は，上記のとおり，専門性，情報収集能力等の格差への対処を根拠とすると考えられているものであることから，仮に，問題となっている事項が契約締結の判断に鑑み重要な事項であったとしても，本件のように，買主が容易に確認可能な事項，あるいは公知の事項についてまで，情報提供義務が認められるものではないといえる。本判決は，このように情報の入手の容易性も考慮の上，情報提供義務ないし説明義務の限界を示した判決としても，意義があるといえる。

【堀岡　咲子】

11 マンションの売主の説明義務

大阪高判平成26年1月23日（平成25年（ネ）第2160号）
判時2261号148頁

争点

1 日照阻害を理由とする差止め，損害賠償請求が認められるか
2 法令上の制限や重要事項説明にあたらない日照阻害について，マンションの売主に説明義務違反が認められるか

判決の内容

■ 事案の概要

　XらはYらから六甲アイランドに所在するXマンションを購入したが，Xマンションの敷地の南側に隣接する本件土地上に，Yらが新たに本件マンションを建築中であることが判明した。
　そこで，XらはYらに対し，人格権又は財産権に基づき，本件マンションの建築工事の差止め，日照阻害又はYらのXマンション販売時の説明義務違反による，不法行為又は債務不履行に基づく，慰謝料100万円及び遅延損害金の支払をそれぞれ求めた。
　原審は，差止めについては，本件マンションが完成したことから，訴えの利益を欠くとして却下し，損害賠償請求のうち，日照阻害を理由とする部分は，受忍限度を超え又は社会的妥当性を欠くとまでは認められないとして否定したが，Yらの説明義務違反を理由とする部分はこれを一部認めた。
　本件は，説明義務違反を一部認めた部分につき，Yらが控訴したものである。

■ 判決要旨

1　周辺環境や規制状況について

　本判決は，六甲アイランドは，神戸市主導の下，官民一体となって，利便性の高い都市機能と良好な住環境を両立するよう計画的に街作りが進められた地域であり，日影規制の規制値を上回る水準で，他の住戸等からの日影が及ばないように建物が配置されている地区であるとした。

　一方で，神戸市制定の日照基準取扱要綱により，同地区開発当初から住居としての使用が計画されていた区域はすべてその適用区域に指定され，日影規制と同等の日照が確保されているが，Xマンション敷地及び本件土地は，文化・レクリエーション地区に指定され，六甲アイランドの第一種住居地域内の住居で唯一本件要綱の適用を受けないというかなり特殊な状況にあるとした。

　また，同要綱は一般には公表されておらず，Xらがかかる特殊な状況を自ら調査して把握するのは極めて困難であったが，他方Yらはこの特殊な状況を把握しており，Xマンションの敷地及び本件土地を購入した当初から，両マンションを建築することを計画していたが，売行きをみるためにXマンションを先行して建築したとした。

2　説明義務違反の有無

　上記を前提に，Xらにとって，マンションを購入するか否かを検討するにあたっては，六甲アイランドの優れた住環境を永年にわたり安定的に享受することができるかが重要であり，優れた住環境の内容には日照の確保も含まれるのであるから，Xマンションの日影規制等についての情報や，本件土地にもマンションの建築計画があるのであればその情報も重要であったと判断した。

　他方で，Yらは，上記特殊な状況にあること，本件土地上にマンションを建築することを知っており，計画が実現されれば，Xマンションの日照に影響を与える可能性が十分にあったといえ，このような事情は，住環境として少なからぬ差異をもたらし，また住居としての価値を減少させるものであって，Xらにとって，Xマンション購入にあたって極めて重要な情報というべ

きであるとした。

　以上をもって，本判決は，YらはXらにXマンションの購入を勧誘するにあたり，信義則上，Xマンションが日照について日影規制等による保護を受けないものであり，Yらが本件土地上にマンションを建築した場合に，日照に影響が及ぶ可能性があることを説明すべき義務があったというべきであるとした。

　また，Yらは，①日影による日照阻害に違法がないこと，②Xマンションが必ずしも優れた住環境を有しているとはいえず，日影規制等が及ばないことは価格上有利な事情であること，③宅地建物取引業法による日影規制の説明義務は，取引の目的不動産の周辺の建物にまで及ばないと主張したが，①日照阻害に違法性がなくとも重要な情報であること，②六甲アイランドが優れた住環境を有していることは認定のとおりであること，③宅地建物取引業法による説明義務が，Yらの説明義務の全部を画するものではないとして，これらの主張を排斥した。

　その上で，本件では，上記説明義務違反があったと判示し，Xらに10万円から50万円の慰謝料をそれぞれ認めた原審の判断を維持して，Yらの控訴を棄却した。

　なお，Yは上告したが，上告も棄却されている。

解　説

1　日照阻害を理由とする差止め及び損害賠償請求の可否

　日照阻害に関する紛争は，昭和40年代から，建物の中高層化が進む中で増加した紛争類型である。裁判所は当初，日照の法的保護に厳格な態度を示していたが，最高裁（最三小判昭47・6・27民集26巻5号1067頁）が日照権を認める判決を下して以降，認容事例が見られるようになるとともに，行政法規においても，建築基準法で北側斜線制限，日影規制基準が導入されるなど，配慮が進むようになった。

　日照阻害を理由とする損害賠償請求については，基本的に民法709条及び710条の不法行為に基づく請求が，差止請求については，明文の規定がない

ものの，実務上，物権的請求権説，人格権説が定着している（深見玲子「建築禁止の仮処分の被保全権利──日照妨害，眺望妨害や圧迫感等」判タ1078号143頁）。

　差止請求ないし損害賠償請求が認められるのは，判例・学説ともほぼ一致して，日照阻害が受忍限度の範囲を超えると考えられる場合と解されている。その判断にあたっては，①日照被害の程度，②地域性，③加害回避の可能性，④被害回避の可能性，⑤加害建物の用途，⑥加害建物の行政上の規制に対する適合性，⑦先住関係，⑧交渉の経過があげられるものの，②に関連してどのような用途地域にあるか，⑥に関連して建築基準法上の日影規制に適合しているかが大きな要素になると考えられている（松本克美ほか編『建築訴訟〔第2版〕』153頁，154頁〔鎌野邦樹〕）。

　原審も前掲の最高裁判決を挙げて受忍限度を超えるか否かをもって本件を判断した。Xらは，本件要綱の適用がないとしても，本件の特殊な事情に鑑みれば，受忍限度は，日影規制の規制値を基準として判断されるべきであると主張したが，原審は，日影規制等の適用区域外にある以上，日影規制を遵守する義務を負うということはできないとし，結論として，本件の日照阻害は，日影規制等に違反するものではなく，生活環境に重大な影響を与えるようなものとはいえないとして，受忍限度を超えないと判断した。上記のとおり，地域性等の事情は考慮しつつも，行政上の規制値への違反の有無を重視して，受忍限度を判断している。

2　マンションの売主の説明義務の範囲

　不動産取引にあたっては，高度かつ専門的な知識が必要となるのに対し，一般消費者はこれらを有しておらず，また業者との知識に大きな格差があることが多いことから，信義則上売主に説明義務が認められる場合がある。

　従前裁判例では，所有権や賃貸制限の有無，法令上の制限の有無，重要事項説明義務（宅建業35条）に含まれるか密接に関わるもので，多くの場合にこれらの説明の懈怠が居住目的の当事者の最低限の目的である居住それ自体を拒むおそれの大きい事項については，比較的異論なく説明義務違反が認められてきた（光岡弘志「説明義務違反をめぐる裁判例と問題点」判タ1317号28頁）。

　他方，前記のとおり，損害賠償や差止めについては，法令上の制限が重視される傾向にあり，本件のように法令上の制限や宅建業者の重要事項説明に

含まれない日照等に関する事項について，説明義務違反を問えないかがしばしば問題となる。

この点について，近時の裁判例では，日照，通風，眺望等が問題となった事案について，説明義務・情報提供義務の違反を肯定する判例が相次いでいる（中川博文「不動産売買における説明義務・情報提供義務について（2・完）」判タ1396号61頁，東京地判平10・9・16判タ1038号226頁，東京地判平11・2・25判時1676号71頁）。

しかし，いかなる場合に説明義務が認められるかは，同義務が信義則を根拠とするため，事案ごとに，当事者の認識，問題となっている情報の重要性，交渉経緯等，諸般の事情を考慮の上で判断せざるを得ない。

本判決も，優れた住環境の整備が行政によって推し進められた地域であって住環境に対する買主の期待が高い一方，Xマンションの敷地及び本件土地だけが本件要綱の日影規制を受けないという特殊な状況にあり，この把握には専門知識を要すること，買主の期待を阻害する可能性を売主が認識していたことなどを重視して，説明義務を肯定した。本判決は，説明義務について，先の受忍限度論において判断基準とされている客観的事情のみならず，当事者の認識等の主観的事情も重視され，法令上の制限や，重要事項説明に関わらない日照に関する事項についても，説明義務の対象となり得ることを示した判例として参考になる。

【堀岡　咲子】

12 マンション建設工事中の死亡事故と契約解除

東京地判平成26年4月15日（平成25年（ワ）第3227号）
ウエストロー2014WLJPCA04158002

争点

マンション建設工事中の死亡事故を理由とする契約解除が認められるか

判決の内容

■ 事案の概要

X社は、自社代表者の自宅兼仕事場とするため、Y社らから新築マンション（契約時は建設中）を購入したが、建設工事中、鉄製の足場が35階から4階の防護ネットに落下するという事故（第1事故）、エレベーター設置業務に従事していた作業員2名が落下し死亡するという事故（第2事故）が発生した。そのため、X社は、Y社らに対し、事故発生を理由として売買契約を解除したと主張し、Y社らに対し、契約法理又は不当利得返還請求権に基づき、手付金の半額の返還及び遅延損害金の支払を求めた。

■ 判決要旨

1 本件売買契約の合意解除について

X社は、X社とY社らとの間で、本件売買契約を解除する旨の合意が成立したと主張したが、本判決は、Y_1社がX社に対して本件手付金を全額放棄することを内容とする契約解除合意証書案を送付し、X社がその署名押印に応じなかったことを指摘し、この経緯におけるY_1社の意思が、X社が本件手付金全額を放棄することを条件として本件売買契約の合意解除に応じるというものであることは明らかであり、本件手付金の帰趨を離れて本件売買契約を解除することのみを合意したということはできず、他に合意解除の事実

を認めるに足りる証拠もないとして、X社の主張を排斥した。

2　信義則及び権利の濫用について

X社は、本件死亡事故の重大性等からすれば本件売買契約の解除が認められるべきであり、Y社らが本件手付金を返還しないのは信義則に反し権利の濫用にあたると主張した。

この点について、本判決は、本件売買契約が本件マンションの完成前に締結されたことを前提に、本件売買契約第14条等の定めに照らせば、本件物件の引渡しまでの間に、当事者の責めに帰さない事由により本件物件が滅失し、あるいは毀損して修復に多額の費用を要することになった場合は、本件売買契約を解除の上本件手付金を返還すべきこととなるとし、本件各事故が発生したことにより本件物件が滅失しあるいは大幅に毀損した場合と比肩すべきほどに客観的価値の下落を生じたといえるのであれば、本件売買契約の上記定めを類推し、あるいは信義則に基づき、契約の解除を認めた上で本件手付金の一部又は全部を返還すべき義務がY社らに生ずると解すべき余地があるとした。

しかしながら、本判決は、本件第1事故は、建設中に足場が落下したというものにすぎず人的損害が生じたとはいえ、本件第2事故は、本件物件の専有部分自体に属する場所で生じたものでないこと、本件物件の専有部分への出入りに通常利用されるエレベーターシャフト内ではあるものの、エレベーター設置前に、地下1階ピット部分で発生したものであって、本件物件の専有部分の存する階とも遠く異なることを指摘することができるとし、本件第2事故が、本件マンションの物件を購入する者にとってなんらかの心理的嫌忌感を生じさせる可能性を否定することができず、そしてそれは事柄の性質上工事をもって修復できないものであることは確かであるが、これらを考慮してもなお、X社は、本件物件に居住し仕事場として利用するという本件売買契約の目的を達成することができ、本件第2事故が生じたことによって本件物件が滅失ないし大幅に毀損したというべきほどに客観的価値の下落を生ぜしめたとは到底いえないとした。

3　結　論

本判決は、本件第1、第2事故の発生によって本件売買契約の解除事由が

生じたということはできず、また、Y社らが本件手付金全部を違約金に充当したからといって、これが信義則に反し権利の濫用にあたるということはできないとして、X社の請求を棄却した。

解　説

1　不動産売買における死亡事件・事故と瑕疵（契約不適合）
(1)　不動産売買における死亡事件・事故に関する裁判例

　不動産売買において、過去に当該不動産あるいはその周辺において死亡事故・事件が発生していたことが発覚した場合に、事故等を瑕疵（民法改正後は「契約不適合」）として、又はこれらを調査・告知しなかったことが売主の義務違反として、契約解除や損害賠償が認められるかどうかについては、横浜地裁平成元年9月7日判決（判タ729号174頁）を初めとして、比較的多くの事例が集積されてきている。

　そして、多くの裁判例において、目的物にまつわる嫌悪すべき歴史的背景に起因する心理的欠陥がある場合も瑕疵に含まれるとの考え方を前提として、事故・事件の内容や態様、当該不動産と発生現場の距離、発生からの経過期間等から総合的に判断がなされているが、戸建住宅やマンションの当該居室において、数年以内に殺人、自殺等の事件が発生している場合には、瑕疵・債務不履行が認められる傾向にある。

　近時の裁判例をみても、東京地裁平成20年4月28日判決（判タ1275号329頁）は、約2年前に当該マンションで飛び降り自殺があった事例について、「価格にも一定の影響があることは明らか」であり、「相手方がこれを購入するか否かを検討する際に告知、説明しておく必要のある事柄であることも明白」として、売主たる不動産業者に告知、説明義務違反を認めている。また、大阪地裁平成21年11月26日判決（判タ1348号166頁）も、約8年前にマンション居室内で殺人とみられる死亡事件があったことを売主が告げなかったことが買主に対する契約上の告知義務違反になるとしている。

(2)　マンション売買における特殊性

　ただし、マンションにおいては、1棟での取引がなされることもあり、居

室数が相当数にのぼるものが少なくなく，過去の居住者や工事業者等を含めると関係者も極めて多数にのぼることから，土地や戸建住宅の売買に比して定型化が困難であり，柔軟な結論をとる裁判例もみられる。例えば，1棟のマンションの売買に関する事例である東京地裁平成25年7月3日判決（判タ1416号198頁）は，約半年前に当該マンションの一室で自殺があったことについて瑕疵に該当することが当然の前提とされたが，自殺の事実を知らなかった売主側が調査説明義務を負うことは否定している。また，東京地裁平成21年6月26日判決（ウエストロー2009WLJPCA06268003）は，建物内の一居室で約2年前に発生した自殺について瑕疵に該当するとしつつも，建物内で死亡したものではない上に時間の経過とともに忘れ去られたり，心理的な抵抗感は薄れるものであるとして，瑕疵としては極めて軽微なものになっていたと判示した。

(3) 本判決の位置づけ

本件は，上記(1)のように瑕疵や告知義務違反が争点とされたものではなく，売買契約上の定めあるいは信義則に基づく解除の可否が問題となっているが，本判決は，心理的嫌悪感や客観的価値の下落等，同様の視点を用いて判断したものとみることができる。結論としても，専有部分の存する階と遠く異なる場所で発生した建設工事中の事故について契約解除を認めなかったことは，多数の関係者が存在するマンション特有の事情に配慮した近時の裁判例の傾向とも合致していると考えられる。

2 死亡事件・事故と契約解除

本件が損害賠償請求ではなく解除に基づく手付金の（一部の）返還を求めたという事案であったことから，本判決は，あくまでも契約解除の可否という観点から死亡事故の影響を判断している点で特徴を有している。

そして，「事故が発生したことにより本件物件が滅失しあるいは大幅に毀損した場合と比肩すべきほどに客観的価値の下落を生じたといえる」かどうかという損害賠償請求よりも高いハードルを設定したことは同種事例において契約解除を主張するか否かの検討にあたって参考になると思われる。

【宮田　義晃】

13 マンション管理適正化法に基づきマンション分譲業者が管理組合に交付すべき図書の意義

東京地判平成23年9月30日（平成22年（ワ）第11068号）
ウエストロー2011WLJPCA09308002

争点

1 マンション管理適正化法103条の趣旨
2 マンション管理適正化法施行規則102条の図書の意義

判決の内容

■ 事案の概要

X（本件マンションの管理組合）は、本件マンションの分譲後、本件マンションの分譲業者であるYに対し、本件マンション建設工事に関する、標準仕様書、現場説明書、質疑応答集、品質管理基準等が、マンションの管理の適正化の推進に関する法律施行規則（以下「施行規則」という）102条に該当する図書であるとして、マンションの管理の適正化の推進に関する法律（以下「管理適正化法」という）103条に基づき、その交付を求めた事案である。なお、Yは、Xに対し、本件マンションの竣工図を交付済みであり、Xの求める図書を交付すべき義務はないと争った。

■ 判決要旨

マンションの適正な管理を行うためには計画的な維持修繕を行う必要があるが、設計図書がないと維持修繕に支障を来すことになるから、管理適正化法103条1項は、マンションの分譲業者に設計図書の交付を義務づけている。そして、マンションの維持修繕を行うためには工事が完了した時点のマ

ンションの状況や構造が明らかとなる必要があり，かつ，それで足りることから，施行規則102条は，マンションの分譲業者が交付すべき設計図書について，「工事が完了した時点」の建物及びその附属施設に係る図書としている。

施行規則102条が交付すべき図書を限定的に列挙していることからすると，同条の図書に該当するか否かは基本的に同条各号に列挙された図書に該当するか否かにより判断すべきであるが，同条各号に列挙された図書に該当するか否かは，名称ではなく，その内容によって判断すべきである。

裁判所は，以上のように判示した上で，Xが交付を求める図書のうち，本件マンションに係る標準仕様書は施行規則102条3号の仕様書にあたるとして，Xの請求を認容したが，その余の図書については，建物及びその附属施設に係る図書ではない，又は，工事が完了した時点の建物の状況や構造を示す書面ではないとの理由で，施行規則102条各号該当性を否定した。

解説

1 マンション管理適正化法103条の趣旨

管理適正化法103条1項は，宅地建物取引業者が，自ら売主として，新築マンションを分譲した場合において，国土交通省令で定める期間（施行規則101条により1年間）内に当該建物又はその附属施設の管理を行う管理組合の管理者等が選任されたときは，速やかに，当該管理者等に対し，当該建物又はその附属施設の設計に関する図書で国土交通省令で定めるものを交付しなければならないと定めている。

本判決は，マンションの適正な管理を行うためには計画的な維持修繕を行う必要があるが，設計図書がないと維持修繕に支障を来すことになるから，管理適正化法103条1項はマンションの分譲業者に設計図書の交付を義務づけたものであると判示した。これは同条の立法趣旨として一般に解説されているところを採用したものと思われるが，この図書交付義務は，マンション維持修繕の計画実施に必要な設計図書が交付されていない，又は，設計図書が誰に交付されたか分からない等といった実例が見受けられるという背景事

情をもとに設けられたものである(マンション管理適正化研究会編著『Q&Aマンション管理適正化法』56頁)。

2 マンション管理適正化法施行規則102条の図書の意義

　管理適正化法103条1項により宅地建物取引業者がマンションの管理者等に交付すべき図書を具体的に定めたものが、施行規則102条であり、同条は、宅地建物取引業者が交付義務を負う図書として、付近見取図、配置図、仕様書、各階平面図など11種類の、工事が完了した時点の建物及びその附属施設(駐車場、公園、緑地及び広場並びに電気設備及び機械設備を含む)に係る図書を列挙している。「工事が完了した時点」の図書に限定しているのは、本判決が判示するように、管理組合がマンションの維持修繕を行うことを可能にするという観点からは、工事が完了した時点のマンションの状況や構造が明らかとなる必要があり、かつ、それで足りるためと解される。

　本件で、XがYに交付を求めたものは、①Yの標準仕様書(Yから設計者及び施行者に対する指示事項が記載されたY作成の文書であり、物件ごとに標準仕様書を作成するために各指示項目の左側にチェック欄が設けられているもの)、②本件マンションに係る標準仕様書(設計者及び請負人が物件ごとに①を基本として作成し(①の各指示項目のチェック欄を利用し、当該物件に適用すべき項目を決定して作成する)、Yが承諾したもの)、③現場説明書、追加説明書及び質疑応答集、④Yの品質管理基準である。

　本判決は、これらの図書について、管理適正化法103条1項にいう当該建物又はその附属施設の設計に関する図書に該当するか、施行規則102条各号に列挙された図書に該当するか、工事が完了した時点の図書に該当するかという3つの観点から検討を行い、②は施行規則102条3号の仕様書に該当するが、①③及び④は施行規則102条各号の図書には該当しないと判断した。

　具体的には、②の本件マンションに係る標準仕様書は、本件建物の建築のために作成されたものであるから、本件建物及びその附属施設に係る図書であることは明らかとした上で、②は、本件建物の工事に関する設計者の指示を内容とするものであるから、施行規則102条3号にいう仕様書の性質を有するとし、さらに、②と異なる施工がされたことは立証されていないことから、工事が完了した時点の仕様書に該当すると判示した。

一方，①のYの標準仕様書については，それに記載された指示項目のうちどの項目が当該物件に適用されるかが決定されて初めて当該物件に係る標準仕様書（すなわち②の標準仕様書）が作成されることになることから，①自体は，管理適正化法103条1項にいう，本件建物及びその附属施設に係る図書ではないとし，また，内容的に見ても，施行規則102条3号の仕様書とは，工事に関する設計者の指示のうち，図面では表すことができない点を文章・数値などで表現するもので，品質・成分・性能・精度，製造や施工の方法，部品や材料のメーカー，施工業者などを指定するものと認定した上で，①は，Yから設計者及び施行者に対する指示事項が記載されたY作成の文書であって，工事に関する設計者の指示を内容とするものではないから，施行規則102条3号にいう仕様書の定義にも当てはまらないとして，施行規則102条各号該当性を否定した。

また，③の現場説明書，追加説明書及び質疑応答集は，工事の契約条件，工事条件等の説明やその補充，それらに関する質問に対する回答を内容とするものであり，一般的に，作成される時期から見ても，その内容から見ても，工事が完了した時点の建物の状況や構造を表すものとは言い難く，また，YからXに交付済みの竣工図とは別にこれらの文書を交付すべき理由はないとして，施行規則102条3号の仕様書には該当しないと判断した。④のYの品質管理基準については，設計及び施工に際して標準仕様書等の内容が正しく反映されているかを確認する方法を示したものであって，工事が完了した時点の本件建物の状況や構造を記載した書面ではないとして，施行規則102条各号の図書には該当しないと判断した。

本件で裁判所が行った，管理適正化法103条1項及び施行規則102条の趣旨の解釈，及び，各図書の施行規則102条各号該当性の判断手法及び結果には異論がないところと思われるが，管理適正化法と施行規則の解釈及び当てはめが行われた事案として，実務上参考になるといえよう。

【山田　敏章】

第3章
瑕疵担保・不法行為

14 マンションの瑕疵判断と専門委員の「説明」

大阪地判平成25年2月26日（平成22年（ワ）第136号，平成23年（ワ）第1926号）
判タ1389号193頁

争点

1　マンションの瑕疵の判断に際して、弁論準備手続期日における専門委員の「説明」を弁論の全趣旨として斟酌した事例
2　欠陥現象から施工不良の存在を推認し、瑕疵を認定した事例

判決の内容

■ 事案の概要

　本件は、鉄筋コンクリート造の14階建共同住宅（以下「本件建物」という）の建築を請け負った建築業者Xが、不動産の分譲等を業とする発注者Yに対して、請負契約（本工事の約定代金額19億5300万円）に基づき残代金15億8145万円及び遅延損害金の支払を請求した（甲事件）のに対して、Yが、Xらに対して、本件建物には、屋根スラブの荷重による構造耐力上の瑕疵、耐震スリットに関する瑕疵、基礎梁のクラック等の多数の瑕疵が存在するために建替えが必要であり、また、計108戸の区分所有建物として分譲販売することを計画していたところ、同分譲販売も出来なくなり逸失利益分の損害を被ったなどとして、瑕疵担保責任又は不法行為責任等に基づき、損害賠償金37億9114万2025円（内訳は、建替費用相当額の30億7785万2292円の他、逸失利益、調査費用、信用毀損による損害・慰謝料及び弁護士費用である）及び遅延損害金の支払を求めた（乙事件）事案である。

　本件では、乙事件におけるYの瑕疵及び損害に関する主張について、Xらが、これらを争った。

■ 判決要旨

大阪地裁は，大要以下のとおり判示し，Yの瑕疵担保責任に基づく損害賠償請求の主張を7699万8219円の限度で認めた上で，甲事件におけるXの請負契約に基づく残代金の請求（15億8145万円）を，上記損害賠償請求権との相殺後の15億0445万1781円の範囲で認容するとともに，乙事件におけるYの請求を棄却した。

1 本件建物の瑕疵の有無

(1) 屋根スラブの荷重について

屋根スラブのコンクリート増し打ちによる荷重の増加について，許容応力度計算などをふまえ，設計段階で既に対応がとられており，瑕疵に該当しない。

(2) 耐震スリットの位置ずれ及び変形について

耐震スリットが数十mmないし150mmずれている箇所や耐震スリットが壁コンクリート内部で変形している箇所があり，瑕疵に該当する。

(3) 基礎梁について

基礎梁に0.3mm以上のクラック（「住宅紛争処理の参考となるべき技術的基準」（平成12年建設省告示第1653号）第3の2(2)ハ参照）が数十か所発生しており，また，基礎梁のクラックから漏水している箇所があることが認められ，これらの事実を総合すれば，基礎梁について何らかの施工不良があることを推認することができ，この点は通常の施工として許容することができないものとして瑕疵にあたる。

(4) 梁貫通補強について

直径100mm以上の基礎梁の貫通孔について，貫通補強材が施工されていない点は，設計上の指示に反し，通常の施工として許容できないものとして瑕疵にあたる。

(5) 屋外の排水について

サブエントランスと車路との間に排水溝がないことが通常の施工として許容できないとまでは認められない。また，引渡しから3年以上経過した現在にいたるまでサブエントランスから流入した雨水によりエントランスが浸水

した事実を認めるに足りる証拠はない。したがって，上記の点は瑕疵にあたらない。

(6) 地下ピットの排水について

釜場の設置は設計上の指示に従ったもので，瑕疵にあたらない。

排水溝が逆勾配になっているブロックがあり，計画どおりの排水ができない施工となっており，通常の施工として許容できず，瑕疵にあたる。

配水管がないことについて，証拠（雨水排水計画図）及び弁論の全趣旨（弁論準備手続期日における専門委員の説明）によれば，設計図書において配水管を設置することが指示されていた事実が認められ，現状の施工は設計上の指示と齟齬しているが，本件全証拠によっても排水溝ではなく配水管を設置することが設計上重要であり，排水溝を設置したことにより特に不都合が生じる事実を認めるに足りず，この点は瑕疵にあたらない。以下略。

(7) 雨水貯水槽について

タラップの位置が不適切で，途中までしか設置されていない点は瑕疵にあたる。雨水放流配管が雨水貯水槽の底部から6m上部に設置されていることについて，証拠及び弁論の全趣旨（弁論準備期日における専門委員の説明等）によれば，通常の施工ではなく，降雨量が多い日の放流音が相当大きくなり，瑕疵にあたる。

(8) 屋上防水について

パラペットについて，屋上スラブ天端からパラペットのアゴ下端までの高さを260mmとすることが設計上指示されているが，現状100ないし250mmとなっており，設計上の指示と齟齬している。しかし，この点が防水上の機能を特に損なっているものとは認められず，瑕疵にあたらない。

排水通気管の防水立上り端部にカバーが設置されていない点は，排水通気管の上からかぶせるベントキャップが非常に深いことから，瑕疵にあたらない。

排水通気管の外側を覆っている鋼管が一部さびていること等は瑕疵にあたる。

(9) 電気室内の排水管について

証拠及び弁論の全趣旨（弁論準備手続期日における専門委員の説明）によれば，

電気室内の高圧受電施設の近くに上階からの排水管が施工されており，排水管のメンテナンス時や漏水が生じた場合に事故が生じるおそれがあり，この点は瑕疵にあたる。

(10) 梁型タイルについて

証拠及び弁論の全趣旨（弁論準備手続期日における専門委員の説明）によれば，本件建物のサブエントランス等の梁型底面へのボーダータイルの施工は，タイルが落下するおそれがあり通常の施工として許容することができず，瑕疵にあたる。

(11) 屋内駐車場タラップについて

屋内駐車場のタラップが片側溶接しかされておらず既に曲がっており，簡易はしごの間隔が約60cmと長い点について，通常の施工として許容できず，瑕疵にあたる。

(12) 屋外機械駐車装置について

屋外機械駐車装置のパレットと周辺部との間に4ないし6cmのすき間が空いており，このすき間に子どもが足を挟むなどの危険があり，修補するのが相当と認められ，瑕疵にあたる。

(13) エントランスホールのサッシについて

証拠及び弁論の全趣旨（弁論準備手続期日における専門委員の説明）によれば，本件建物のエントランスホールの北側開口部の水切り部に周囲の外壁と同じタイルが施工されており，排水について特段の配慮が払われていないところ，これは排水不良を招くもので通常の施工として許容できず，瑕疵にあたる。

2 本件建物の瑕疵による損害額

(1) 瑕疵修補費用について

①耐震スリットの修補は，必要最小限のコンクリートを撤去した後正規の位置に耐震スリットを施工して無収縮グラウト材を充填する方法，②基礎梁の漏水について，貫通クラックは注入止水材をひび割れ内部等全体に高圧で注入する方法，それ以外のクラックはエポキシ樹脂モルタル等を充填する方法，③貫通孔の補強について，あばら筋が切断されている箇所はあばら筋をはつりだして溶接補強の上グラウト材で復旧する方法，④雨水貯水槽の修補

について、既設トラップを撤去して点検口の中央付近にトラップを設置し直すとともにより低い位置で雨水を放流できるように雨水放流配管に排水管を接続する方法が相当である（その他の瑕疵修補工事については、省略）。

瑕疵修補工事費の合計は1033万3930円であるが、諸経費としてその15％に相当する155万0089円を認め、これらの合計に消費税を加えると、瑕疵修補工事費用の合計は1247万8219円である。

また、瑕疵修補工事に要する期間は3か月間と認められ、当該期間中の住民（32戸）の仮住まい費用（賃料、敷金、引越費用、駐車場代等）として、1戸あたり136万円、計4352万円の損害を認めるのが相当である。

(2) その他について

逸失利益の請求と信用毀損による損害・慰謝料の請求については瑕疵の内容及び程度等に照らして否定し、調査費用については1500万円を、弁護士費用については600万円を認定した。

解　　説

1　マンションの瑕疵判断と専門委員の「説明」

建築関係訴訟においては、一般に、専門委員の関与あるいは付調停という形で、一級建築士等の専門的知見が活用される。

専門委員は、①争点整理や進行協議の手続において、訴訟関係を明瞭にし、訴訟手続の円滑な進行を図るため、また、②証人尋問等の証拠調べ手続において訴訟関係又は証拠調べの結果の趣旨を明瞭にするため、さらに、③和解を試みるため、裁判所の補助機関として、専門的知見に基づく「説明」を行うこととされている（民訴92条の2以下）。

専門委員による「説明」の内容としては、典型的には、専門委員が、専門用語や当事者の主張の意味・専門家の見解の趣旨等について、一般的な専門的経験則に基づいて説明を行い、裁判官による当事者の主張や専門家の見解の理解を補助することが挙げられるが、さらに、具体的事実に専門的経験則を当てはめ、評価的な要素を加えた「説明」が行われることがあり、かかる「説明」は「評価的説明」などといわれる。かかる「評価的説明」は、具

体的事実との関連性の程度により「説明」(弁論と証拠の区分では,「説明」は本来弁論に属する事項と解される)にとどまらず,争訟事実の立証と重なる場合もあり得ることから,できるだけ当事者双方に異議のないことを確認し,「説明」につき当事者双方に十分に吟味する機会を付与するなど,当事者の手続保障に配慮した運用を行うべきとされている(以上,林圭介「専門委員の関与のあり方──理論的考察と関与モデルの紹介」判タ1351号4頁以下)。

　実際,本件訴訟においても,当事者双方が「専門委員が,……説明書面(評価を含む。)を提出することを承諾する。この説明書面を訴訟資料とすることに異議はない」旨を述べた上で専門委員から説明書面が提出され,当事者双方にこれをふまえた主張立証の機会が与えられた模様であり(判タ1389号193頁以下),かかる手続を経て,裁判所は,専門委員の「説明」を「弁論の全趣旨」として,瑕疵の判断に際して斟酌している。

2　欠陥現象からの施工不良の存在の推認

　「瑕疵」とは欠陥現象(クラック(ひび割れ),漏水)そのものではなく,当該欠陥現象の原因(施工不良)をいい,瑕疵を主張する者は,欠陥現象の原因(施工不良)についての主張立証責任を負うが,本件では,基礎梁に,「住宅紛争処理の参考となるべき技術的基準」(平成12年建設省告示第1653号)(品確74条に規定する指定住宅紛争処理機関による住宅紛争処理の参考となるべき技術的基準として,不具合事象の発生と構造耐力上主要な部分に瑕疵が存する可能性との相関関係について定めたもの)に該当する幅のクラックが数十か所発生しており,また,クラックから漏水している箇所があるとの欠陥現象から,何らかの施工不良の存在を推認しており,実務上参考になる。

【楠　　慶】

15 マンションの共用部分の瑕疵について，区分所有者に対する瑕疵担保責任の成否

東京地判平成25年3月11日（平成24年(ワ)第12463号）
ウエストロー2013WLJPCA03118001

争点

1　共用部分の瑕疵について，区分所有者に対する瑕疵担保責任の成否
2　損害の算定

判決の内容

■ 事案の概要

　本件は，売主Y（不動産業者）から，平成21年10月完成のルーフバルコニー付きのマンション（以下「本件マンション」という）の1室（以下「本件居室」という）（なお，Yは平成22年3月に分譲事業者から本件居室を新築で購入していた）を，平成22年6月中旬に購入した（以下「本件売買」という）買主Xが，上階のバルコニーのアルミ手摺の縦格子等の部材（以下「本件部材」という）が自室のルーフバルコニーに落下し，また落下するおそれがあったため，本件居室のルーフバルコニーを15か月間にわたり使用できなかったと主張して，Yに対して瑕疵担保責任に基づく損害賠償として，予備的に債務不履行に基づく損害賠償として，1230万円（本件居室の減価相当額1230万円あるいは慰謝料1230万円の選択的主張。また，予備的に15か月間ルーフバルコニーを使用できなかったことについて1か月15万円で計225万円の損害が発生したとの主張）及び遅延損害金の支払を求めた事案である。

　Xの請求に対して，Yは，本件居室のルーフバルコニー及び上階の居室のバルコニーのアルミ手摺はいずれも本件マンションの共用部分であって，その瑕疵の問題は管理組合と分譲事業者との間で解決されるべきで，現に上記

アルミ手摺は管理組合と分譲事業者との協議を経て補修が完了しており，Yは瑕疵担保責任を負わない，Xの主張するような損害は発生しない等として，これを争った。

■ **判決要旨**

東京地裁は，大要以下のとおり判示し，Xの瑕疵担保責任に基づく損害賠償請求の主張を23万1000円の限度で認めた。

1 共用部分の瑕疵についての瑕疵担保責任の成否について

本件部材の落下は，アルミ手摺の各部材の噛み合わせが甘かったとの施工不良が原因であった。

本件部材の落下の際には，本件居室のルーフバルコニーに人がいた場合には身体への危険が及ぶものと認められ，本件居室の上階のバルコニーのアルミ手摺の部材には他にも一部ゆるみ又はずれがあって落下する危険があったと認められることから，本件居室に付属するルーフバルコニーは，通常備えるべき品質・性能を欠いていたものというべきである（以下「本件瑕疵」という）。

ルーフバルコニーは，本件マンションの共用部分ではあるが，規約上，玄関扉，窓ガラス等と同様に区分所有者である本件建物所有者がその専用使用権を有することが承認されていることに照らせば，本件居室に付随するものとして，本件売買の目的物に含まれる。

したがって，本件居室のルーフバルコニーに本件瑕疵があったことについて，Yは，Xに対して，瑕疵担保責任を負う。

なお，本件居室の上階のバルコニーのアルミ手摺については平成23年1月18日までに応急措置（以下「本件応急措置」という）が行われ，本件応急措置により，本件居室の上階からの本件部材落下の危険はなくなったと認められる。

2 損害の算定について

本件瑕疵は，平成22年6月中旬から平成23年1月18日までの約7か月間存在したものであり，Xは，この間，本件居室のルーフバルコニーを安心して使用できない状態にあったというべきである。

本件居室の価格は，ルーフバルコニーのない本件マンションの他の居室の価格と比較すると，ルーフバルコニーがあることにより，約6.6％ほど高く設定されていたと認められる。

本件居室を賃貸した場合の賃料は月額50万円であったと認められるところ，その6.6％にあたる月額3万3000円が，Xがルーフバルコニーを使用できなかったために被った損害の月額であると認められる。

したがって，本件瑕疵によりXが被った損害は，月額の損害額の7か月分にあたる23万1000円と認められる。

なお，本件瑕疵は，本件売買の7か月後に本件応急措置により修補されていたことから，本件瑕疵により売買代金額の1割に相当する1230万円の損害が発生したものとは認められない。また，本件瑕疵の内容に照らせば，Xの主張する精神的損害について本件瑕疵と相当因果関係のある損害にあたると認めることはできない。

解　説

1　共用部分の瑕疵について，区分所有者に対して瑕疵担保責任が成立するか

(1)　共用部分の瑕疵について，区分所有者に対しての瑕疵担保責任の成否

本件は，マンションの共用部分であるルーフバルコニーの瑕疵（上階のバルコニーからアルミ手摺の部材が落下してくる危険があったとの瑕疵）について，ルーフバルコニーはマンションの共用部分ではあるものの，居室の売買契約の目的物に含まれるとして，瑕疵担保責任の成立を認めた事例である。

マンションの居室の売買が行われた場合に，共用部分の瑕疵について買主が売主に対して瑕疵担保責任を追及できるかについては，区分所有法26条2項で共用部分に生じた損害賠償金等について管理者が区分所有者を代理する旨規定されていること等の関係で議論があり，これを否定する裁判例（東京地判平13・11・14ウエストロー2001WLJPCA11140004）もあるが，マンションの居室の売買契約は，専有部分に加えて，共用部分の共有持分をも対象とするものである以上（区分所有15条1項で，共用部分の共有持分が，専有部分

の処分に従う旨が規定され、また、同条2項では、共用部分の共有者は、その有する専有部分と分離して共用部分の持分を処分することができない旨が規定されている)、買主は売主に対して、共用部分の瑕疵についても瑕疵担保責任の追及ができるというべきである。共用部分の瑕疵も売買目的物の瑕疵に該当するとされた裁判例としては、他に、東京地裁平成20年3月27日判決（ウエストロー2008WLJPCA03278014）（地中躯体壁の瑕疵）がある。

　なお、本件判決は、ルーフバルコニーが、共用部分ではあるものの、規約上、玄関扉、窓ガラス等と同様に区分所有者がその専用使用権を有することを理由に、本件居室に付随するものとして売買契約の目的に含まれるとしているが、上記のとおり、共用部分の共有持分は専有部分の処分に付随する（区分所有15条1項）以上、専有使用権設定の有無にかかわらず、共用部分の共有持分はマンションの専有部分の売買契約の目的に含まれるというべきであり、本件判決の上記の理由部分には、疑問もある。

(2) **共用部分の瑕疵担保責任をめぐる各当事者間の権利義務関係**

　ここで、マンションの共用部分に原始的瑕疵がある場合の、分譲事業者A、Aからの居室の購入者B、Bからの転得者C、マンションの管理者（管理組合の理事長等）Dの、共用部分の共有持分についての瑕疵担保責任をめぐる権利義務関係は、以下のとおりになると思われる（稲本洋之助＝鎌野邦樹『コンメンタールマンション区分所有法〔第3版〕』161頁以下）。

　まず、BはAに瑕疵担保責任の追及ができ、CはBに瑕疵担保責任の追及ができる。CとAには契約関係がないため、Cは直接Aに瑕疵担保責任の追及をすることはできない。

　他方、管理者Dは、区分所有法26条2項に基づき、区分所有者たるCを代理してBに対する瑕疵担保責任の追及を行う（ただし、既にCがBに対してこれを行った場合はこの限りでない）。Bは既に区分所有者ではないので、管理者Dは、BのAに対する瑕疵担保責任の追及について代理することは当然にはできないが、区分所有者たるCを代理してBに対する瑕疵担保責任の追及を行う過程で、Bから、Aに対する瑕疵担保責任に基づく請求権の行使についての代理権の付与を受けることがあり得る。その場合、Dは、Bを代理してAに対して瑕疵担保責任の追及を行うことになり（ただし、既にBがAに対してこ

れを行った場合はこの限りでない），Dとしては，Aに対する共用部分の瑕疵担保責任の追及を一元的に行えることとなる。

2 損　害

　本件では，マンションの共用部分であるルーフバルコニーの瑕疵（上階のバルコニーからアルミ手摺の部材が落下してくる危険があったとの瑕疵）について，当該瑕疵が修補されるまでの期間（上記危険が除去されるまでの期間）ルーフバルコニーが使用できなかったとして，当該期間分のルーフバルコニー部分の賃料相当額の損害が認められている。

【楠　慶】

16 中古マンションの浸水被害と瑕疵

東京地判平成26年1月15日（平成25年（ワ）第15563号）
LEX/DB25517189

争点

1　築38年の中古マンションで雨水の浸水被害が生じた場合，その原因となった建物の経年劣化が瑕疵に該当するといえるか
2　売主及び仲介業者は，中古マンションの瑕疵の存在に関して説明義務ないし調査義務に違反したといえるか

判決の内容

■ 事案の概要

　本件は，築38年の中古マンション（以下「本件物件」という）を購入したXが，本件物件には建物躯体のひび割れ等の瑕疵（以下「本件瑕疵」という）が存在したために雨水の浸水による被害が生じたとして，売主であるY_1及び売買の仲介をしたY_2（いずれも不動産業者である）に対して，瑕疵担保責任，説明義務ないし調査義務違反を理由とする債務不履行責任又は虚偽説明を理由とする不法行為責任（Y_2については債務不履行責任のみ）を主張して売買代金相当額等の損害賠償を求めた事案である（なお，本稿においては，不法行為責任に関する説明は割愛する）。

■ 判決要旨

1　Y_1の瑕疵担保責任（瑕疵の該当性）

(1) 判断基準

　Y_1は，契約締結に際し，Xに対して物件状況等報告書を交付し，その中で，物件には経過年数に伴う変化や，通常使用による摩耗，損耗があること

を告知していること，Y₂が，Xに対し，契約締結に先立つ重要事項説明として，本件物件が登記簿上昭和48年4月新築である旨告げていることが認められる。一方，本件物件の建物躯体及び窓やドアのアルミサッシの品質性能について契約上特段の合意がされたとか，Y₁が特段の品質性能を保証したとの事実を認めるに足りる証拠はない。

　これによると，XとY₁との間で本件物件について合意された品質と性能は，築38年の分譲マンションが通常有する程度のものであったということができ，本件契約に関する民法570条（改正前）の瑕疵の該当性も，そのような品質性能を欠いているか否かという観点から判断すべきである。

(2) **具体的検討**
　(a) 建物躯体

　本件物件で壁紙に雨水が浸透する不具合は，建物躯体のひび割れが原因であるとは認められる。しかし，大規模修繕が行われていない限り，経年により建物躯体に雨漏りを生じるようなひび割れが生じることは一般にあり得るが，本件物件のマンションの躯体のひび割れの程度が，築38年の分譲マンションとして通常有すべき品質性能に欠ける程度にまでいたっているとの事実を認めるに足りる証拠はない。

　(b) 窓やドアのアルミサッシ

　本件物件の①窓アルミサッシの空気孔が強風時に自然に開いてしまう状態，②激しい降雨時に窓アルミサッシ溝に溜まった雨水が室内に溢れる現象を生じる状態，③激しい降雨時にキッチン横の勝手口ドアサッシのドア下に吹き込んだ雨水が溜まる現象を生じる状態，④浴室の窓アルミサッシの窓を閉じる押さえ金具の掛かりが悪い状態はいずれも，築38年の分譲マンションの窓やドアのアルミサッシの性能として通常有すべき品質性能に欠けるとは認められない。

　したがって，X主張の本件瑕疵は，いずれも，本件契約に関する民法570条（改正前）所定の瑕疵に該当するとはいえない。

2　Y₁及びY₂の債務不履行責任（売主及び仲介業者の説明義務と調査義務）

　Xは，本件瑕疵の存在に関してY₁及びY₂に説明義務違反ないし調査義務があると主張するが，上記のとおり本件瑕疵がいずれも築38年の分譲マン

ションとして通常有すべき品質性能に欠けるとまではいえないものである以上，Xの主張にいう重要な意義を有する情報にはあたらず，したがってY₁及びY₂がその説明義務や調査義務を負うともいえない。

解　説

1　本件の争点
　築年数の古い中古マンションの売買においては，その引渡し後に，漏水や浸水の被害が発生することがある。その原因となった建物の不具合が経年劣化による場合，売主や仲介業者の責任を問うことができるかが問題となる。
　本件では，Xは瑕疵担保責任，債務不履行責任及び不法行為責任（仲介業者は債務不履行責任のみ）という3つの法的構成によりYらに対し損害賠償請求を行ったが，いずれもその請求が棄却された。

2　瑕疵担保責任について
(1)　瑕疵の判断枠組み
　一般的に，瑕疵とは，①客観的瑕疵（目的物が取引上通常有すべきものと認められる品質・性能を欠いていること），②主観的瑕疵（当事者が契約上予定した使用目的に対する適性を欠くこと），③保証（売主が特に保有すると保証した品質・性能を欠くこと）という3つの観点から分析される（澤野順彦編『現代裁判法大系(2)不動産売買』127頁〔田中治〕）。
　判例も，上記①ないし③のいずれかに該当し，目的物の使用価値又は交換価値を減少させる場合を瑕疵としている（大判昭8・1・14民集12巻71頁）。
　本判決でもこの判断枠組みに則って，瑕疵の該当性が判断されている。すなわち，本件瑕疵のある建物躯体及び窓やドアのアルミサッシについて，契約上特段の合意がされたこと（②主観的瑕疵）や売主Y₁が特段の品質性能を保証したこと（③保証）を証拠上否定した上で，本件契約に関する瑕疵の該当性は，築38年の分譲マンションが通常有する程度の品質性能を欠いているかどうか（①客観的瑕疵）という観点から判断すべきとされた。

(2)　瑕疵の該当性
　中古建物の場合には，漏水や浸水があっても，必ずしも瑕疵になるとは限

らない。瑕疵の判断は，中古建物として通常有すべき品質・性能が基準となるし，また，経年劣化していた状態における不可抗力的なものとされる余地もあるからである（渡辺晋『不動産取引における瑕疵担保責任と説明義務〔改訂版〕』103頁）。

東京地裁平成17年9月28日判決（ウエストロー2005WLJPCA09288002）も，「中古建物が売買契約の目的物である場合，売買契約当時，経年変化等により一定程度の損傷等が存在することは当然前提とされて値段が決められるのであるから，当該中古建物として通常有すべき品質・性能を基準として，これを超える程度の損傷等がある場合にこれを『瑕疵』というべきである。」とし，築40年以上を経過した中古ビルの排水管の老朽化による腐食は通常の経年変化によるものだとして，売主はこれにつき瑕疵担保責任を負わないとした。

本判決においても，Xの主張した本件瑕疵は，いずれも経年劣化等によるもので，築38年の分譲マンションとして通常有すべき品質性能に欠けるとはいえず，民法570条（改正前）にいう瑕疵には該当しないとされた。

3 債務不履行責任（売主及び仲介業者の説明義務と調査義務）について

(1) 説明義務の根拠等

不動産取引において，売買契約の売主や仲介業者に説明義務や調査義務が認められる場合がある。これらの義務は契約成立前の交渉段階における義務であるため，当然に認められるものではなく，その存否及び内容は，当事者の属性，契約の目的，取引の対象，契約締結にいたる事情，当事者の認識などを考慮した，個別的な判断が求められる。説明義務の根拠は，民法1条2項（信義誠実原則），消費者契約法3条1項（売主が事業者の場合），宅地建物取引業法31条1項・35条（売主が宅建業者の場合）と理解されており，売主の属性によってその根拠や程度は異なる（渡辺・前掲265～267頁）。なお，売主と仲介業者がともに宅建業者である場合には，いずれもが説明義務を負い，両者の関係は連帯債務（不真正連帯債務）となる（渡辺・前掲289頁）。

(2) 売主の説明義務

説明義務の対象事項を画する基準は，一般的には，目的物を購入するか否か，あるいは購入代金の金額などの意思決定に影響を及ぼす重要な情報であ

るかどうかがその基準となる（渡辺・前掲282頁）。

(3) 仲介業者の調査説明義務

仲介業者の説明義務は，宅地建物取引業法35条１項の事項に限定されるものではなく，購入希望者に重大な不利益をもたらすおそれがあり，その契約締結の可否の判断に影響を及ぼすことが予想される事項を認識している場合には，当該事項にもわたる（大阪高判平16・12・2判時1898号64頁・判タ1189号275頁）。

(4) 本判決の判断

瑕疵担保責任を負わないことが直ちに調査説明義務違反も構成しないこととはならないが（渡辺・前掲65頁，70頁），本判決は，Ｘの主張する本件瑕疵はいずれも民法570条（改正前）にいう瑕疵に該当しない以上，本件瑕疵はＹらが説明又は調査すべき重要な意義を有する情報にあたらず，Ｙらがその説明義務や調査義務を負うこともないとした。

4 本判決の意義

本件は中古マンションの瑕疵を既存の瑕疵判断の枠組みに従って判断したものである。民法改正により，瑕疵概念は「契約の内容に適合しないもの」（契約不適合）という観点から規律されることになるが（改正民562条・565条・566条・570条・636条等参照），瑕疵概念の判断枠組みはそのまま「契約不適合」の判断にも当てはまると考えられる。したがって，本判決は今後の「契約不適合」の判断に関しても，実務上参考になると思われる。

【髙杉　謙一】

17 中古給湯器が故障していることと相当因果関係のある損害の範囲と額

東京地判平成26年12月9日（平成26年（レ）第394号）
ウエストロー2014WLJPCA12098003

争点

1 マンション一室の中古の給湯器が故障していた場合に，新品の給湯器へ交換するための費用が損害となるか
2 マンション一室の中古の給湯器が故障していた場合に，新たな給湯器へ交換するための期間中の近隣入浴施設利用費用が損害となるか

判決の内容

■ 事案の概要

　XとYは，平成25年5月17日，XがYからマンション一室（以下「本件物件」という）を780万円で購入する旨の売買契約（以下「本件売買契約」という。売主は瑕疵担保責任を負うことが約定されている）を締結し，Xは，その数日後，本件物件に入居した。
　Yは，本件売買契約締結にあたり，Xに対し，本件物件内の中古品である給湯器（以下「本件給湯器」という）に故障・不具合はないと説明した。
　ところが，本件給湯器には，お湯が出ないという不具合（以下「本件瑕疵」という）があり，遅くとも平成25年6月1日には，本件給湯器を交換する必要があることが発覚した。
　Xは，平成25年6月3日，A社に対し，31万6355円（税込）で本件給湯器の交換工事（以下「本件交換工事」という）を発注し，本件交換工事は同月6日頃完了し，本件給湯器は新品に交換された。
　Xは，本件瑕疵を理由として，債務不履行又は瑕疵担保責任に基づき，Y

に対する損害賠償請求訴訟を提起したところ，Yは，本件瑕疵について瑕疵担保責任を負うことは争わず，相当因果関係のある損害額について争った。

原審は，本件給湯器の交換費用（10万円）及び近隣入浴施設利用費用（1万円（Xによる請求額と同額））の合計11万円を損害として認めたが，Xは，敗訴部分を不服として本件控訴を提起した。

■ 判決要旨

1　瑕疵担保責任と債務不履行責任の関係

本件売買契約において瑕疵担保責任が約定されていることからすれば，本件瑕疵については瑕疵担保責任に基づき損害賠償請求することが予定されていたというべきであって，債務不履行責任は成立しないと解される。

2　給湯器交換費用について

本件給湯器は中古品であるから，本件瑕疵と相当因果関係が認められるのは，中古品の給湯器への交換費用相当額に限られる。

本件交換工事に先立ち本件物件を訪問した上でA社により作成された見積書によると，本件交換工事の費用（30万1290円（税抜））の内訳は，製品費28万1000円，工事費12万1500円，部材費4万2100円，値引額14万3310円である。値引額を各費用に按分した上で控除すると，製品費は19万0424円，工事費及び部材費は合計11万0866円となる。

Yが提出するB社及びC社による中古品の給湯器への交換費用の見積金額は，製品費については4万8500円から5万3000円（税抜），工事費については5万円から5万5000円（税抜）となっている。

上記認定事実によれば，中古品の給湯器への交換には少なくとも製品費及び工事費の支出が必要と認められる。中古品の給湯器の製品費については，B社及びC社による見積金額の中間値である5万0750円と認めるのが相当である。工事費については，本件交換工事の見積りが，現実に本件物件を確認した上での見積りで，その内訳も必要な費用と認められる内容のものであることに照らせば，上述した11万0866円を給湯器の交換のための工事費と認めるのが相当である。

したがって，交換費用相当額は上記合計16万1616円に当時の消費税率5％

を加えた16万9696円と認めるのが相当である。
3 近隣入浴施設利用費用について
　Xは、入居後本件交換工事完了までのうち4日間本件物件の近くにある入浴施設を利用したこと及びその一般利用料金は2520円であることが認められ、近隣に他の入浴施設が存在するとは認められないから、入浴施設利用費用1万円は本件瑕疵と相当因果関係のある損害と認められる。

解　説

1　中古建物売買契約における瑕疵判断
　瑕疵とは、通常又は契約上予定された用途に適しないような物の物質的な欠陥をいう（近江幸治『民法講義Ⅴ契約法〔第3版〕』144頁）。買主は居住目的で本件物件を購入したことからすると、本件給湯器の故障が瑕疵であることは明白である。

2　損害の範囲・額
(1)　損害の範囲
(a)　瑕疵担保責任としての損害賠償の範囲
　売買契約における瑕疵担保責任としての損害賠償請求できる範囲については、その法的性質に関連し、争いがある。瑕疵担保責任を法定責任と捉える立場からは信頼利益の範囲に限られるとされる（信頼利益の範囲に限られるとしつつ、売主に過失がある場合には、履行利益の範囲と解する立場もある（我妻栄『債権各論㈤一（民法講義Ⅴ2）』271頁及び272頁））。これらとは異なり、瑕疵担保責任の法的性質についての債務不履行説又は契約責任説からは、履行利益の賠償が認められるとされる。このほかにも、複数の説が唱えられている（以上、柚木馨＝高木多喜男編『新版注釈民法⒁債権(5)』385頁以下〔柚木馨＝高木多喜男〕）。
　ちなみに、新築建物の売買契約であれば、売主の瑕疵担保責任として、請負人の瑕疵担保責任の規定が準用されているから（品確95条1項）、品確法に基づく売主の瑕疵担保責任としての損害賠償においても、履行利益の賠償が認められる。
(b)　本件の場合

履行利益の賠償を認める契約責任説からは，瑕疵修補費用も入浴施設利用費用も認められる。

信頼利益とは，「買主が瑕疵を知らなかったために被った損害」（柚木＝高木・前掲392頁），「買主が瑕疵のない物だと信じたことによって被った損害」（内田貴『民法Ⅱ債権各論』125頁），「買主が瑕疵を知ったならば被ることがなかったであろう損害」（近江・前掲145頁），であるから，瑕疵担保責任の損害の範囲を信頼利益に限るとする立場からも，瑕疵補修費用と入浴施設利用費用のいずれも，認められよう。

(2) 損害額の算定

本件は，購入したマンション一室の給湯器が中古品であったため，給湯器購入費用としては，新品購入費用ではなく中古品購入費用とされた。新品購入費用の賠償請求を認めると，中古で購入した買主を不当に利することになるからである。中古品購入費用の算定額は，証拠に基づく裁判という制度上，提出された証拠からの認定とならざるを得ない。Yが提出した証拠であるB社及びC社作成にかかる各見積書記載額の平均値をとって中古品購入額と判断することは，穏当であろう。

入浴施設利用費用は，利用料に利用日数を乗じた金額となる。

(3) 消費税の取扱い

本件物件が引き渡された時期は平成25年5月中であり，買主は平成25年6月3日に給湯器交換工事を発注した。翌平成26年4月には，消費税が5％から8％に上がっている。本判決がなされたのは平成26年12月9日であるから，口頭弁論終結時の消費税率は8％であったと思われる。本件では争点とならなかったが，増税時期によっては，補修工事費に加える消費税率に関連して，損害額算定時期が争いになり得る。今後消費税が10％に上がる可能性があり，引渡し時，瑕疵発見時，瑕疵修補工事発注時，損害賠償請求時，口頭弁論終結時等で消費税率が異なる可能性がある。

損害額算定時期に関する議論は錯綜しており，また，最高裁判決も統一的な理解をすることが難しいとされている（奥田昌道編『新版注釈民法(10)Ⅱ債権(1)債権の目的・効力(2)』416頁以下〔北川善太郎＝潮見佳男〕ほか）。また，瑕疵修補工事発注時が増税後となる事実は特別損害であると考えれば，売主の予見可能

性の有無も影響する。

　まず，買主が増税前に瑕疵修補工事を発注できたにもかかわらず，買主の不合理な理由で，瑕疵修補工事の発注が増税後に遅れたような場合は，損害額算定時期を増税後とする立場においても，増税後に瑕疵修補工事を発注することを特別事情とみて（民416条2項），その予見可能性がない，又は，買主の損害拡大防止義務違反を認める余地がある。

　反対に，買主が増税前に瑕疵修補工事を発注することができず，かつ，売主において瑕疵があることを説明しなかったことに過失がある場合には，損害額算定時期を増税前とする立場からも，売主の説明義務違反を理由とする損害賠償請求が認められることになろう。

　価値判断が最も分かれると思われるのは，買主が増税前に瑕疵修補工事を発注することが不可能で，かつ，瑕疵があることを説明しなかった売主にも過失がない場合，すなわち，売主も買主も無過失といえるような場合と思われる。この点，改正民法により，瑕疵担保責任が債務不履行責任となることからすると，売主に増税分の賠償責任を認める立場が多くなるように思われるが，売主が無過失であるのに増税分の責任を負うこととなる以上，買主側の損害拡大防止義務をいくらか厳格に評価すべきように思われる。細かなことだが，増税分の取扱いについて契約書で定めておくことは有益である。

3　説明義務違反としての構成

　本件は，Yの説明義務違反を理由とする不法行為に基づく損害賠償請求も可能であろう。この場合，説明義務違反と因果関係のある損害について賠償請求できることになる。

　給湯器交換費用については，瑕疵担保責任としての損害賠償請求における損害額と同じになるであろう。

　入浴施設利用費用は，認容額が異なるように思われる。給湯器を交換し終えるまで浴室を使えないという場合，買主側に入居時期を遅らせられない事情がない限り，入居時期を遅らせて対応する買主が相当程度いるであろうから，そのような場合の損害とは，入居時期を遅らせたことによる損害となる。この点は，事案により異なるものと思われる。

【竹下　慎一】

18 マンション建築予定地の地中コンクリート杭の存在と瑕疵

東京地判平成25年11月21日（平成24年（ワ）第26150号）
ウエストロー2013WLJPCA11218004，LEX/DB25515985

争点

マンション建築が予定されている土地の地中のコンクリート杭の存在が土地売買契約における土地の瑕疵といえるか

判決の内容

■ 事案の概要

Xは，自社ブランドマンションの企画・開発・販売等を業とする株式会社であり，宅地建物取引業者である。Yは，建築工事及び土木工事の設計施工等を業とする株式会社である。

XとYは，Xが本件土地上に12階建てマンションを建築することを前提として本件土地等を目的とし，売買代金額を6億6000万円とする売買契約を締結した。

Xは，その後に実施した本件建物基礎コンクリート解体工事中に，本件土地の地中に4本のコンクリート杭（以下「本件コンクリート杭」という）の存在を確認した。

また，Xが，専門業者に土壌調査を委託したところ，本件土地上の地点の表層の土壌から法定の基準値を超える六価クロムの溶出が認められるとの調査結果が出された。その後，本件土地上の別の地点においても，法定の基準値を超える量の六価クロムの溶出が認められるとの調査結果が出された（以下「本件土壌汚染」という）。

Xは，専門業者に対し，本件コンクリート杭引抜工事を代金97万6500円

で，本件土地の土壌調査及び汚染土処理工事を代金726万6000円で，それぞれ発注し，これらを支払った。

Xは，Yに対し，両工事代金合計824万2500円の支払を求めたが，Yがこれに応じなかったため，売主の瑕疵担保責任としての損害賠償請求を求める訴訟を提起した。

■ **判決要旨**

1 コンクリート杭の瑕疵該当性
(1) 瑕疵の定義

民法570条（改正前）にいう「瑕疵」（改正民566条にいう「契約の内容に適合しない」）とは，目的物に何らかの欠陥があることをいうところ，何が欠陥にあたるかについては，当事者の合意，契約の趣旨に照らし，通常の又は特別に予定されていた品質・性能を欠くか否かによって決せられるというべきである。

(2) コンクリート杭の瑕疵該当性
(a) 認定事実

本件売買契約は，Xが本件土地上に住居32戸を有する地上12階建ての本件マンションを建築することを予定して締結されたものであること，本件マンションの建築計画において，地下部分にピットを建築することが計画されていたこと，ピットを建築する前提として，本件土地の地中に杭を9本打ち込む必要があったところ，その杭のうちの2本が本件コンクリート杭と抵触するため，本件コンクリート杭の除去が必要となったこと，本件マンションのような中高層建物を建築するにあたっては，建物の最下層住居のコンクリートスラブ下をピット構造とし，配管配線類の点検・修理等を行えるようにすることは建築実務において一般的な工法であることが認められる。

(b) 瑕疵該当性

本件売買契約では本件土地上にXが地上12階建ての本件マンションを建築することが予定されていたのであるから，本件売買契約において，本件土地について本件マンションを建築することのできる品質・性能を有することが予定されていたといえる。そして，本件マンションのような中高層建物を建

築するにあたっては、ピットを建築することが一般的であり、本件マンションにおいても、ピットを建築することが予定されていたところ、ピットを建築するために本件土地に打ち込む杭と本件コンクリート杭が抵触することが認められるのであるから、本件コンクリート杭が存在することにより、本件売買契約において予定されていた地上12階建ての本件マンションを建築するにあたり、必要な杭を打つことができないことが認められる。そうすると、本件コンクリート杭は本件土地の欠陥にあたるというべきであり、本件コンクリート杭は瑕疵に該当するというべきである。

これに対し、Yは、ピットの建築は本件売買契約の前提とならない旨主張しているが、X及びX以外のマンションの建築・分譲を行っている業者において、ピットを建築することが一般的であることが認められ、Yからは、これに対する的確な反証がなされていない。そして、Yは、Xのような業者に対する土地の売買を行っている会社であるから、Yもマンションの建築・分譲を行っている業者において、ピットを建築することが一般的であることを認識していたことが推認される。したがって、本件マンションにピットを建築することが本件売買契約の前提となっていたというべきであって、Yの主張を採用することはできない。

(c) コンクリート杭の再利用又は偏心について

また、Yは、本件コンクリート杭を再利用又は偏心（杭をずらす）をすれば本件マンションの建築に支障は生じないから、本件コンクリート杭は瑕疵に該当しない旨を主張している。しかし、本件コンクリート杭を再利用することが可能であったことや杭をずらしても（すなわち、Yが主張する「偏心」を行っても）Xが本件売買契約締結の際に予定していた地上12階建ての本件マンションを建築することが可能であったことを認めるに足る証拠はない。そうすると、Yの主張を採用することはできない。

以上のとおり、本件コンクリート杭は瑕疵と認められる。

2 土壌汚染の発生時期及び瑕疵該当性

本件土壌汚染は、本件売買契約の時点で既に存在していたものと認められるところ、六価クロムは、土壌汚染対策法上、人に健康被害を生ずるおそれがあり（同法2条1項、同法施行令1条2号）、同法施行規則に定める基準値を超

過する六価クロムが土地に含まれている場合には，当該汚染の拡散の防止その他の措置を講ずることが必要となる（同法6条・7条参照）。したがって，同法に定める基準値を超える六価クロムが存在することは，当該土壌汚染が存在することが売買契約の前提となっていたなどの場合を除き，原則として瑕疵に該当するというべきである。

本件では，六価クロムの含有があることを前提としていたなどの事情はないから，本件土壌汚染は，瑕疵にあたるというべきである。

本件土壌汚染は，科学的な測定によってはじめてその存在を知ることができるものであるから，通常の人が普通の注意を用いても発見することができないものというべきであり，買主であるXが本件土壌汚染という瑕疵の存在を知り又は知り得べきであったとは認められないから，隠れた瑕疵に該当するというべきである。

3　Xの請求が商法526条2項により制限されるか

XとYは，本件売買契約において，「本件土地に隠れた瑕疵（土壌汚染，既存杭・産業廃棄物等の地中障害物を含むが，これらに限られない。）があったときは，本件土地の引渡しから1年間に限り，売主は瑕疵担保責任を負うものとする」との合意をしたことが認められるところ，当該合意は，商法526条2項の適用を排除する合意というべきであるから，同条項によりXの請求が制限されると認めることはできない。

4　Xに生じた損害額

本件コンクリート杭及び本件土壌汚染という瑕疵を除去しなければ，Xは本件土地を予定どおりに使用できないのであるから，Xの損害額は，これらの瑕疵を除去するために必要となる費用合計824万2500円になるというべきである。

解　説

1　本件コンクリート杭及び本件土壌汚染が存在する土地が売買契約における瑕疵といえるか

(1)　瑕疵概念について

売買契約の瑕疵担保責任における瑕疵判断については、主観説、客観説、折衷説の考え方があるとされる。

大審院昭和8年1月14日判決（民集12巻71頁）は、「売買の目的物にある種の欠陥があり、これがためその価額を減ずること少からず又はその物の通常の用途若しくは契約上特定したる用途に適せざること少なからざるときは、これいわゆる目的物に瑕疵の存する場合なり」と述べており、主観説に立つと解されている。

近時の最高裁判決として、最高裁平成22年6月1日第三小法廷判決（判時2083号77頁・判評625号172頁）がある。これは、売買目的である土地に環境基本法16条1項に定める基準値を超えるフッ素が含まれていたことを理由として、当該土地の買主が、売主に対し、瑕疵担保責任に基づき損害賠償を請求した事案において、本件売買契約当事者間において、売買目的物である土地にフッ素が含まれていないとか、一般的に有害性が認識されていない物質も含まれていないことを特に予定していたとは認められないから、瑕疵があるとはいえないとしており、主観説に立って判断している。

ほかに、最高裁昭和41年4月14日第一小法廷判決（民集20巻4号649頁）（建物建築目的で土地を購入した者が、売主に対して瑕疵担保責任を追及した事案において、「本件土地が東京都市計画事業として施工される道路敷地に該当し、同地上に建物を建築しても、早晩その実施により建物の全部または一部を撤去しなければならない事情があるため、契約の目的を達することができないのであるから、本件土地に瑕疵があるものとした原判決の判断は正当」とした）や、最高裁昭和56年9月8日第三小法廷判決（判タ453号70頁）（原審がなした、宅地造成を目的とする土地売買契約において、対象土地が森林法による保安指定を受け伐採等の制限が加えられているために宅地造成できないことは瑕疵にあたるとした判断を、是認した）がある。

いずれも、主観説に立っていると評価できる。

本判決もこれらと同じく主観説により瑕疵判断を行っている。主観説による場合、①当事者が予定していた契約目的物の品質を認定し、②実際に引き渡された物がそれに見合うか否かを判断することになる。本件におけるコンクリート杭の瑕疵該当性については①の点が主な争点となっている。

(2) コンクリート杭の瑕疵該当性

本件における土地の買主Xが，マンションを建築するために本件土地を購入したことは争いがない。マンションの規模にもよるが，高さが13m又は延べ面積3000㎡を超える建築物で，当該建築物に作用する荷重が最下階の床面積1㎡につき100kN（キロニュートン）を超えるものは，基礎の底部（基礎ぐいを使用する場合にあっては，当該基礎ぐいの先端）を良好な地盤に達することとしなければならない（建基施令38条3項）。各階約3mとすると，5階建て以上のマンションであれば，基礎杭が必要になるといえる。Xが建築する予定だったマンションは12階建てであるから，基礎杭を打つ必要があることは争いようがないといえる。

　また，マンションには複数の住戸が存在するから，多数の給排水管を設置する必要が生じる。水は地下から採られ，生活排水・汚水・雨水はすべて地下に流されるため，すべての給排水管は，マンション敷地に集約される。これらの給排水管の保守・点検が必要となるため，地下に空間が設けられると便宜に適う。このような理由から，建築基準法上，給排水管の保守・点検のためにピットを設けるべきことは義務付けられていないにもかかわらず，通常は，地下空間が設けられる。このような地下空間をピットと呼んでいる。

　また，高さ31mを超える建築物には，非常用の昇降機（エレベーター）を設置しなければならない（建基34条2項）。12階建てのマンションは，高さ約40mと考えられるから，エレベーターは必ず設置される。もちろん，12階建てのマンションにエレベーターを設置しないことは，実際には考えにくい。エレベーターが1階にも停止する場合，エレベーター直下には一定の高さのピットが設けられ，緩衝器が設置される。このピットの高さについては，エレベーターのかごの速度や緩衝器の大きさにより，1.2mから4.0mまでの，異なる規制がなされている（建基施令129条の10第2項，平成21年8月4日国土交通省告示第859号）。

　以上からすると，12階建てのマンション建築を予定して土地を購入する場合，基礎杭が打たれ，ピットが設置されることは，当然予定されるべきであるといえる。

　本判決において，ピットを建築することは一般的であると認定し，ピットや基礎杭を設置することの支障となる本件コンクリート杭の存在が瑕疵とさ

れたことは，適切である。

　なお，本件と似た裁判例として，買主がマンションを建築する予定で，売主も当該予定を知っていた場合における土地売買契約において，当該土地に従前の建物の基礎杭が埋まっており，買主が予定していたマンションを建築するには当該基礎杭を撤去する必要があるといえる場合には，基礎杭が埋まっている当該土地には瑕疵があると認められると判断した東京地裁平成10年11月26日判決（判時1682号60頁）がある。

2　その他の争点について

　本件においては、上記のコンクリート杭の瑕疵該当性のほか、①法の規制値を超える六価クロムによる土壌汚染が売買契約当時に存在していたか，②土壌汚染が売買契約における「隠れた瑕疵」といえるか，③商法526条2項により買主であるXの請求が制限されるか，④Xの被った損害額も争点となったが，マンション特有の判例を取りあげる本書の趣旨に鑑み，割愛した。詳細は犬塚浩編集代表『建築紛争判例ハンドブック』45頁【判例10】を参照されたい。

【竹下　慎一＝宮田　義晃】

[19] 建材に含まれる有害物質とマンション開発業者の不法行為責任

東京地判平成21年10月1日（平成16年（ワ）第18418号）
法ニュース82号267頁

争点

1　マンション購入者が化学物質過敏症及びシックハウス症候群に罹患した場合におけるマンション開発業者の不法行為責任
2　マンション開発業者の不法行為と化学物質過敏症及びシックハウス症候群罹患との因果関係
3　化学物質過敏症及びシックハウス症候群に罹患したことによる損害の算定
4　本件マンション開発業者の不法行為責任の消滅時効

判決の内容

■ 事案の概要

　Yは、建築物の設計及び管理、宅地建物取引業等を営む会社であり、マンション開発業者として、設計・監理、施工を他の会社に発注した本件マンションの分譲販売を行っていた。XはYと本件マンションの一室（以下「本件専有部分」）について売買契約を締結し、Xは平成12年6月24日に本件専有部分の引渡しを受けた。
　Xは同年7月18日に入居し、2日後から室内で異臭を感じ、頭痛、味覚異常、咽頭への刺激、じんましん等の症状が発生するようになった。平成14年にはさらに症状が悪化し、味覚異常、アルコール類の拒絶反応、頭痛や下痢、倦怠感等の不定愁訴が出現、同年6月20日に化学物質過敏症等の診断を受けた。

XはYに対し，Xが本件マンションの建材から放散されたホルムアルデヒドにより，シックハウス症候群及び化学物質過敏症に罹患したことにつき，Yは法人としての不法行為責任を負うとして損害賠償請求を行った。

■ **判決要旨**

1　Yの不法行為責任

　マンション開発業者には，建築を発注する際に，注文者としてマンションの安全性を検討すべきであり，設計者及び施工者と同様にマンションの購入者及び居住者等に対し，生命，身体，重要な財産を侵害しないような基本的安全性を確保する義務があるとした。

　本件専有部分については，引渡時点で厚生省指針値を大幅に超える濃度のホルムアルデヒドが放散していたという瑕疵があり，本件マンションが完成した平成12年3月31日には，ホルムアルデヒド濃度に関する法規制がなかったものの，厚生省指針値が設定されていたこと，ホルムアルデヒドの有害性，建材とホルムアルデヒドの放散量との関係についてはマンション開発業者であれば簡単に知り得るものであったことから，Yには本件マンションに使用された建材によりホルムアルデヒドの室内濃度が上昇し，健康被害が生じることの予見可能性があり，別の建材を用いることで結果の回避が可能であったとされた。

　Yには，設計業者や施工業者に対し，厚生省指針値に適合する建材を使用させなかったこと，Xに対しホルムアルデヒドを放散する建材が使用されているリスクを説明していないこと，ホルムアルデヒド室内濃度を測定し適切な措置をとらなかったことについて過失があり，Yには企業責任として法人の不法行為に基づく損害賠償責任が認められるとした。

2　Xの症状と因果関係

　Xの症状と本件専有部分のホルムアルデヒドとの関係について自然科学的証明がされているとはいえないが，Xがホルムアルデヒドに接近しているという場所的要因，接近と発症の時期が近接しているという時間的要因，Xの生活環境等から他に発症の原因が見当たらないことなどから，因果関係が認められるとした。

3 Xの損害

本件専有部分の売買代金と売買に関する諸費用の損害につき、本件専有部分の市場価値の下落を算定することは性質上困難であるとして、民事訴訟法248条を適用し、売買代金及び諸費用の4割にあたる1895万5276円、逸失利益として673万5971円、弁護士費用を斟酌した慰謝料として700万円等が損害として認められるとして、その合計の3683万4353円が損害として認められた。

4 消滅時効の起算点

Xは本件専有部分にホルムアルデヒド濃度が高い瑕疵があることを認識した平成12年9月20日の時点で損害及び加害者を認識していたことになるが、その後重篤な症状となり、平成14年8月10日から転居先を探し、転居後に損害が拡大していることから、平成12年9月20日の時点では予見不可能な損害が平成14年8月10日以降に発生しているとした。そして、平成12年9月20日の時点で発生又は予見可能な損害21万1050円については平成15年9月20日の経過をもって時効消滅したが、残りの3662万3303円についてはいまだ消滅時効は完成していないとした（本訴は平成16年8月31日に提起されている）。

解　説

本判決はシックハウス症候群及び化学物質過敏症による健康被害に関する訴訟で初めて法的責任を認めた判決である。

1 マンション開発業者の不法行為責任

過失による不法行為責任が認められるか否かの判断にあたっては、結果発生に対する予見可能性がありながら結果回避措置をとらなかったという結果回避義務違反があったかどうかが問題となる。

本件においてYは、本件マンション着工時や引渡し時においてシックハウス症候群に関連する法規制がなく、本件マンションに用いた建材は建設当時に低ホルムアルデヒド建材として販売されており、当該建材を用いないことが一般的とはいえなかったことから、Yには当該建材を用いることにより、Xに健康被害が生じることの予見義務はなく、ホルムアルデヒドが放散しな

い建材を使用することは期待できなかったのであるから，結果回避義務もなかったと主張していた。

　本判決は，ホルムアルデヒドが人体に有害であることは本件マンション建築当時に社会問題として広く周知されており，大手開発業者もホルムアルデヒドの放散が最小限になる建材を使用していたことからYには結果発生に対する予見可能性があるとしている。また，マンション開発専門業者であるYには，豊富な経験と専門知識があると考えられることから，設計者，施工者と同等の注意義務を負うとされ，一般の買主はマンションに用いられる建材などについて十分な情報を与えられていないのであるから，マンションの安全性については専ら開発業者，設計業者，施工業者の支配下にあり，建材の選択によるリスクはYに負わせることが妥当であるとしている。これらのことから，マンション開発業者にはマンションの開発設計にあたり，重い注意義務が課せられており，マンション開発においては，法令による規制のみならず，社会的認識や専門団体，行政担当機関等の見解などにも十分に留意することが求められているものといえる。

　また，不法行為責任が認められるためには，損害と不法行為との間に因果関係が認められる必要がある。本判決は，シックハウス症候群及び化学物質過敏症には未解明な部分が多いため，本件専有部分内に放散されているホルムアルデヒドとXの症状との因果関係については自然科学的証明がなされているとはいえないとしながらも，他の事実認定を踏まえて因果関係を認めており参考になる。

2　シックハウス症候群等に罹患したことによる損害

　シックハウス症候群等に罹患した場合の損害として，治療費，通院費，休業損害，通院慰謝料が考えられる。

　この他に本件専有部分売買代金相当額が損害として請求されている。民事訴訟法248条は「損害が生じたことが認められる場合において，損害の性質上その額を立証することが極めて困難であるとき」には，裁判所に相当な損害額の認定をすることを認めている。本判決では，本件専有部分が無価値であるとはいえないものの，市場価格という観点から具体的に算定することは性質上困難であるとして，民事訴訟法248条を適用し損害を認定している。

もっとも，仮にホルムアルデヒドを放散する建材の交換工事を行っていた場合や本件専有部分が第三者に売却できていた場合にまで同様の算定がなされるかは不明である。同種事例が発生した場合に売買代金相当額の損害がどのように認定されるかについては議論の余地があろう。

3 消滅時効

民法724条前段（改正民724条1号）は不法行為による損害賠償請求権の消滅時効について「損害及び加害者を知った時」から3年間と定めている。

本判決は，最高裁昭和42年7月18日第三小法廷判決（民集21巻6号1559頁）が不法行為により受傷し，相当期間経過後に受傷当時には予想困難な後遺症が発症した場合には，その後遺症の発症を知った時から消滅時効が別途進行するとしたことと整合するものである。

4 参考判例

同種事例で参考になるものとして，シックハウス症候群等に罹患したこととその原因が新築住宅の入居にある可能性を認めつつも建築請負人の法的責任を否定した東京地裁平成19年10月10日判決（判タ1279号237頁），マンション販売時のチラシ等の記載から主観的瑕疵があるとして瑕疵担保責任を認めた東京地裁平成17年12月5日判決（判タ1219号266頁）がある。

【石橋　京士】

20 建築基準法違反の構造計算の誤りによる建築士の不法行為責任

福岡地判平成23年3月24日（平成17年(ワ)第3128号）
判時2119号86頁

争点

1 マンションの構造計算を誤った建築士の不法行為責任
2 構造計算の誤りによるマンション所有者の損害
3 Xの当事者適格

判決の内容

■ 事案の概要

　Xは，本件マンションの区分所有者が組合員となる管理組合の管理者であり，管理組合の定期総会において，区分所有者のために原告となることを決議されたものである（区分所有26条4項）。

　Yは本件マンションの設計監理を行っている会社から本件マンションの構造計算の依頼を受けた会社の代表者であり，本件マンションの構造計算を担当した建築士である。

　Xは，Yに対し，Yが建築基準法令等に従った構造計算を行い，建物の安全性を確保するなどの注意義務を怠ったため，本件マンションに建物の基本的安全性を欠く瑕疵があると主張して，主位的に建て替え費用等の損害賠償（8億1472万6996円），予備的に補修費用等の損害賠償（2億2224万1046円）を請求した。

　なお，Xは本件に関し，本件マンションの建設会社から訴訟外の和解に基づき1億2735万円を受領しており，上記請求額は和解金1億2735万円を控除した後の金額である。また，Xは本件マンションの販売会社と訴訟上の和解

をしている。

■ **判決要旨**

1 Yの不法行為責任

(1) Yの注意義務違反

Yには，契約の当事者ではない居住者等との関係においても，建物としての基本的安全性を欠くことのないようにすべき注意義務があるとし，Yは本件マンションの構造計算書を作成する際に，建築基準法令等にのっとって，許容応力度等計算により構造計算すべきであったにもかかわらず，誤った構造計算をしたものであるから，本件マンションに建物としての基本的安全性を欠くことのないようにすべき注意義務に違反したものと認められるとした。

(2) 本件マンションにおける瑕疵の有無

マンションの構造計算の方法については，本件マンションが建築された当時（平成11年3月ころ）は，建築基準法令上，許容応力度等計算のみとされていたが，その後，限界耐力計算という計算も認められるようになっており，限界耐力計算により安全性が確認できる場合には，本件構造計算書に誤りがあるとしても，本件マンションに瑕疵があるとまではいえないとしながら，いずれの計算によっても安全性を確認することはできないことから，本件マンションは，大規模地震等による崩壊，破壊又は重大な変形等を起こす可能性があり，本件マンションには建物としての基本的安全性を欠く瑕疵が認められるとした。

2 構造計算の誤りによるマンション所有者の損害

本件マンションの基本的安全性の有無については，許容応力度等計算のみならず限界耐力計算も基準となり，限界耐力計算による補修が現実的に可能であり，かつ，その補修費用が建て替え費用等よりも低額な場合には，当該補修費用を損害と認めるのが妥当であるとした。

そして，鑑定人作成の鑑定結果報告書等にしたがい，補修工事費用，引っ越し費用（2回分），代替住居の家賃，代替駐車場代，仲介手数料，敷金，移転雑費，補修に伴う実施設計費用，調査費用，慰謝料，弁護士費用等の合計

3億289万5686円を損害として認め，本件マンション建設会社から受領した和解金1億2735万円を控除した1億7554万5686円の支払義務を認めた。

3 Xの当事者適格

マンション管理組合の管理者が当事者として訴訟追行できるのは，共用部分等に生じた損害の請求であるが（区分所有26条4項・2項後段），本件マンションの補修は全体にわたるものであり，認定した損害は共用部分の補修に必然的に伴うものといえるから，管理者たるXが損害賠償請求することは可能であるとした。

解　　説

1　マンションの構造計算を誤った建築士の不法行為責任

マンション等の建物の建築に関し第三者に損害を与えた場合には工事施工会社や販売会社の責任が問われることが多く，建物の設計及び工事管理を主な業とする建築士に対する責任を問う事例は少なかったところ，本判決は建築士の第三者への不法行為責任を認めたものであり，実務上参考になる。

(1) 建築士の第三者に対する不法行為責任

最高裁判例は「建物の建築に携わる設計者，施工者及び工事管理者（以下，併せて「設計・施工者等」という。）は，建物の建築に当たり，契約関係にない居住者等に対する関係でも，当該建物に建物としての基本的な安全性が欠けることがないように配慮すべき注意義務を負う」とし，「設計・施工者等がこの義務を怠ったために建築された建物に建物としての基本的な安全性を損なう瑕疵があり，それにより居住者等の生命，身体又は財産が侵害された場合には，設計・施工者等は，不法行為の成立を主張する者が上記瑕疵の存在を知りながらこれを前提として当該建物を買受けていたなど特段の事情がない限り，これによって生じた損害について不法行為による賠償責任を負うというべきである」との判断を示しており（最二小判平19・7・6判タ1252号120頁），本判決はこの判断に従って，本件マンションの構造計算を委託された建築士が構造計算を誤ったことによる第三者への不法行為責任を認めている。

(2) 建築士の注意義務及び構造計算の誤りによる瑕疵の認定

　本判決は，判決要旨に示したとおり，Yの注意義務違反時における構造計算の判断基準と瑕疵の有無及び損害の算定における構造計算の判断基準を区別している。

　これに対し，本判決の控訴審（福岡高判平25・2・27判時2254号44頁。以下「本件控訴審」）では，Yは本件マンションの構造計算を行っていたのであるから，故意又は過失に基づく誤りによって，本件マンションに建物としての基本的安全性を損なう瑕疵を生じさせ，居住者等の生命，身体又は財産を侵害したのであれば，その損害を賠償しなければならないとして，単に安全性を損なう瑕疵があるか否かについて検討し，また，その検討内容も本判決に比べて詳細に行われており，構造計算に基づく瑕疵の認定方法として参考になる。

2　構造計算の誤りによるマンション所有者の損害

　本判決では，補修工事費用等の範囲で損害を認めていたが，本件控訴審では，補修工事によって，ある程度の強度を補完できるものの，建物としての基本的安全性が認められるとまではいえず，本件マンションは建て替えなければならないから，基本的安全性があるものとして本件マンションの区分所有権を購入した所有者らは，建て替えにともなって生じる費用相当額の損害を被ったとして，少なくとも取壊費用と建設費用のみで6億7889万2200円を要するものと認められるとされている。もっとも，Xは控訴していないため，Yに不利に原判決を変更できないとして，控訴棄却にとどめている。いわゆる不利益変更禁止原則に基づく判断であり，Xが建て替え費用の損害を控訴審で認定してもらうには，自ら控訴ないし附帯控訴をする必要があった。

　損害に関し，本判決と本件控訴審とで判断が分かれたのは，本判決が限界耐力計算を採用して補修が現実的に可能か否かを検討したのに対し，本件控訴審では，X及びYの双方が，許容応力度等計算の方法により本件マンションの安全性を検討すべきと主張していたことから，許容応力度等計算の方法によって安全性を検討したことにある。

　構造計算の誤りによって生じた瑕疵に基づく損害の算定に関して，構造計算の方法に関する主張立証が重要であるといえ，今後の類似事案において参

考になる。

3　マンション管理組合管理者の当事者適格

　Yは、本件控訴審において、マンション管理組合の管理者であるXに専有部分に関する損害賠償請求権を行使する権利はないなどと主張していた。たしかに、区分所有法26条4項、2項後段によれば、管理者は「共益部分等について生じた損害賠償金」の請求に関し、区分所有者のために原告となることができるとされているため、共有部分等に関しない事項については、管理者は区分所有者のために原告となることはできない。しかし、本判決及び本件控訴審も本件マンションに関する請求は本件マンション共用部分を含む全体が建物としての基本的安全性を欠くことを理由とするものであるから、Xには当事者適格が認められると判断している。

　本件は、本件マンション全体の補修ないし建て替えが問題となった事例であり、共益部分等に関する損害賠償請求に専有部分に関する損害賠償請求が含まれるからといって必ずしもマンション管理組合の管理者による請求が認められるわけではない点に注意が必要である。

4　参考裁判例

　耐震偽装が明らかとなったマンションの販売会社による、マンションの構造計算を行った設計事務所に対する損害賠償請求を認めたものとして札幌地裁平成21年10月29日判決（判時2064号83頁）がある。

【石橋　京士】

21 設計施工会社の不法行為責任

東京地判平成25年8月23日（平成22年(ワ)第12710号）
LEX/DB25514411，ウエストロー2013WLJPCA08238001

争点

1. 設計施工会社の建物の基本的安全性への配慮義務違反の有無
2. 設計施工会社に分譲会社に対して指導する注意義務があるか

判決の内容

■ 事案の概要

　夫婦であるX₁及びX₂は，平成20年3月9日，免震構造を採用したマンション1階の1室を購入する売買契約を分譲会社と締結し，手付金を交付したが，その後，平成21年1月16日の展覧会において，テラスと専用庭部分との間に約30cmの段差があること，地震時に本件建物の免震構造が機能して本件建物が水平移動する場合には，本件住戸の専用庭部分に本件建物の上部構造であるテラスの先端部分が移動してくることの説明を受け，当該機能について危険であると考え，分譲会社や設計・施工・監理を行ったYに対し改修等の対応を求めたがいずれも拒絶されたため，平成21年3月5日付で売買契約を解除し，Yが免震構造部分に危険性のあるマンションを設計施工した結果，X₁らはその後，売買契約の解除を巡る紛争に巻き込まれて精神的苦痛を受けたと主張して，不法行為に基づき，連帯債権として慰謝料300万円及び遅延損害金の支払を求めた。

■ 判決要旨

　建物としての基本的安全性を欠くことがないように配慮すべき不法行為上の注意義務違反の有無について以下の検討をして，X₁らの請求を棄却した。

1 本件住戸の専用庭部分のうち，地震時に本件建物のテラスの先端部分が移動する可能性がある部分（以下「本件可動域部分」という）に人が立ち入れないようにする注意義務，あるいは，人が衝突したり挟み込まれたりすることがないように何らかの工夫をする注意義務があるかについて

　地震時に本件可動域部分にいる人とテラス先端部分が接触し，人が負傷をする危険性があること自体は否定できないとしつつ，Yはテラス先端部と障害物との間に560mm以上のクリアランスを設け，上部構造部と地面との空間をゴム素材のカバーで覆うなど，接触の危険性に対して完全とはいえないまでも一定の対策は施しているとし，さらに進んだ対策として，そもそも本件可動域部分に人が立ち入れないようにするか，専用の設備を設置する方法も考えられるものの，前者は専用庭の範囲を狭めることになり，後者は相応の費用がかかり最終的には販売価格に転嫁されることになるなどのデメリットも存すること，実際に地震が発生した際に本件可動域部分に人が存在し，その人とテラス先端部分が接触し負傷するという事象の発生頻度は必ずしも高いとはいえないことからすると，上記接触の危険性は他のあらゆる要素に優先して対処すべきものとはいえないなどと判示した上で，Yが採用した現状の対策に加えて，さらに本件可動域部分に人が立ち入れないような設計をするか否か，接触防止のための機器の設置等を行うか否かは，接触の危険性に対する対応の必要性，経済性，耐久性，美観，意匠を総合的に考慮した上で，設計者がその裁量において決定すべき事柄であり，本件可動域部分に人が立ち入れないような設計がなされておらず，本件可動域部分に接触防止を目的とした機器の設置等がなされていないからといって，そのことのみをもって，建物としての基本的安全性を欠くことがないように配慮すべき注意義務に違反したことにはならないとした。

2 本件可動域部分の範囲や水平移動の速度について，購入者に説明するように販売者である分譲会社を指導する注意義務があるかについて

　本件建物が分譲マンションであり，転売が当然に予想されていることからすれば，Yは上部構造の移動範囲や移動速度，接触の危険性の存在について，施主（販売者）である分譲会社に説明するのみならず，Xら転得者にも説明するように分譲会社を指導することが望ましかったとしつつ，XらとY

との間には直接の契約関係がなく，Xらに対する一次的な説明義務は分譲会社にあるなどとして，本件建物の設計施工当時，Yが施主（販売者）に対して，上記危険性についてXらに説明するよう指導すべき不法行為法上の注意義務があったとまではいえないとした。

解　説

1　基本的安全性を欠くことがないように配慮すべき注意義務

(1)　最高裁平成19年7月6日第二小法廷判決（民集61巻5号1769頁）

最高裁平成19年7月6日第二小法廷判決は，「建物の建築に携わる設計者，施工者及び工事監理者（以下，併せて「設計・施工者等」という。）は，建物の建築に当たり，契約関係にない居住者等に対する関係でも，当該建物に建物としての基本的な安全性が欠けることがないように配慮すべき注意義務を負うと解するのが相当である。」と判示しており，設計・施工者等が，契約関係にない居住者等に対する関係でも，建物としての基本的な安全性が欠けることがないように配慮すべき注意義務を負うことについては争いがない。

(2)　本判決の意義

前記最判では，上記判示に続けて「そして，設計・施工者等がこの義務を怠ったために建築された建物に建物としての基本的な安全性を損なう瑕疵があり，それにより居住者等の生命，身体又は財産が侵害された場合には，設計・施工者等は，不法行為の成立を主張する者が上記瑕疵の存在を知りながらこれを前提として当該建物を買受けていたなど特段の事情がない限り，これによって生じた損害について不法行為による賠償責任を負うというべきである。」と判示していることからも明らかなように，前記最判の事例では，「基本的な安全性を損なう瑕疵」の有無が正面から問題となっているのに対して，本判決の事例では，契約は解除されているため（手付金は返還されているため，手付解除ではないと考えられるが，詳細は不明），「基本的な安全性が欠けることがないように配慮すべき注意義務」は，「瑕疵」と関係して問題となっているものではない。

しかし，仮に，契約が解除されていなければ，おそらく「基本的な安全性

を損なう瑕疵」の有無の問題になっていたと考えられるため，本判決は，「基本的な安全性を損なう瑕疵」の有無が問題になった場合においても参考になる。

この点，本判決は，本事例において，人が負傷をする危険性があること自体は否定できないとしつつ，Ｙが一定の対策を施していること，実際に接触により人が負傷する可能性は必ずしも高いとはいえないことなどから，接触の危険性は他のあらゆる要素に優先して対処すべきものとはいえないとした上で，Ｙが採用した現状の対策に加えて，さらに本件可動域部分に人が立ち入れないような設計をするか否か，接触防止のための機器の設置等を行うか否かは，接触の危険性に対する対応の必要性，経済性，耐久性，美観，意匠を総合的に考慮した上で，設計者がその裁量において決定すべき事柄であるとしている。

Ｙが全く対策を施していなかったり，事故の発生の危険性が高い場合には，結論を異にした可能性があるが，一定の条件の下，現状の対策以上の対策をとるかどうかについて，設計者であるＹの裁量を認め，建物としての基本的安全性を欠くことがないように配慮すべき注意義務に違反したことにはならないとしたことは，事例判例として意義があるといえる。

2 分譲会社に対して指導する注意義務

本判決は，上部構造の移動範囲や移動速度，接触の危険性の存在を購入者に説明するよう分譲会社を指導すべき注意義務があるか否かについては，分譲会社を指導することが望ましかったとしつつも，ＸらとＹとの間には直接の契約関係がないことから，Ｘらに対する一次的な説明義務は分譲会社にあるなどとして，不法行為法上の注意義務があったとまではいえないとしていることも参考になる。

なお，Ｘらが分譲会社に対して，何らかの責任追及をしたのか否か明らかではないが，本判決がＸらに対する一次的な説明義務は分譲会社にあると判示していることからも，Ｘらと直接的な契約関係にある分譲会社については，説明義務違反が認められる可能性が高いのではなかろうか。

【髙木　薫】

22 不法行為が成立する「建物としての基本的な安全性を欠く場合」の該当性

福岡高判平成24年1月10日（平成23年（ネ）第764号）
判時2158号62頁, 判タ1387号238頁

争点

いかなる瑕疵が, 不法行為が成立する建物としての基本的な安全性を欠くものといえるか

判決の内容

■ 事案の概要

本件は, 9階建ての共同住宅・店舗として建築された本件建物をその建築主から購入した亡X_1及び1審原告（以下, 併せて「1審原告ら」という）が, 本件建物にはひび割れや鉄筋の耐力低下等の瑕疵があると主張して, 上記建築の設計及び工事監理をした1審被告Y_1に対しては, 不法行為に基づく損害賠償を請求し, その施工をした1審被告Y_2に対しては, 請負契約上の地位の譲受けを前提として瑕疵担保責任に基づく瑕疵修補費用又は損害賠償を請求するとともに, 不法行為に基づく損害賠償を請求した。

なお, 本事案については, 上告審において, 差戻しが2回なされており, 本件は, 2回目の上告審が差し戻した控訴審判決である。

【審理経過】
第1審（大分地判平15・2・24民集61巻5号1775頁）
第1次控訴審（福岡高判平16・12・16民集61巻5号1892頁）
第1次上告審（最二小判平19・7・6民集61巻5号1769頁）
第2次控訴審（福岡高判平21・2・6判時2051号74頁）
第2次上告審（最一小判平23・7・21裁判集民237号293頁）

第3次控訴審（本件）

■ **判決要旨**

不法行為責任の内容について，「一審原告は，建物に対する不法行為責任の成立について，建築基準法及びその関連法令が明記している規制の内容や基準の内容が建物の財産性の最低基準を形成しており，これに反した建物の建築については不法行為となる旨主張するが，上記最高裁（※筆者注：最二小判平19・7・6）の判示によれば，法規の規準をそのまま当てはめるのではなく，基本的な安全性の有無について実質的に検討するのが相当である。」と判示し，本件建物の瑕疵及びこれに対する1審被告らの責任の有無について，「本件における一審原告の請求は，瑕疵担保ではなく不法行為を理由とする請求であるから，瑕疵のほか，これを生じるに至った一審被告らの故意過失についても立証が必要であり，過失については，損害の原因である瑕疵を回避するための具体的注意義務及びこれを怠ったことについて立証がなされる必要がある」とした上で，1審原告らが瑕疵であると主張する各不具合について，瑕疵に該当するか，故意，過失があるかを検討し，以下について，基本的安全性を欠く瑕疵であり，かつ，過失が認められるとして，Yらの不法行為責任を認めた。

① 床スラブのひび割れの一部
② 床スラブ（天井スラブ）の構造上の瑕疵（Y_1のみ）
③ バルコニーの手すりのぐらつき
④ 事務所床の鉄筋露出
⑤ 屋内立配管の漏れ，接続部の隙間
⑥ 屋内型の自動火災報知器を外廊下に設置

■ **解　説**

1　本判決にいたるまでの経緯

第1次上告審（最二小判平19・7・6）は「設計者，施工者及び工事監理者（以下，併せて「設計・施工者等」という。）は，建物の建築に当たり，契約関係に

ない居住者等に対する関係でも，当該建物に建物としての基本的な安全性が欠けることがないように配慮すべき注意義務を負うと解するのが相当である。そして，設計・施工者等がこの義務を怠ったために建築された建物に建物としての基本的な安全性を損なう瑕疵があり，それにより居住者等の生命，身体又は財産が侵害された場合には，設計・施工者等は，不法行為の成立を主張する者が上記瑕疵の存在を知りながらこれを前提として当該建物を買受けていたなど特段の事情がない限り，これによって生じた損害について不法行為による賠償責任を負うというべきである」と判示して第2次控訴審に差し戻した。

　第2次控訴審（福岡高判平21・2・6）は，第1次上告審が示した「建物としての基本的な安全性を損なう瑕疵」とは，「建物の瑕疵の中でも，居住者等の生命，身体又は財産に対する現実的な危険性を生じさせる瑕疵」をいうと解した上で，当該基準に基づき各瑕疵について具体的な検討を加え，結論として，Xらの請求を棄却した。

　当該判決に対しては，当該判決が第1次上告審の判示にはなかった「現実的な危険性」概念を建物としての基本的な安全性概念に加重して付加したことの帰結である旨問題点が指摘されていた（松本克美「建築瑕疵に対する設計・施工者等の不法行為責任と損害論——最判2007（平成19）・7・6判決の差戻審判決・福岡高判2009（平成21）・2・6を契機に」立命館法學324号342頁）。

　実際，第2次上告審（最一小判平23・7・21）は，「『建物としての基本的な安全性を損なう瑕疵』とは，居住者等の生命，身体又は財産を危険にさらすような瑕疵をいい，建物の瑕疵が，居住者等の生命，身体又は財産に対する現実的な危険をもたらしている場合に限らず，当該瑕疵の性質に鑑み，これを放置するといずれは居住者等の生命，身体又は財産に対する危険が現実化することになる場合には，当該瑕疵は，建物としての基本的な安全性を損なう瑕疵に該当すると解するのが相当である」と判示して，再び第3次控訴審に差し戻した。

2　本判決の意義

　第2次上告審においては，上記判示に続けて，「以上の観点からすると，当該瑕疵を放置した場合に，鉄筋の腐食，劣化，コンクリートの耐力低下等

を引き起こし，ひいては建物の全部又は一部の倒壊等に至る建物の構造耐力に関わる瑕疵はもとより，建物の構造耐力に関わらない瑕疵であっても，これを放置した場合に，例えば，外壁が剥落して通行人の上に落下したり，開口部，ベランダ，階段等の瑕疵により建物の利用者が転落したりするなどして人身被害につながる危険があるときや，漏水，有害物質の発生等により建物の利用者の健康や財産が損なわれる危険があるときには，建物としての基本的な安全性を損なう瑕疵に該当するが，建物の美観や居住者の居住環境の快適さを損なうにとどまる瑕疵は，これに該当しないものというべきである」として，基本的な安全性を損なう瑕疵についての具体例を示しているが，本判決は，法規の規準をそのまま当てはめるのではなく，基本的な安全性の有無について実質的に検討するのが相当であり，不法行為を理由とする請求であるから，瑕疵のほか，これを生じるにいたった１審被告らの故意過失についても立証が必要であるとした上で，１審原告らが瑕疵であると主張する各不具合について，基本的な安全性を損なう瑕疵に該当するか否か，該当するとして，故意又は過失が認められるかを詳細に検討しており，事例判例として参考になる。

【髙木　　薫】

第4章

区分所有・管理・組合運営

第1　組合・規約・決議等

23 共用部分の侵害に関する給付請求における原告適格

最三小判平成23年2月15日（平成21年(受)第627号）
裁判集民236号45頁，判時2110号40頁，判タ1345号129頁，金法1944号123頁

争点

マンションの共用部分の侵害に関する損害賠償請求を求める訴えの原告適格

判決の内容

■ 事案の概要

マンション管理組合であるXは，権利能力のない社団であり，Xが定めた管理規約には，以下のような定めがある。

ア　区分所有者は，本人又はその専有部分の占有者が共用部分に看板の設置をするとき又は共用部分に改造，造作等の変更工事（以下「改造工事等」という）を行おうとするときは，理事会に申請しなければならない（14条1項）。

イ　理事会は，アの改造工事等を承認しようとするときは，総会の承認決議を得なければならない（14条2項）。

ウ　アの改造工事等が総会で承認されたときは，当該区分所有者は，Xに承諾料を支払い（14条3項），当該改造工事等が1階出入口を変更する工事である場合には，そのほか，Xに出入口使用料を支払う（同条4項）。

エ　区分所有者がXの承諾を得ることなく共用部分に改造工事等を行ったときは、当該区分所有者は、Xに違約金を支払い、自らの費用で速やかに原状に復帰しなければならない（66条2項）。

オ　区分所有者等がこの規約に違反したとき又は共用部分等において不法行為を行ったときは、理事長は、理事会の決議を経て、原状回復のための必要な措置等の請求に関し、管理組合を代表して、訴訟その他法的措置を追行することができる（67条3項1号）。

カ　オの訴えを提起する場合、理事長は、請求の相手方に対し、違約金としての弁護士費用等を請求することができる（67条4項）。

本件は、当該マンションの1階にある専有部分の区分所有者であるY_1、当該専有部分の前区分所有者であるY_2、賃借人Y_3が、管理規約に反して、理事会への申請をせずに1階の出入り口や壁面の改造を行ったため、Xが①Y_1に対し、主位的に設置した工作物の撤去請求（上記エ）、予備的に承諾料及び1階出入り口使用料の請求（上記ウ）、②Y_1～Y_3に対し、違約金請求（上記エ）又はこれと同額の不法行為に基づく損害賠償請求、③Y_1～Y_3に対し、弁護士費用相当額の違約金（上記カ）又はこれと同額の不法行為に基づく損害賠償請求をしたものである。

また、Xは、Y_1とXとの間の看板等の設置に関する共用部分の使用契約が終了した後も、Y_1が無権限で使用を継続していると主張し、契約終了後の看板等の使用料相当損害金も請求した。

原審は、本件マンションの共用部分は、区分所有者の共有に属するものであるから、共用部分の侵害を理由とする本件各請求権は、それぞれ区分所有者に属し、区分所有者によって行使されるべきであるところ、管理組合に当該請求権についての訴訟担当を認める規定はなく、Xに任意的訴訟担当を認める合理的必要性はないから、Xが区分所有者のために本件訴訟を追行することは許されないと判断し、Xの当事者適格を否定して、訴えをいずれも却下した。

■ **判決要旨**

給付の訴えにおいては、自らがその給付を請求する権利を有すると主張す

る者に原告適格があるというべきである。本件各請求は，Xが，Yらに対し，X自らが本件各請求にかかる工作物の撤去又は金銭の支払を求める権利を有すると主張して，その給付を求めるものであり，Xが，本件各請求にかかる訴えについて，原告適格を有することは明らかである。

そして，各請求の全てについて，Xの代表者が本件訴訟を追行する権限を有するか否かを含め，更に審理を尽くさせるため，本件を原審に差し戻すこととする。

解　　説

1　マンション管理組合の当事者能力

法人化されていない管理組合について，区分所有法は，その法的性格を定めていない。一般的な管理組合は，団体としての組織を備え，多数決の原則に従い，構成員の変更にかかわらず団体が存続し，その組織における代表の方法，総会の運営，財産の管理等団体としての主要な点が確定しているため，判例（最一小判昭39・10・15民集18巻8号1671頁）によると，権利能力なき社団に該当すると考えられる。

そして，権利能力なき社団は，民事訴訟法29条により訴訟の当事者となることができる（当事者能力）。

2　マンション管理における管理者・理事長

区分所有法は，区分所有者は規約に別段の定めがない限り，集会の決議によって管理者を選任することができることを定めている（25条1項）。管理者は，共用部分並びに各区分所有者の共有に属する建物の敷地及び附属施設の保存，集会の決議の実行，管理規約で定められた行為をする権利を有し義務を負う（26条1項）。多くのマンションにおいては，国土交通省が示している標準管理規約に倣い，管理規約に「理事長は，区分所有法に定める管理者とする」（標準管理規約（単棟型）38条2項）ことを定めており，理事長を管理者としている。そして管理者は，規約又は集会の決議により，区分所有法26条1項に掲げられた管理者の職務及び同項に定める事項に関し，区分所有者のために，原告又は被告となることができる（同条4項）。これは，管理者が任意

的訴訟担当となることを認めたものであると解されている。

　以上のとおり，管理者とは，管理組合がなすべきことを執行する職務を負う者のことであり，理事長を管理者とすることとなっている権利能力なき社団であるマンションにおいては，理事長は，執行者である管理者としての地位と，管理組合の代表者としての地位を兼ねることとなる。したがってマンション管理に関わる訴訟において，理事長は，権利能力なき社団として訴訟の当事者となる管理組合の代表者である場合と，区分所有者のための任意的訴訟担当としての管理者である場合とがあり，そのいずれであるかは，当該訴えの根拠となる権利が，管理組合と区分所有者らのいずれに帰属すると主張するかで異なる。

3　マンション管理に関する給付の訴えにおける当事者適格

　Xの主張によれば，本件で争いの対象となっているのは，管理規約に基づく原状回復請求，違約金，及び使用料相当損害金の支払，並びに不法行為に基づく損害賠償であり，いずれも，管理組合に帰属する権利であると主張されている。

　給付の訴えにおける当事者適格については，被告適格に関するものとして最高裁昭和61年7月10日第一小法廷判決（裁判集民148号269頁）が「給付の訴えにおいては，その訴えを提起する者が給付義務者であると主張している者に被告適格があり，その者が当該給付義務を負担するかどうかは本案請求の当否にかかわる事柄である」と判断している。本判決は，この考え方を確認するものにすぎず，新たな判断をしたものではないが，マンション管理に関する訴訟においては，管理組合の理事長の地位，及び訴訟追行権に関する混乱が少なからず存在するため，その参考例として意義がある。

　また本判決が，「Xの代表者が本件訴訟を追行する権限を有するか否かを含め，更に審理を尽くさせるため」として，審理を原審に差し戻したのは，Xの請求が多岐にわたることから，理事長に対する訴訟追行権限の付与につき，規約又は集会の決議がなされているかどうか，明らかにする必要があると考えたためであり，管理組合の当事者適格に関する事実認定を審理させるものではないと思われる。

【吉田可保里】

24 共用部分の工事に関する理事会の裁量

東京地判平成24年3月28日（平成21年（ワ）第23322号，平成22年（ワ）第45754号）
判時2157号50頁

争点

1　総会が議決した共用部分の工事に関し，理事会のなした工事保留の決定及び工事の不実施について裁量逸脱があるか
2　理事会に裁量逸脱がある場合，理事個人が責任を負うか

判決の内容

■ 事案の概要

Xは都内に所在するマンション（以下「本件マンション」という）1階に店舗を所有している区分所有者である。本件マンションの管理組合法人であるY1は，平成18年11月の通常総会において，本件マンションの大規模修繕工事（以下「本件修繕工事」という）を実施する議決をしたが，Xの店舗前の共用部分のタイル張替工事等（以下「本件工事」という）を実施しなかった。そこで，XはY1に対して本件工事の実施を求めるとともに，Y1の理事であるY2らに対して債務不履行又は不法行為に基づく損害賠償請求を行った。

Yらは，本件工事を実施しなかったのは，Xが管理組合規約（以下「本件規約」という）に違反して，Xの店舗前の共用部分に設置している空調用室外機及び店舗看板を移動させなかったことによるものであるから，平成19年8月に開催された理事会において，本件工事を留保する旨決定し，かかる決定は妥当なものである旨主張した。そして，そもそも，本件マンションの一区分所有者であるXには，区分所有法上もマンションの管理運営上も，Y1に対する作為的な行為を請求する権利は認められず，また，本件工事を実施し

なかったことは理事会の裁量を逸脱するものではなく、Y_2らの不法行為や債務不履行を構成しないと争った。

■ **判決要旨**

まず、区分所有者は、共用部分を対象とする工事が実施されないことにより、区分所有部分について何らかの権利が侵害されたと認められる場合には、区分所有者として、管理組合に対し、本件工事の実施を求めることができる場合があると解すべきとの一般論を述べた。

その上で、本件修繕工事については、総会が実施することを議決したが、理事会は、すべてにおいてその執行が義務付けられたというものではなく、執行する権限が授与されたものというべきであり、本件修繕工事を実施するにあたっては、理事会に一定の裁量が認められているというべきであると判示した。

加えて、理事会が総会の議決に反し本件工事を保留したことにつき、執行義務や損害賠償義務が認められるには、その裁量を逸脱したと認められることが必要であると解すべきであり、同義務の主体となり得るのは、構成員である個々の理事ではなく、管理組合と解すべきであり、個々の理事にも責任が生じ得る場合は、個々の理事が区分所有者の権利を侵害するとの積極的意図をもって、理事会の決定を導いたときなどに限られるというべきであると判示した。

そして、本件において、理事会が本件工事を留保する決定を行ったこと及び本件工事を実施しないことについて裁量の逸脱は認められないものと判断し、Xの請求を棄却した。

解　説

1　本判決の意義

本判決は、マンション管理組合の理事会に裁量があることを明示した初めての裁判例であり、実務上重要な意義を有するものである。また、マンションの共用部分の修繕工事を行うにあたり、特定の区分所有者について工事の

実施を留保した事案において、区分所有者の規約違反を考慮し、管理組合及び理事らの責任を否定した事例として参考になるものである。

仮にX店舗前の共用部分の使用状況が容認されると、以後他の組合員がXと同様に共用部分を使用しても、理事会がそれを禁止することが困難になり、組合員共同の利益のために共用部分を管理するという管理組合の適正な業務遂行が妨げられるという不都合が生じ得ることに鑑みても、本判決の結論は妥当なものと考えられる。

2 共用部分の工事に伴う手続

本件のように、マンションの共用部分について外壁補修や塗装塗替、配管設備の更新等の大規模な修繕・改修工事を行う場合には、管理組合法人の最高の意思決定機関である総会の決議で決するものとされる（区分所有17条1項・18条1項本文）（稲本洋之助＝鎌野邦樹『コンメンタールマンション区分所有法〔第3版〕』100頁）。

また、管理組合法人においては、その法人を代表するものとして理事の設置が義務付けられている（区分所有49条1項）。管理組合法人の事務は、原則として、集会の決議によって行うものとされているが、規約によって理事が決する旨を定めることもでき（区分所有52条1項但書）、理事が複数の場合には、理事会が構成されるのが通常である。区分所有法には理事会に関する直接の規定はないが、法人に関する一般規定が準用される（区分所有47条10項）（丸山英気＝折田泰宏編『これからのマンションと法』357頁〔湖海信成〕）。本件規約においても、理事会は、総会の議決及び規約に基づく組合業務を遂行するほかに、理事会が必要と認める事項を決定し、これを処理する権限が定められている。

3 理事会の裁量の有無について

本判決では、総会は管理組合における最高の意思決定機関であり、総会で選任される理事により構成される理事会は、総会の議決に基づく組合業務を執行することが求められている一方で、理事会の組合業務執行において、区分所有者共同の利益を害する場合にまで執行を義務付けると、区分所有者の共同の利益を守るために共用部分の管理等を行う理事会の存在意義が没却されるおそれがあるとの理由付けから、理事会の権限について、業務執行すべ

てが義務付けられたというものではなく、執行権限が授与されたものというべきであると判示した。そして、本件規約上本件修繕工事の修繕積立金の使用方法において理事会も決定することができるとされていること、総会議決で実施することになっていた本件修繕工事の一部について予算の都合から理事会の決定で見送られたことがあったこと、過去にも本件マンションの設備工事実施の可否が理事会の決定に委ねられたこと、という本件規約及びその運用事情に照らし、本件修繕工事を実施するにあたって理事会に一定の裁量が認められていたものと判断したものである。

4　裁量逸脱の判断について

本判決は、Xの共用部分の使用状況、当該使用状況の規約違反の有無とそれに対するXの認識、本件工事の対象となる共用部分の公益性の高さ、本件工事の性質等を考慮要素としてあげ、当初からXによる店舗としての使用が予定されていたことを考慮しても、理事会で本件工事を保留することを決定したことはやむを得ないものであったと判断し、理事会の決定に裁量の逸脱はないものと判示した。

具体的には、①X店舗前の共用部分には、室外機や看板が設置され自転車やバイクが駐輪されており、かかる使用状況は、本件マンション、敷地及び附属施設の管理又は使用に関する禁止事項を定めた本件規約に違反するものであり、Xもこれを認識していると認められること、②X店舗前の共用部分は、本件マンションの区分所有者がごみ置き場や最寄り駅等への通路として使用するところであり、本件マンションの共用部分の中でも公共性の高い部分であること、③Xによる店舗前の共用部分の使用が継続されると本件工事を実施できないこと、④以前からX店舗前の共用部分の使用についてY₁の組合員から苦情が寄せられていたこと、⑤本件修繕工事の実施が決定される以前からY₁がXに対しX店舗前の共用部分の使用状況について改善を求めていたこと、⑥本件修繕工事開始後、Xは店舗前の共用部分の使用状況について改善を約束したがそれを撤回し、当該改善を行わず現在にいたっていること等の事情が、積極的に考慮されている。

5　理事の責任について

本判決では、理事会がその裁量を逸脱したと認められたとき、第一義的な

責任主体は管理組合と解すべきであるが、個々の理事が区分所有者の権利を侵害するとの積極的意図をもって、理事会の決定を導いたときなど限定的な場合には個々の理事に対する責任が生じ得るものと判示され、理事個人の責任が認められる要件を限定的に解する法理が示されている（升田純『新版要約マンション判例170』265頁）。そして、本件では、理事であるY₂らにおいて、Xを差別するなど、Xの権利を侵害する積極的な意図があると認めることはできないとの理由から、その責任が否定されたものである。

【宗像　洸】

25 管理組合の規約で専ら専有部分に係る事項を定めることの可否

大阪高判平成20年4月16日（平成20年（ツ）第7号）
判時2018号19頁，判夕1267号289頁

争点

1　管理組合の規約において，専ら専有部分に係る事項について定めることができるか
2　規約で専ら専有部分に係る事項について定めることができる特段の事情の有無
3　管理組合が特定承継人に請求をすることができる債権の範囲

判決の内容

■ 事案の概要

X（第1審原告，控訴人兼被控訴人，被上告人）は，本件マンションの区分所有者全員で構成する管理組合であり，Y（第1審被告，被控訴人兼控訴人，上告人）は，平成17年6月1日，本件マンション602号室と敷地権（「本件専有部分等」）を競売により買い受けた者である。

Xの管理規約には，組合員は，共用部分の管理に要するための管理費及び積立金を負担する義務を負うほか，専有部分において使用した公共料金についても，管理組合であるXに支払う義務を負う旨の規定がある。Yの前区分所有者は，管理費及び積立金，並びに，本件専有部分等に係る水道料金及び電気料金を滞納した。

Xが，Yに対し，区分所有法8条及び7条1項に基づき，前区分所有者が滞納した管理費及び積立金（「管理費等」），本件専有部分等に係る水道料金及び電気料金（「水道料金等」），並びに，それらの遅延損害金の支払を請求した。

第1審（大阪簡判平18・11・17（平18（ハ）第4365号））は、管理費等の請求は認めたものの、水道料金等を特定承継人に請求することはできないとして、Xの請求は一部棄却されたが、控訴審（大阪地判平19・9・26（平18（レ）第306号））は、Xの請求をすべて認容したため、Yが上告をした（なお、Yは、第1審判決後の平成18年11月27日、滞納管理費等の元本全額を支払った）。

■ 判決要旨

　裁判所は、大要以下のように判示してYの上告を棄却した。
　管理組合は、規約に基づく他の区分所有者に対する債権については特定承継人に対しても請求をすることができる（区分所有8条・7条1項）が、ここにいう債権の範囲は、区分所有法3条1項前段及び30条1項の趣旨・目的に照らすと、建物又はその敷地若しくは附属施設の管理又は使用に関する区分所有者相互間の事項は、規約で定めることができるものの、それ以外の事項を規約で定めるについては団体の法理による制約を受け、どのような事項についても自由に定めることができるわけではないと解される。
　各専有部分の水道料金や電気料金は、専ら専有部分において消費した水道や電気の料金であり、共有部分の管理とは直接関係がなく、区分所有者全体に影響を及ぼすものともいえない事柄であるから、特段の事情のない限り、規約で定め得る債権の範囲に含まれないと解すべきである。
　しかし、本件マンションでは、水道局及び電力会社の取扱いの都合上、水道水と電力について、Xが一括して供給を受け、Xが料金を立替払いし、各戸の使用量を基に各区分所有者に請求しているという事情があるから、本件マンションにおける水道料金等に係る立替払いとそれから生じた債権の請求は、各専有部分に設置された設備を維持、使用するためのライフラインの確保のため必要不可欠の行為であり、当該措置は建物の管理又は使用に関する事項として区分所有者全体に影響を及ぼすということができる。
　したがって、Xの本件マンションの各区分所有者に対する各専有部分に係る水道料金等の支払請求権については、前記特段の事情があるというべきであって、規約事項とすることに妨げはない。

I 解　説

1　総　論

　本件における，Xの請求は，前区分所有者が滞納した管理費等及びその遅延損害金と，水道料金等及びその遅延損害金であるが，本件の中心論点は，専有部分に係る料金である水道料金等の支払を求める部分であるので，その点に絞って論じる。

2　管理組合の規約において，専ら専有部分に係る事項を定めることができるか

　区分所有法8条によれば，管理組合は，区分所有者の特定承継人に対し，同法7条1項に規定される債権（「規約……に基づき他の区分所有者に対して有する債権」など）を請求することができるとされているが，本件では，管理組合XがYに対し，Yを特定承継者として，Yが取得した本件専有部分等の前区分所有者が滞納した水道料金等の支払を請求することができるかが問われている。Xの規約には，組合員は，専有部分において使用した公共料金を支払わなければならない旨の定めがあるが，管理組合が組合員に対して請求できる債権として規約で定めることができるのは，「建物又はその敷地若しくは附属施設の管理又は使用に関する区分所有者相互間の事項」（区分所有30条1項）に限られ，専ら専有部分の使用に係る水道料金や電気料金について，規約で定めることはできないのではないか（定めても無効），という問題意識である。

　裁判所は，区分所有法3条1項前段及び30条1項の趣旨・目的からすれば，建物又はその敷地若しくは附属施設の管理又は使用に関する区分所有者相互間の事項以外のいかなる事項も自由に規約で定めることは許されないとした上で，水道料金等は，共用部分の管理とは直接関係がなく，区分所有者全体に影響を及ぼすものともいえない事柄であるとして，特段の事情のない限り，規約で定め得る債権の範囲に含まれないと判示した。

　たしかに，区分所有法30条1項によれば，規約で定めることができる事項は，建物又はその敷地若しくは附属施設の管理又は使用に関する区分所有者相互間の事項とされており，専ら専有部分に係る事項は，本来規約で定める

ことはできないものと解される。しかし，区分所有建物の管理の形態は一様ではなく，具体的な事情如何では，専ら専有部分に係る事項であっても，建物又はその敷地若しくは附属施設の管理又は使用に関する区分所有者相互間の事項に含まれると解することが適当な場合もあり得よう。このような観点から，裁判所は，特段の事情がない限りという限定を付したものと考えられる。

3 規約で専ら専有部分に係る事項について定めることができる特段の事情の有無

本件の水道料金等について，特段の事情があるといえるであろうか。本件マンションにおいては，水道水については，水道局の取扱いにより，専有部分ごとに計量し，水道料金を収納することができないという事情があり，また，電力についても，個別契約に変更することができないという事情があるため，Xが一括して市水道局及び電力会社と契約をして，料金を立替払いし，各住戸の使用量に応じて各区分所有者に使用料金を請求してきたという事情がある。

裁判所は，このような事情のもとでは，管理組合が専有部分の水道料金等に関する債権の請求をすることは，各専有部分に設置された設備を維持，使用するためのライフラインの確保のため必要不可欠の行為であり，当該措置は建物の管理又は使用に関する事項として区分所有者全体に影響を及ぼすということができるとし，Xが区分所有者に対し専有部分の水道料金等の支払を請求することには，特段の事情があるとして，規約で定めることができる，と判示したものである。専ら専有部分に係る水道料金等であっても規約で定めることができる一例を示したものとして実務上参考になる。

関連する裁判例としては，本件同様の，電気水道につき建物全体で一括して契約を締結している事案において，専ら専有部分で使用する電気料や水道料は，本来区分所有者各自がそれぞれの責任で負担すべき性質のものであるから，その料金の算定を集会の決議で多数決の方法により決めることはできないとして，区分所有者集会における管理費に関する決議のうち，専有部分に関する電気料及び水道料に関する部分を無効とした東京地裁平成5年11月29日判決（判時1499号81頁）がある（電気料や水道料については予め立替払契約

を締結して清算方法を定めるか，その都度実費を計算して償還を求めるべきとする）。もっとも，この判決は，集会の決議で定めた管理組合から区分所有者への請求額の計算根拠が不明であり，実費額と等しくなると認めるべき証拠もない，と裁判所が認定した事案であって，水道局・電力会社に立替払いをした電気料・水道料を，各区分所有者の使用量に応じて請求するにすぎない場合であっても，規約で定めることは一切できないという趣旨まで含むのかは定かではない。また，管理組合が一括して電気・ガス・水道契約を締結して光熱水費の立替払いを行わざるを得なかった事案において，光熱水費は特定承継人に請求することができる債権にはあたらないとした大阪地裁昭和62年6月23日判決（判タ658号218頁）があるが，これは，区分所有法昭和58年改正前の事案であり，参考にならないと思われる。

4 管理組合が特定承継人に請求をすることができる債権の範囲

本判決は，区分所有法8条で特定承継人に請求をすることができる同法7条1項にいう「規約……に基づき他の区分所有者に対して有する債権」と，区分所有法30条1項の規約で定めることができる債権とを特に区別しておらず，両者は同じものを意味する（規約で定めることができる債権であれば，特定承継人にも請求することができる）と解釈しているものと考えられる。

しかし，区分所有法30条1項に基づき管理組合が規約で定めることができる債権の範囲と同法8条に基づき管理組合が特定承継人に請求できる「規約……に基づき他の区分所有者に対して有する債権」の範囲は，論理的には必ずしも一致する必要はないと解される。後者については，前区分所有者が滞納した債務のうちどこまでを特定承継人に負担させるのが妥当かという問題であるからである。このような観点から，本判決のうち，専ら専有部分に関する事項であっても具体的事情によっては規約で定めることができるとする点には賛成するものの，水道料金等を特定承継人に請求できるとする点については反対する見解もある（花房博文・マンション学33号219頁）。

【山田　敏章】

26 管理組合の規約で専有部分の水道料金に関わることを定めることの可否

名古屋高判平成25年2月22日（平成24年(ツ)第7号）
判時2188号62頁

争　点

専有部分である各戸の水道料金につき，各区分所有者が支払うべき金額や支払方法，特定承継人に対する支払義務の承継を管理組合の規約で定めることはできるか

判決の内容

■ 事案の概要

Xはマンション（以下「本件マンション」という）の一室を競売により取得した区分所有者であり，Yは本件マンションの管理組合である。

本件マンションの管理規約には，「専用使用料，駐車場料金及び水道料金等で，区分所有者が管理組合へ支払うものの滞納がある場合，全滞納額を承継人に対しても請求を行うことができる」旨の規定（以下「本件規定」という）があった。

また，本件マンションでは，Yが水道料金を「一括検針一括徴収制度」により水道局に対し一括して支払い，各戸から徴収してきた。「一括検針一括徴収制度」とは，A市水道給水条例及び同施行規程に従って，YとA市水道局との間で一個の給水契約を締結し，同契約に基づき，建物全体に一個設置されたメーター（親メーター）により建物全体の使用水量を検針し，その使用水量を各戸で均等に使用したものとみなして料金表を適用して算出し，同局から請求された本件マンション全体の水道料金をYが支払い，同局から請求されたこの水道料金について，各戸に設置されたメーター（子メーター）によ

り各戸の使用水量を計測し，その使用水量に応じて同局と同一の料金表を使って各戸の水道料金を算定し，Yがこれを各戸から徴収する方式である。

Xは，前所有者が滞納していた駐車場料金及び水道料金並びにXの所有権取得後の水道料金をYに支払ったが，本件規定は無効であるとして，支払済みの駐車場料金及び水道料金の返還を求めた（なお，本稿では，滞納駐車場料金及び所有権取得後の水道料金に関する説明は割愛する。また，Xは予備的に各支払が強迫により無効であるとして不当利得返還請求ないし不法行為に基づく損害賠償請求もなしているが，この点に関する説明も割愛する）。

■ 判決要旨

専有部分である各戸の水道料金は，専ら専有部分において消費した水道の料金であり，共用部分の管理とは直接関係がなく，区分所有者全体に影響を及ぼすものともいえないのが通常であるから，特段の事情のない限り，規約に定めることができる事項である建物又はその敷地若しくは附属設備の管理又は使用に関する区分所有者相互間の事項には該当せず，水道料金について，各区分所有者が支払うべき額や支払方法，特定承継人に対する支払義務の承継を規約をもって定めることはできない。

解　　説

1　概　　説

本件は，マンションの専有部分で消費した水道の料金につき，その金額や支払方法（及び特定承継人の支払義務）を，管理規約において定めることができるかという問題である。

支払方法がどのような方法であるにせよ，専有部分において使用された水道等の料金を，その使用者である専有部分の所有者が支払うことは当然であるから，所有者と使用者が一致している限りは通常この点は問題になりづらいといえる。しかし，料金に滞納がある状態で所有権が特定承継により移転すると，所有者と使用者が一致しないことになり，特定承継人がその支払義務を承継するのか（区分所有8条・7条1項）という形で，問題が顕在化するこ

2　規約で定めることができる事項
(1)　専有部分の管理・使用に関する規約

　区分所有法30条1項は、「建物又はその敷地若しくは附属施設の管理又は使用に関する区分所有者相互間の事項は、この法律に定めるもののほか、規約で定めることができる」と規定している。

　まず、ここでいう「建物」とは、一棟のマンション全体を指し、したがって、専有部分もこれに含まれる。

　もっとも、専有部分は本来それぞれの所有者がその意思に従って管理及び使用をすべきものだから、専有部分の管理又は使用につき広く規約を設定することはできず、区分所有者の共同の利益のために必要な限度に限られる（濱崎恭生『建物区分所有法の改正』116頁）。専有部分に関して規約で定めることができる事項は、「共同の管理を相当とする事項」（濱崎・前掲117頁）や「区分所有者相互において専有部分の管理又は使用を調整するために必要な事項」（法務省民事局参事官室編『新しいマンション法　一問一答による改正区分所有法の解説』179頁）、「その管理や使用が区分所有者全体に影響を及ぼすような事項」（稲本洋之助＝鎌野邦樹『コンメンタールマンション区分所有法〔第3版〕』181頁）に限られると解される。

(2)　水道料金に関する規約

　では、専有部分で消費した水道料金の支払方法等に関する事項は、規約で定めることができる事項に含まれるのか。水道料金は、各専有部分ごとに消費された分だけ生じる債務であり、各専有部分ごとの個別性がある債務である一方、水道を使用するためには共用部分である水道管・排水管を使用する必要があるという構造上の性質や、本件のような一括検針一括徴収制度の採用という契約上の特殊性がある場合もあり、問題となる。

　この点については、本判決は、水道料金は「区分所有者全体に影響を及ぼすものともいえないのが通常」として、特段の事情がない限り、その支払方法等につき規約で定めることはできないと判断した。

　一括検針一括徴収制度が採用されている事例において、同趣旨の判断をしている裁判例として以下のものがある。

大阪高裁平成20年4月16日判決（判時2018号19頁・判タ1267号289頁【本書判例25】）は、「各専有部分の水道料金や電気料金は、専ら専有部分において消費した水道や電気の料金であり、共用部分の管理とは直接関係がなく、区分所有者全体に影響を及ぼすものともいえない事柄であるから、特段の事情のない限り、規約で定めうる債権の範囲に含まれないと解すべきである。」とし、当該マンションでは、水道局の取扱基準を満たさず、各戸計量・各戸収納制度を採用することができないという事情を指摘した上で、「本件マンションにおける水道料金等に係る立替払とそれから生じた債権の請求は、各専有部分に設置された設備を維持、使用するためのライフラインの確保のため必要不可欠の行為であり、当該措置は建物の管理又は使用に関する事項として区分所有者全体に影響を及ぼすということができる。」として、特段の事情を認め、規約を有効とした。

また、東京地裁平成23年8月24日判決（ウエストロー2011WLJPCA08248008）は、上記裁判例と同旨の規範を立てた上で、①一括検針一括徴収制度は一般的に行われており、水道局の取扱いに基づくことは公知の事実で、昭和50年3月に建築された当該マンションで同制度が採用されていることも不合理ではないこと、②各戸計量・各戸徴収方式への変更には入居者全員の同意が必要であることを指摘し、水道料金につき規約で定め得る特段の事情ありとした。

なお、上記の裁判例とは異なり、一括検針一括徴収制度の下においても水道料金等につき集会の決議で定めることはできないとする裁判例も存在する（東京地判平5・11・29判時1499号81頁）。

3　本判決の意義

本判決は、前掲大阪高裁平成20年4月16日判決及び東京地裁平成23年8月24日判決との対比でいえば、特定承継人からの不当利得返還請求という形で規約の効力が争われている点及び同規約に特定承継人の支払義務についても規定がある点で特徴的であるが、当該規約の有効性の判断については、これらの裁判例と同様の規範を採用した上で、水道料金の支払方法等につき規約で定めることができる「特段の事情」につき、審理を尽くさせるため、審理を原審に差し戻したものであり、近似の裁判例の傾向に沿うものであるとい

える。
　特段の事情の考慮事情としては，前記裁判例からすると，一括検針一括徴収制度を採用することの必要性・合理性等が該当すると考えられるが，要求される必要性・合理性の程度や，どのような具体的事情がこれに該当するのかについては未だ明確な基準があるとまではいえず，今後の議論が待たれる。

【髙杉　謙一】

〔掲載誌，評釈等〕
・　佐々木好「水道料金の支払いについて定めた規約は『特段の事情』がない限り無効であるとした事案」マンション学48号63頁

27 住民活動協力金の負担を定める規約変更と区分所有法31条1項後段の「特別の影響」

最三小判平成22年1月26日（平成20年（受）第666号）
裁判集民233号9頁，判時2069号15頁，判夕1317号137頁

争点

不在区分所有者らに対してのみ組合費に加えて住民活動協力金を負担すべき旨を定める規約の変更は，区分所有法31条1項後段にいう「一部の区分所有者の権利に特別の影響を及ぼすべきとき」にあたるか

判決の内容

■ 事案の概要

　本件マンションは，昭和46年頃分譲された総戸数898戸の団地型マンションである。本件マンションの管理組合は，組合員の高齢化が進み，全戸のうち約180戸が不在組合員（専有部分を空室状態としているか第三者に賃貸している組合員）となっていた。本件マンションの管理組合の役員は，選挙規程で区分所有者，その配偶者又は三親等以内の同居の親族であり，かつ，本件マンションの居住者である者の中から選任されることとなっており，不在組合員（配偶者又は三親等以内の親族を居住させている者を除く）は，役員になることができないこととなっていた。そのため，居住組合員の中には，不在組合員が管理組合の理事等の役員に就任せず管理組合の運営が居住組合員に偏っていることや，居住組合員が本件マンションの保守管理や良好な環境の維持に努めているのに対し不在組合員がこれに協力していないことなどに不満をもつ者も現れるようになった。

　以上のような事情から，本件マンションの管理組合は，平成16年，総会を開催し，その4分の3以上の賛成をもって不在組合員は1戸当たり，月額

5000円の「協力金」を負担することを定める旨、規約及び施行細則を変更した。

しかしながら当時の不在組合員のうち、複数の組合員がその支払を拒否した。そのため管理組合は、その後も支払を拒否し続けた7名（14戸）に対し、順次、その支払を求める訴訟5件を提起した。本件は、それら一連の裁判の1つである。

不在組合員側は、本件規約の変更は、区分所有法66条、31条1項後段にいう「一部の団地建物所有者の権利に特別の影響を及ぼすべきとき」に該当するので、当該所有者の承諾がない以上無効であるとして争った。

第1審の判断は分かれ、請求を認めるもの（3件）と、棄却するもの（2件）とがあり、一部の訴訟の控訴審において、「協力金」の額を2500円とする和解案が提案された。

そのため、管理組合の理事会は、平成19年の総会にて「協力金」を「住民活動協力金」と名称変更し、その額を遡及的に1戸当たり2500円とする旨、規約及び施行細則の変更を提案し、同提案は、総会において4分の3以上の多数で可決された。また同総会では、理事会の役員は理事会の決議により役員としての活動に応じる必要経費と報酬を受けることができること（理事、監事への就任につき月額2000円、会議への出席1回当たり2000円、理事長月額5万円、副理事長月額3万円）、並びに旧協力金の既払者に対し、旧協力金との差額を返金することも可決された。

本件は、最終的に住民活動協力金の支払を拒み、和解に応じなかった不在組合員に対し組合がその支払（月額2500円）を求めて上告したものである。

■ **判決要旨**

区分所有法66条が準用する法31条1項後段の「規約の設定、変更又は廃止が一部の団地建物所有者の権利に特別の影響を及ぼすべきとき」とは、規約の設定、変更等の必要性及び合理性とこれによって一部の団地建物所有者が受ける不利益とを比較衡量し、当該団地建物所有関係の実態に照らして、その不利益が一部の団地建物所有者の受任すべき限度を超えると認められる場合をいう（最二小判平10・10・30民集52巻7号1604頁）。

本件マンションは，規模が大きく，その保守管理や良好な住環境の維持には組合員の協力が必要不可欠であるにもかかわらず，総戸数868戸中170戸ないし180戸が不在組合員の所有となっている。マンションの管理運営に必要となる業務と費用は本来組合員全員が平等にこれを負担すべきであって，本件規約変更によって本件マンションに生じている不公平を是正しようとしたことには，その必要性と合理性が認められないものではない。そして本件規約変更により不在組合員が受ける不利益は居住組合員が負担する組合費1万7500円の15％増しの月額2万円に過ぎない。

以上のような規約変更の必要性及び合理性と不在組合員が受ける不利益の程度を比較衡量し，加えて，上記不利益を受ける多数の不在組合員のうち，現在住民活動協力金の趣旨に反対して支払を拒んでいるのは，不在組合員が所有する約180戸のうち12戸を所有する5名の不在組合員に過ぎないことも考慮すると，本件規約変更は，住民活動協力金の額を含め，不在組合員において受任すべき限度を超えるとまでいうことはできず，本件規約変更は，区分所有法66条，31条1項後段にいう「一部の団地建物所有者の権利に特別の影響を及ぼすべきとき」には該当しない。

解　説

1　不在組合員に対する負担金の合理性

本件は，協力金の支払を拒んだ複数の不在組合員に対して，管理組合が順次提起した複数の訴訟のうち，一部の事件についての上告審である。

原判決は，役員の諸活動は，区分所有者全員の利益のために日常的に行われるべきものであるから，役員報酬及びその必要経費の財源として，住民活動協力金を不在組合員と居住組合員との間に格差を設けて負担させる場合，不在組合員であるがために避けられない印刷代，通信費等の出費相当額を不在組合員に加算して負担させる程度であればともかく，その残額を不在組合員のみに負担させるべきである合理的な根拠は認められない，として組合側の請求を棄却した。

これに対し，本判決では，以下のとおり判断した。すなわち，本件マンシ

ョンが大規模な団地であり，その維持には管理組合の活動が必要不可欠であること，それにもかかわらず，不在組合員は，役員になることができず役員になる義務を免れているだけでなく実際にも組合の活動について日常的な労務の提供をするなどの貢献をしない一方で，居住組合員だけが役員に就任し，不在組合員を含む組合員全員のために本件マンションの保守管理に努め，住環境の維持を図っており不在組合員はその利益のみを享受している。管理組合の運営にあたって必要になる業務及びその費用は本来組合員全員が平等に負担すべきものであるから，金銭的負担によってその不公平を是正しようとしたことには必要性と合理性が認められる。そして，不在組合員が受ける不利益は月額2500円でありこれは，組合費月額1万7500円の15％に過ぎず，規約変更の必要性と合理性及び不在組合員が受ける不利益の程度を比較衡量し，加えて，現在それに反対する組合員が12戸を所有する5名に過ぎないことも考慮すると，特別の影響を及ぼすべきときには該当しない。その上で，本判決は，改正後の規約が無効だとする不在組合員の主張を退けたものである。

　本判決の考え方によれば，不在組合員に対する負担金を求める規約変更は，マンションの規模，管理組合の活動内容，負担金の管理費に占める割合，負担金に反対する区分所有者の割合を総合的に考慮し，区分所有法31条1項後段の該当性が判断されることになる。ただし，本件マンションは，大規模な団地型のマンションであり，一般的なマンションで行われている管理組合運営よりもより広い自治組織としての活動も行われていたなどの特殊事情がある。本判決は，このような特殊事情の下で判断されたものであることに留意する必要がある。

2　「特別の影響を及ぼすべきとき」について

　管理規約は，管理組合を構成するすべての区分所有者らを拘束するものである。そのため，昭和58年改正以前の区分所有法においては，規約の設定，変更又は廃止は区分所有者全員の書面による合意が必要であるとされていた。しかしながら，全員の合意を得ることは非常に困難であり，旧法のもとでは，組合運営が困難になってきたため，改正により，規約の設定，変更，廃止は，集会の特別決議によって行うことができることが定められた。

改正担当者は，この「特別の影響」とは，この規定の趣旨が区分所有関係における全体の利益と個々の区分所有者の利益の調整にあることにかんがみ，規約の制定，変更等の必要性及び合理性とこれによって受ける当該一部の区分所有者の不利益とを比較して，区分所有関係の実態に照らし，当該一部の区分所有者が受任すべき限度を超える不利益を受けると認められる場合を言うと解すべきであるとしていた（法務省民事局参事官室編『新しいマンション法――一問一答による改正区分所有法の解説』196頁参考）。

　本判決が引用する前掲最高裁平成10年10月30日第二小法廷判決（駐車場専用使用権者の利用料を増額する規約改正の有効性が争われたもの）は，上記改正担当者の解釈を採用したものであり，本判決もこれにならう判断をしている。

　参考として，「特別の影響」に関する裁判例としては，このほかに以下のようなものがある。①管理費が1階の区分所有者と2階以上の区分所有者との間で占有面積当たりの額に差があったため，その額を同額とする旨の規約変更につき，特別の影響を及ぼすべきときにあたらないとしたもの（東京地判平5・3・30判時1461号72頁），②屋上，外壁，敷地の無償の専用使用権を消滅させることは，特別の影響を及ぼすべきときにあたるとしたもの（東京高判平8・2・20判タ909号176頁），③リゾートマンションにおいて専有部分を不定期に保養施設としての範囲を超えて使用することの禁止及び定住使用者の管理費等の負担を多額にすることは，特別の影響を及ぼすべきときにあたるとしたもの（東京高判平21・9・24判時2061号31頁），④犬の飼育を禁止する旨の規約の変更は，例外的措置について総会の決議により個別的に対応するとの条件が付されている以上は，合理性があるとして特別の影響を及ぼさないとしたもの（東京高判平6・8・4判タ855号301頁）。

【吉田可保里】

28 マンション管理規約の「違約金としての弁護士費用」の意義

東京高判平成26年4月16日（平成25年（ネ）第6530号, 平成26年（ネ）第432号）
判時2226号26頁, 判タ1417号107頁

争点

マンション管理規約における管理組合が区分所有者に請求することのできる「違約金としての弁護士費用」の解釈

判決の内容

■ 事案の概要

Xは, 都内所在のマンション（以下「本件建物」という）の区分所有者全員により構成された管理組合（区分所有3条）であり, Yは本件建物の居室の区分所有者である。XはYに対し, 本件建物の管理規約（以下「本件管理規約」という）に基づき, 未払管理費, 確定遅延損害金, 遅延損害金, 弁護士費用102万9565円（当該弁護士費用は, 東京弁護士会の旧報酬基準に準拠し, 平成25年1月30日時点での未払管理費及びこれに対する遅延損害金の合計473万6937円を経済的利益として算出されている）の支払を求めた。なお, 当該管理規約は, 弁護士費用につき「区分所有者が管理組合に支払うべき費用を所定の支払期日までに支払わないときは, 管理組合は当該区分所有者に対し, 違約金としての弁護士費用を加算して請求できる」旨定めている。本件管理規約は, 国土交通省の作成にかかる標準管理規約に依拠するものである。

原審（東京地判平25・10・25判時2226号29頁・判タ1417号111頁）は, 未払管理費等については請求を認容した。しかし, 弁護士費用については, 違約金としての弁護士費用の性格を論じることなく, 弁護士費用が確定金額ではないこ

とから、本件訴訟で請求されている管理費等の額，Yの対応，その他本件における諸般の事情を総合考慮して，裁判所が相当と認める額（50万円）に限定して認容し，その余を棄却した。

そこで，Yがこれを不服として控訴をし，Xが請求を拡張する等の付帯控訴をした。

■ 判決要旨

本判決は，以下の理由により，Yの控訴を棄却し，原判決を一部変更してXの請求を全部認容した。

本件管理規約の定める「違約金としての弁護士費用」の違約金とは，一般に契約を締結する場合において，契約に違反したときに，債務者が一定の金員を債権者に支払う旨を約束し，それにより支払われるものである。

債務不履行に基づく損害賠償請求をする際の弁護士費用については，その性質上，相手方に請求できないと解されるから，管理組合が区分所有者に対し，滞納管理費等を訴訟上請求し，それが認められた場合であっても，管理組合にとって，所要の弁護士費用や手続費用が持ち出しになってしまう事態が生じ得る。かかる事態は，区分所有者が当然に負担すべき管理費等の支払義務を怠っているのに対し，管理組合が当然の義務の履行を求めているにすぎないことに照らすと，衡平の観点から問題である。そのような不都合を回避するために，管理組合が区分所有者に対し，弁護士費用を違約金として請求することができるように定めており，このような定めは合理的なものであり，違約金の性格は違約罰（制裁金）と解するのが相当である。

したがって，違約金としての弁護士費用は，上記の趣旨からして，管理組合が弁護士に支払義務を負う一切の費用と解される。

■ 解　　説

1　本判決の意義

本判決は，違約金の性格は違約罰（制裁金）と解した上で，弁護士費用は管理組合が弁護士に支払義務を負う一切の費用と判示され，管理規約におけ

る「違約金としての弁護士費用」の解釈を示したものとして規範的意義を有する。そして，その判断において，金銭債務の不履行の場合に債務者に対する弁護士費用の請求を否定する判例（最一小判昭48・10・11裁判集民110号231頁・判時723号44頁）を意識しつつ，本件規約の「違約金」を違約罰（制裁金）とする趣旨と解することで民法419条1項ないし3項による制約を回避した構成をとり，弁護士費用全額の回収を肯定したものと考察できる（西島良尚・私法判例リマークス51号24頁）。

Yは，違反者に過度の負担を強いるものであって不合理である旨反論した。しかし，本判決は，そのような事態は自らの不払い等に起因するものであり，自ら回避することができるものであることを考えると，格別不合理なものとは解されないと応答している。もとより，違約罰（制裁金）と性格規定をしたとしても，過大請求が制約されるべきことは一般法理であり，実費は合理的な額であることを要されるため，本判決も102万9565円という額が不合理ではないと判断している（加藤新太郎・NBL1081号82頁）。

2　学　説

学説では，標準管理規約にいう違約金としての弁護士費用の性格は，規定の定め方から，債務不履行による損害賠償（遅延損害金）とは別に請求することのできる制裁金と解し，「違約金としての」という文言を用いた理由は，管理規約であらかじめ弁護士費用等違約金の内容を明らかにしておくことにより，訴訟の際に，その費用を確実に相手方に請求することができるようにするためであるとの見解がある（稲本洋之助＝鎌野邦樹編『コンメンタールマンション標準管理規約』213頁〔飯田雄二〕）。かかる見解は本判決と同旨であり，本判決の判示事項もこれに依拠して示されたものと考えられる。

3　下級審裁判例

本件のような争いは，訴訟上の和解で終了することも多いため裁判例は少ない。本判決は，高裁レベルにおいて管理規約の「違約金としての弁護士費用」を判断した初めての事案であるが，下級審裁判例では実費相当額説と認定相当額説とに判断が分かれている。①本判決と同じく実費相当額としたものとして，東京地裁平成18年5月17日判決（LLI/DBL06131989）がある。「管理費等の滞納等による義務違反者に対し，訴訟等の法的措置によることとし

た場合，その者に対して弁護士費用その他の法的措置に要する費用について実費相当額の請求をすることができる」との管理規約の解釈について，管理組合の運営費は管理費等により賄われていること，弁護士代理による法的措置をとるのであれば通常弁護士に対し着手金等に相当する金員等を払うことになることを勘案すると，かかる規定は文言どおり，着手金等を含めて実際に支出した費用である実費相当額と解することが合理的かつ相当であると判示した。②東京地裁平成19年7月31日判決（LLI/DBL06233429）は，本件原審同様に認定相当額説をとる。「本件管理規約に違反した者に対し，法的措置を執った場合には，弁護士費用その他法的措置に要する費用の実費全額を請求することができる」旨の管理規約の解釈において，本件のように訴訟が提起された場合，裁判所が相当と認定した額を支払う義務が発生する趣旨と解するのが相当であると判示した。

4 平成28年の標準管理規約改正

(1) 改正の趣旨

国土交通省は，管理組合が各マンションの実態に応じて管理規約を制定・変更する際の基準として標準管理規約を公表しており，平成28年に標準管理規約及び同コメントが改正された（平28・3・14国土動指第89号国住マ第60号）。本件にて問題となった管理費等の徴収についても条項及びコメントが追加され，滞納対策の意義を明記し，回収のためにとり得る措置が段階的・具体的に示されることとなった（公益財団法人マンション管理センター編『平成28年度版マンション管理の知識』287頁）。

(2) 管理費等の徴収における改正内容

まず，「管理組合は，納付すべき金額を納付しない組合員に対し，督促を行うなど，必要な措置を講ずるものとする。」との条項が追加された（標準管理規約（単棟型）60条3項）。かかる規定については「管理費等の滞納は，管理組合の会計に悪影響を及ぼすのはもちろんのこと，他の区分所有者への負担転嫁等の弊害もあることから，滞納された管理費等の回収は極めて重要であり，管理費等の滞納者に対する必要な措置を講じることは，管理組合（理事長）の最も重要な職務の一つであるといえる。」とされている（標準管理規約（単棟型）コメント60条関係③）。また，標準管理規約（単棟型）60条2項につ

いて「遅延損害金と，違約金としての弁護士費用並びに督促及び徴収の諸費用を加算して，その組合員に対して請求することが『できる』と規定しているが，これらについては，請求しないことについて合理的事情がある場合を除き，請求すべきものと考えられる。」とのコメントが新設された（標準管理規約（単棟型）コメント60条関係⑥）。これらの改正事項は本判決判旨と整合するものであり，本件はマンション管理の実務において少なからず影響をもつものと考えられる。

【宗像　洸】

29 マンション管理組合保管の書類の閲覧謄写請求権

大阪高判平成28年12月9日（平成28年（ネ）第1420号）
裁判所HP，ウエストロー2016WLJPCA12099002

争点

1　権利能力なき社団たるマンション管理組合とその構成員たる各区分所有者との間のマンション管理に関する法律関係に対し，委任契約に関する民法645条（受任者の報告義務に関する規定）が類推適用されるか

2　各区分所有者は，マンション管理規約に明文の定めがない場合であっても，民法645条に基づき，管理組合に対し，管理組合がマンション管理業務について保管している文書（会計帳簿の裏付けとなる原資料等）の閲覧及び閲覧の際の当該文書の写真撮影を請求する権利を有するか

判決の内容

■ 事案の概要

本件マンションは，昭和50年に新築された地下1階地上12階の大規模なマンションであり，専有部分301戸を有しており，Yは本件マンションの管理組合である。

Xらは，本件マンションの区分所有者である。

本件マンションの規約には，次のとおり，文書の閲覧に関する規定がある。

41条1項「総会の議事は議事録に記録し，議長と出席した理事がこれに署名押印するものとする。」

同条2項「理事長は議事録を保管するものとし，組合員の請求があった場合はこれを閲覧させなければならない。」

42条1項「理事会は、総会の決議及び規約等に基づく組合業務を執行するほかに、理事会が必要と認める事項を決定し、これを処理する。」

同条4項「理事会の議事については、議事録を作成しなければならない。尚、議事録の保管、組合員の閲覧については第41条第2項を準用する。」

46条「組合は、次に掲げる帳簿を保管し、組合員の請求があった時はこれを閲覧させなければならない。

1．会計帳簿
2．什器備品台帳
3．組合員名簿」

Xらは、書面により、Yに対し、組合員名簿、過去5年分の総会及び理事会の議事録、会計帳簿、工事関係見積書等の閲覧と複写を請求した。

これに対し、Yから対応を委任された弁護士は、書面により、過去5年分の会計帳簿、総会議事録、理事会議事録の閲覧には応じること、複写は認めないこと、組合員名簿の閲覧には応じないこと等を回答した。

そのため、Xらは、本件マンションの集会室において、管理会社従業員立会の下、Yが所持する一定の文書を閲覧するにとどまった。

そこでXらは、Yに対し、議事録等の閲覧及び閲覧の際の写真撮影、Yの組合員名簿の閲覧をさせるよう求めて提訴した。

原審は、各文書を、各1回限りにおいて閲覧する限度でXらの請求を認容し、閲覧の際に本件議事録等を写真撮影することを含めその余の請求を棄却したため、Xらは、原判決の敗訴部分を不服として控訴を提起し、Yは、原判決の敗訴部分を不服として附帯控訴を提起した。

■ 判決要旨

1 マンション管理組合と各区分所有者との間のマンション管理に関する法律関係

本判決は、マンション管理組合と組合員との間の法律関係が準委任の実質を有することに加え、マンション管理適正化指針が管理組合の運営の透明化を求めていること、一般法人法が法人の社員に対する広範な情報開示義務を定めていることを視野に入れるならば、管理組合と組合員との間の法律関係

には，これを排除すべき特段の理由のない限り，民法645条の規定が類推適用されると解するのが相当であるとした。

2　各区分所有者の管理組合保管文書閲覧及び写真撮影請求権の有無

本判決は，管理組合は，個々の組合員からの求めがあれば，その者に対する当該マンション管理業務の遂行状況に関する報告義務の履行として，業務時間内において，その保管する総会議事録，理事会議事録，会計帳簿及び裏付資料並びに什器備品台帳を，その保管場所又は適切な場所において，閲覧に供する義務を負うとした。

そして，少なくとも，閲覧対象文書を閲覧するにあたり，閲覧を求めた組合員が閲覧対象文書の写真撮影を行うことに特段の支障があるとは考えられず，管理組合は，上記報告義務の履行として，写真撮影を許容する義務を負うと解されるとした。

なお，本判決は，Yの閲覧謄写の制限を認めるべきとの主張，Xらは本件規約が定める以上の権利を有しないとの主張，個人情報保護の観点から本件規約46条が無効であるとの主張，Xらには代替手段があるから請求に正当な理由はないとの主張，Xらの請求は閲覧請求権の濫用であるとの主張をいずれも排斥している。

解　　説

1　問題の所在

会社法上，株主には，株主名簿閲覧権等が明文で認められている。これに対し，区分所有権法上，各区分所有者に管理組合保管に係る文書の閲覧や謄写（写真撮影）を請求することができるかについては規定がない。

そのため，規約に文書の閲覧等を認める明文の規定がない場合，いかなる根拠をもって認められるのか（あるいは認められないのか），その前提として，管理組合と各区分所有者との間のマンション管理に関する法律関係をいかに解するかを検討する必要がある。

なお，本件においては，Y（管理組合）から，閲覧を認める規約の定めが個人情報保護の観点から無効であるとの主張もなされ，本判決でこれを否定

する判断が示されている。

2 管理組合と各区分所有者との間のマンション管理に関する法律関係

本件と同様に，管理組合保管文書の閲覧等が問題となった裁判例は複数存在しているが（東京高判平12・11・30判時1737号38頁，東京高判平14・8・28判時1812号91頁，東京地判平21・3・23公刊物未登載等），いずれも規約の有無や解釈から結論を導いており，本判決は前提として当事者間の法律関係について検討した点に特徴がある。

そして，本判決は，管理組合が権利能力なき社団であるとした上で，①マンション管理組合と組合員との間の法律関係が準委任の実質を有すること，②マンション管理適正化指針（平成28年3月14日国土交通省告示第490号による改訂後の平成13年8月1日国土交通省告示第1288号）が管理組合の運営の透明化を求めていること，③一般法人法が法人の社員に対する広範な情報開示義務を定めていることを挙げて多角的な検討を加え，管理組合と組合員との間の法律関係には，これを排除すべき特段の理由のない限り，民法645条の規定が類推適用されると結論付けている。

上記のうち，②について，本判決が，マンション管理適正化指針について「両者間の法律関係のあり方を検討する上で当然に考慮しなければならないものであり，その実効性を損なうような法令の解釈適用は避ける必要がある」と明言している点については，本件のような閲覧謄写に限らず，管理組合と各区分所有者との間の諸問題を検討する視点を示したものとして特に意義を有するものと考えられる。

3 各区分所有者の規約上の根拠なき閲覧等請求権の有無

(1) 積極説と消極説

本論点について，裁判例は積極説（前掲東京地判平21・3・23等）と消極説（前掲東京高判平12・11・30等）に分かれてきた。

消極説の主たる根拠は，区分所有者と管理組合の関係は専ら規約によって規律され，区分所有者は本件規約が定める以上の権利を有しないのであり，管理組合の個々の組合員に対する情報開示のあり方は，団体自治によって定めるべきであるとの考え方に立つものである（本判決の原判決もこの考え方を採用したものと解される）。

東京高裁平成23年9月15日判決（判タ1375号223頁）も消極説の立場から，閲覧と謄写の性質の違いを指摘した上で，「閲覧が許される場合に当然に謄写も許されるということはできないのであり，謄写請求権が認められるか否かは，当該規約が謄写請求権を認めているか否かによる」とし，「本件規約で閲覧請求権について明文で定めている一方で，謄写請求権について何らの規定がないことからすると，本件規約においては，謄写請求権を認めないこととしたものと認められる」旨判示している。

これに対し，本判決は，本件規約は一部資料の閲覧に関する規定を置いていないことを指摘し，消極説に立つ場合，個々の組合員が修繕工事代金の決め方や工事業者の選定の仕方に疑問を感じた場合であっても，その疑問を確かめたり，その改善を管理組合に促したりすることが困難とならざるを得ず，そのような結果は，マンション管理適正化指針によって具体化されたマンション管理適正化法の法意に適合しないとして，消極説を採用しないことを明言している。

本判決は，「マンション管理に関する現在の法状況に照らすと」「規約によって定められた情報開示に関する手段以外の情報開示をあえて禁止しなければならない具体的な必要性がある場合はともかく」と留保を付しており，無限定な積極説に立ったものではないが，リーディングケースになると思われた上記平成23年東京高裁判決と異なる考え方を示した点で大きな意義を有するものといえる。

(2) 閲覧等請求権の根拠及び範囲

本判決は，規約上に定めのない閲覧等請求権を肯定する根拠として，民法645条（受任者の委任事務処理状況の報告義務）の類推適用を挙げ，管理組合は，個々の組合員からの求めがあれば，その者に対する当該マンション管理業務の遂行状況に関する報告義務の履行として，業務時間内において，その保管する総会議事録，理事会議事録，会計帳簿及び裏付資料並びに什器備品台帳を，その保管場所又は適切な場所において，閲覧に供する義務を負うとしている。

本判決は，さらに，管理組合が，同義務の履行として，少なくとも，閲覧対象文書を閲覧するにあたって写真撮影を許容する義務を負うと解されると

しており，閲覧に加えて，組合の業務に特段の支障を来さない方法での謄写等も認めたものと評価してよいものと考えられる。

4 組合員名簿の閲覧請求権と個人情報保護

本件においては，Y（管理組合）から，個人情報保護の観点から，組合員名簿を含む帳簿の閲覧を認めている本件規約46条が無効であるとの主張がなされた。

しかしながら，本判決は，国土交通省が定めたマンション標準管理規約（単棟型）64条が個々の区分所有者に対し組合員名簿の閲覧請求権を認めていること，一般法人法32条が一般社団法人の個々の社員に対し社員名簿の閲覧謄写請求権を認めていること，会社法125条が株式会社の個々の株主に対し株主名簿の閲覧謄写請求権を認めていること等，個人情報保護法施行後に立法された法律も含めた関連法規が人的団体の構成員が他の構成員が誰であるかを知る権利を個人情報保護の観点から制限しようとはしていないことを指摘し，Yの上記主張を排斥している。

さらに，本判決は，少数組合員の総会招集について定める区分所有法34条3項及び4項を挙げ，少数組合員が組合員名簿を閲覧できなければ上記規定の実効性を確保することができないおそれがあるとの理由も示している。

今後も，個人情報保護の観点から，組合員名簿に限らず，管理組合が保有情報の開示に慎重になることが予想されるところであり，本判決は，これらの場面においても1つの基準となり得るものと考えられる。

【宮田　義晃】

30 管理組合法人が管理規約に基づき区分所有者がバルコニー上に設置した増築部分の撤去を求めることの可否

東京地判平成21年1月29日（平成20年（ワ）第8735号）
判タ1334号213頁

争点

1 管理組合法人は管理規約違反行為の除去を裁判上求めることができるか
2 管理規約制定前の行為を管理規約違反に問うことができるか

判決の内容

■ 事案の概要

　区分所有者Y_1及びY_2は、昭和46年12月、本件マンション905号室を購入し（共有）、同号室のバルコニー上に、居室を増床しその外側にアルミサッシ窓枠を取り付けた増築部分（約7.2㎡）を設置した。また、本件マンション902号室は、平成11年8月以降区分所有者Y_3が所有するが、同室にも、905号室と同様の態様の増築部分（約7.2㎡）が設置されている。本件各増築部分は遅くとも昭和55年頃までに設置された。

　本件マンションにおいては、昭和55年頃、区分所有者全員を組合員とする管理組合が設立され、同年1月、管理組合規約（旧規約）が制定され（昭和55年1月27日から適用）、その後、平成14年に、管理組合法人としてXが設立され、平成17年に管理規約（新規約）が制定された（平成17年5月22日から適用）。旧規約において、バルコニーに構築物を築造することは禁止され、また、管理組合の管理者である理事長は、規約に違反する組合員に対し、違反行為の排除を求め裁判所に提訴することができるとの定めがあった。新規約は、基

本的に旧規約を踏襲するものであるが，新規約において，バルコニーは共用部分であると明記され，また，バルコニー等の専用使用部分に構築物等の設置をしてはならないと定められた。

　Xは，昭和58年改正後区分所有法（施行日昭和59年1月1日。以下「改正後区分所有法」という）57条1項等に基づき，本件各増築部分の設置は同法6条1項にいう区分所有者の共同の利益に反する行為であるとして，Yらに対し本件各増築部分の撤去を求めたが，差戻前1審は，改正後区分所有法に関する経過措置によれば同法施行日（昭和59年1月1日）前の行為については従前の例によるとされているので，改正後区分所有法施行日より前に設置された本件各増築部分の撤去を，同法57条1項に基づき求めることはできないとして，Xの原告適格を否定し，訴えを却下した。Xが控訴し，請求根拠として，管理規約の定め等を追加主張したところ，差戻前控訴審は，Xが自らには本件請求をする権利があると主張して訴えを提起した以上，原告適格が欠けるとはいえず，また，少なくとも管理規約の定めを根拠にすれば，Xが本件請求をすることがおよそできないとはいえないとして，原判決を取り消して原審に差し戻した（東京高判平19・11・28判タ1268号322頁）。

　差戻審である本件では，XはYらに対し，改正後区分所有法57条1項や旧規約・新規約違反等を根拠として，本件各増築部分の撤去を求めた。

■ **判決要旨**

　裁判所は，旧規約にはバルコニーに構築物を築造等することを禁止する旨の規定があり，新規約ではバルコニーは共用部分とされ，構築物の設置等を禁止する旨の規定が置かれているところ，本件各増築部分は，旧規約及び新規約で禁止する構築物にあたることは明らかであるとして，本件管理組合の理事長又はXは，それらの規約に基づき，本件各増築部分の撤去を裁判上請求することができるとした。

　また，裁判所は，本件マンション分譲直後から，ほとんどの区分所有者の間で，書面化はされていないものの，バルコニーは共用部分であり，構築物を設置してはならず，これに違反した区分所有者に対し，損害を被る区分所有者はその除去を求める旨の合意が形成されていたと認定した上，バルコニ

ーへの構築物の構築を禁止する旧規約の定めは，創設的ではなく，従来から形成されていた区分所有者の合意を確認する趣旨であるとし，また，新規約におけるバルコニー上の構築物設置禁止規定も旧規約と同様の趣旨と理解されるから，法人格なき社団である管理組合が法人成りしたＸは，旧規約及び新規約に基づき，Ｙらに対し，本件各増築部分の撤去を請求することができるとして，管理規約に基づきＸの請求（旧規約制定前に設置された本件各増築部分の撤去）を認容した。

なお，Ｙらは，本件各増築部分の時効取得を主張したが，裁判所は，仮に本件増築部分を時効取得したとしてもバルコニーに構築部分を構築することが正当化されることはないとし，また，Ｙらは，Ｘの請求権は失効し又は権利濫用であると主張したが，これらの主張も認められなかった。

■解　説

1　総　論

本判決における中心論点は，管理組合法人であるＸが，マンション共用部分（バルコニー）上に構築物を設置した区分所有者に対し，管理規約違反を理由に，構築物の撤去を裁判上求めることができるかである。

2　管理組合法人は管理規約違反行為の除去を裁判上求めることができるか

本件は，共用部分であるバルコニー上に区分所有者が自己の使用する部屋（本件各増築部分）を設置した事案である。仮に，本件各増築部分が改正後区分所有法施行日後に設置されたものであり，かつ，本件各増築部分を設置する行為が，同法6条1項に規定する行為（建物の保存に有害な行為その他建物の管理又は使用に関し区分所有者の共同の利益に反する行為）に該当するのであれば，管理組合法人は，区分所有者の共同の利益のため，その行為の結果の除去を請求することが可能である（区分所有57条1項）。しかし，本件各増築部分の設置は改正後区分所有法施行日前であるため，改正後区分所有法57条1項の適用はなく，旧規約及び新規約に基づき，管理組合法人に本件各増築部分の撤去を求める権利があるかを検討する必要がある。

本判決では，まず，本件各増築部分を設置する行為が規約に違反するかが検討されている。裁判所は，旧規約ではバルコニー上に構築物を築造することが禁止されており，また，新規約においては，バルコニーは共用部分と明記され，バルコニー上の構築物等の設置は禁止されているところ，本件各増築部分は旧規約及び新規約にいう「構築物」にあたることは明らかとし，いずれの規約にも違反していると認定した。その上で，管理組合の理事長又は（管理組合法人）Ｘは，その撤去を裁判上請求することができるとした。

管理組合の理事長又は管理組合法人が裁判上撤去を求めることができるという点に関し，裁判所は特段の理由付けをしていないが，差戻前控訴審が，管理規約において区分所有者の義務が法的拘束力をもつものとして具体的に規定されている場合には，管理組合（法人格なき社団又は管理組合法人）は，当該規定を根拠に，当該義務の履行を求める権利を有し，履行されない場合は訴訟を提起できると判示していることから，これと同趣旨の判断をしたものと思われる（なお，本判決は，旧規約のもとでは「管理組合の理事長」に提訴権があったと判示したものと解される）。

ところで，管理規約違反行為に対する差止訴訟を誰が提訴することができるかについては改正後区分所有法にも明記されていないが，立法担当官等による文献によれば，各区分所有者が規約により負う義務は，他の区分所有者に対してではなく，直接的には管理組合又は管理組合法人に対する義務であるから，これに対応する権利は，管理組合法人の場合は法人に帰属し，法人ではない管理組合の場合は区分所有者全員に団体的に帰属すると解するのが相当とし，差止請求権の行使については，管理組合法人の場合は管理組合法人のみが，法人格を有しない管理組合の場合は，管理組合（民訴29条），又は，規約又は集会の決議に基づいて管理者（区分所有26条4項）が，訴訟を提起することができると考えられるとする（法務省民事局参事官室編『新しいマンション法』293頁以下）。

3 規約制定前の行為に対し規約違反を問うことができるか

本件各増築部分は旧規約制定前に既に存在していたことから，遡って旧規約や新規約を適用することができるのかという点も問題となる。

しかし，裁判所は，本件の事情を詳細に認定した上で，本件マンション分

譲直後からほとんどの区分所有者の間においては，規約等の書面化されたものではないものの，バルコニーは共用部分であって，専用使用は許されるが構築物を設置してはならず，それによって損害を被る他の区分所有者はその除去を求めることができるという合意が形成されていたとし，そのような状況において管理組合が設立されて旧規約が制定されたことからすると，バルコニー上の構築物の築造禁止を定める旧規約の規定は，同規約において創設されたものではなく，従来から形成されていた合意を確認する趣旨であるから，旧規約制定前に設置された構築物についても旧規約が適用されるものであるとした（さらに，新規約の構築物設置禁止規定も旧規約の禁止規定と同趣旨であり適用されるとした）。

　一般論としては，区分所有者全員が遡及適用に合意するような場合を除き，規約制定前の行為について遡及的に規約違反を問うことは困難と考えられる。しかし，裁判所は，旧規約制定前に，既に，バルコニー上に構築物を設置する行為は区分所有者間で禁止され，損害を被る他の区分所有者はその除去を求めることができるという合意が区分所有者間で形成されていたと認定し，旧規約はその合意を確認する趣旨であるから，旧規約制定前の本件各増築部分を設置する行為についても，旧規約に基づきその除去を求めることができると判示した。本件事案の妥当な解決をはかるための技巧的な解釈をしたものと解されるが，具体的事案の処理として参考となろう。

4　類似事案の裁判例

　バルコニー等の上に規約に違反して構築物等を設置した行為が問題となった事案としては，マンションのサンルーフに区分所有者がサンルームを設置したことにつき，規約違反に基づき，管理組合からの撤去請求を認めた事案（京都地判昭63・6・16判タ683号148頁）や，管理組合理事長から区分所有者に対する，バルコニーに敷設した大理石の撤去請求は認めたものの，エアコン室外機の撤去請求等については，30年以上請求をしていなかった等の事情のもとでは信義則上請求することができないとした事案がある（東京地判平18・8・31判タ1256号342頁）。

【山田　敏章】

31 専有部分を税理士事務所として使用することの禁止請求の可否

東京高判平成23年11月24日（平成23年（ネ）第3590号）
判夕1375号215頁

争点

専有部分を税理士事務所として使用することが「区分所有者の共同の利益に反する」として使用禁止の対象となるか

判決の内容

■ 事案の概要

Xは，マンションの管理組合法人であり，当該マンションの管理規約には，「区分所有者は，その専有部分を専ら住宅として使用するものとし，他の用途に供してはならない。ただし，一階専有部分の一部に限り店舗として使用することができる。」との定めがある（以下「住居専用規定」という）。本件マンションの区分所有者であるYは税理士であり，本件マンションの5階の専有部分を所有し，当該専有部分を税理士事務所として使用している。

本件は，Yによる専有部分の使用は，住居専用規定に違反するもので，区分所有法6条1項の区分所有者の共同の利益に反する行為であるとして，Xが本件管理規約に基づき，税理士事務所としての使用停止を求めた事案である。

本件の事実経過の概要は，以下のとおりである。

昭和44年，本件マンションが建築され，当時は管理規約に住居専用規定は設けられていなかった。昭和58年5月，住居専用規定を設ける旨の規約改正案が作成され，各区分所有者に配布された。同年12月，Yがその妻と共同で本件マンションの5階部分にある専有部分を購入し，住居としての使用を開

始した。この当時Yは他の場所に税理士事務所を設けていた。昭和59年5月には，住居専用規定を含む管理組合規則及び使用規則改正案が管理組合総会にて決議された。昭和60年7月，Yは本件マンションに税理士事務所を移転し，税理士事務所としての使用を開始した。昭和63年，Yはその妻の共有持分を売買により取得した，という経緯である。

なお原審は，他の専有部分において，皮膚科医院や歯科医院，店舗の更衣室，カラオケ教室，事務所，絵画教室が営まれているとし，本件マンションにおいて住居専用規定が厳格に適用されてきたとはいえず，Yによる専有部分の使用の態様も日常的に騒音等の被害が生じている様子はうかがえないとして，Yによる専有部分の使用は，住居専用規定に違反しており共同の利益に反していると認めることはできないと判断した。

■ 判決要旨

本件では，Xの当事者適格の欠如（本件マンションの管理組合の法人化に関する手続の瑕疵，本件差止請求提起に関する手続の瑕疵）についても争点となっているが，本稿では，税理士事務所としての使用が，区分所有法6条1項の「区分所有者の共同の利益に反する」行為の禁止に該当するかどうかに絞って解説する。

1 住居専用規定の規範性について

Yは，住居専用規定が設けられた当時，本件マンションには住居以外の目的で使用されている専有部分があったにもかかわらず，Xはそれらの区分所有者に対して使用の停止を求めたことはないなど，住居専用規定は制定当時から空文として扱われてきたもので，規範性がないと主張する。

しかし，昭和58年に住居専用規定が設けられた当時，本件マンションの2階以上の階において，皮膚科医院及び歯科医院として使用されていた区分所有建物が各1戸あったが，いずれも遅くとも平成6年ころまでに業務を廃止し，住居として使用されるにいたっている。住居専用規定が設けられて以降，Xは，新たに本件マンションの区分所有権を取得した者に対し，本件管理規約の写しを交付してその周知を図り，住居専用規定に反すると考えられる使用方法がある場合には，住居専用規定に反する使用方法とならないよう

努め，Yが税理士事務所としての使用を継続して，住居専用規定の効力を争っているのを除き，順次住居専用規定に沿った使用方法になるよう使用方法が変化してきていることが認められる。

　上記の事実に照らせば，住居専用規定がY主張のように規範性を欠如しているものとは認め難い。

2　税理士事務所としての使用と住居専用規定違反

　Yは，Xが住居専用規定を設けた後の昭和58年12月に専有部分の区分所有権（持分2分の1）を取得し，住居として使用していたが，昭和60年7月15日ころから税理士事務所として使用するようになり，昭和63年に専有部分の区分所有権全部を所有することとなったことが認められる。

　そうすると，Yによる本件建物部分の税理士事務所の使用は本件管理規約の住居専用規定に違反する。

3　共同の利益に反しないかどうかについて

　Yは，本件建物部分を税理士事務所として使用していることが区分所有法57条にいう「区分所有者の共同の利益に反する行為」にあたるとはいえないと主張する。

　しかし，住居専用規定は，本件マンションの2階以上において，住居としての環境を確保するための規定であり，2階以上の専有部分を税理士事務所として営業のために使用することは共同の利益に反するものと認められる。

　裁判所は，以上のように判断し，本件専有部分を税理士事務所として使用してはならないとのXの請求を認容した。

解　説

1　専有部分の使用目的の制限

　マンションの専有部分を，区分所有者が自由に使用，収益，処分することができることはいうまでもないが，1つの建物を複数の者が利用するというマンションの特性から，その調整のため，区分所有者による専有部分の使用は無制限ではなく，一定の制約を受ける。そして，一般的なマンションでは，国土交通省が示している標準管理規約に倣い，それぞれの管理規約にお

いて，専有部分の使用方法につき，「専ら住宅として使用するものとし，他の用途に供してはならない」とのいわゆる住居専用規定を定めていることが多く，本件マンションも同様の規定を規約の改正によって定めていた。

また，区分所有法は，6条1項で，区分所有者が建物の保存に有害な行為その他建物の管理又は使用に関し区分所有者の共同の利益に反する行為をしてはならないことを定め，57条1項で，6条1項に規定する行為をした区分所有者に対し，他の区分所有者の全員又は管理組合法人は，区分所有者の共同の利益のため，その行為を停止し，その行為の結果を除去し，又はその行為を予防するために必要な措置をとることを請求することができることを定めている。本件請求も，この規定を根拠とする請求である。

2　区分所有者の共同の利益に反する行為

本件で裁判所は，Yが専有部分を税理士事務所に使用していることは，マンションが定める住居専用規定に違反すると判断し，そして，住居専用規定は，本件マンションの住環境を確保するための規定であるから，これに違反するYの行為は，「区分所有者の共同の利益に反する行為」であると認めている。

他の裁判例においても，管理規約の定めが区分所有者の利益を確保することを目的とすることを前提に，規約違反の行為を「区分所有者の共同の利益に反する行為」だと判断するものが多くみられる（2階部分の住居用専用部分を会社事務所として使用する行為（東京地八王子支判平5・7・9判時1480号86頁），専有部分を区分所有者の夫が経営する病院の職員及び患者の子らの保育室として使用する行為（横浜地判平6・9・9判時1527号124頁），専有部分をカイロプラクティック治療院として使用する行為（東京地判平17・6・23判タ1205号207頁。ただし管理組合が他の多数の用途違反を放置したままであったため，使用禁止については権利の濫用として認めなられなかった））。

このような判断は，管理規約による区分所有者らの義務，区分所有者に対する制約は，区分所有法6条1項にいう「区分所有者の共同の利益」を具体化したものであるとの考えによるものであると思われる。

【吉田可保里】

第2 迷惑行為（又はニューサンス）

32 飲食店の深夜営業の共同利益背反行為該当性

東京地判平成21年12月28日（平成19年（ワ）第25978号）
ウエストロー2009WLJPCA12288001

争点

1　管理組合の当事者適格
2　集会決議の有効性
3　飲食店の深夜営業の共同利益背反行為該当性
4　立看板，エアコン室外機等の設置の共同利益背反行為該当性
5　不法行為の成否と損害

判決の内容

■　事案の概要

　本件は，マンション（以下「本件マンション」という）の管理組合Xが，本件マンションの区分所有建物（以下「本件物件」という）の区分所有者で本件物件において飲食店（以下「本件店舗」という）を経営するYらに対して，午後11時以降の営業行為と立看板，提灯，ダクト及びエアコン室外機を共用部分等に設置する行為が，本件マンションの管理規約，暫定店舗規則及び使用細則に違反し，区分所有法6条1項の「共同の利益に反する行為」に該当するとして，区分所有法30条，46条及び57条1項に基づき午後11時以降の本件店舗の営業禁止，立看板及び提灯の設置禁止，ダクト及びエアコン室外機の撤去を求めるとともに，不法行為に基づき暫定店舗規則所定の違約金及び弁護士費用相当額の計400万円の損害賠償を請求した事案である。

これに対して，Yらは，①区分所有法57条1項の請求主体は他の区分所有者全員又は管理組合法人であり，法人化されていない団体（管理組合）であるXは同項の請求主体たり得ず，Xは当事者適格を欠いている，②同条2項により本件訴訟の提起には集会決議を要するところ，Xのいう平成16年3月30日の集会の決議は内容が具体的でなく，また，集会決議から本件訴訟の提起までに3年半も経過しており，同項の決議に該当しない，③本件店舗は午後11時をラストオーダーとし午後12時に閉店していることや，カラオケ店のように大きな音が発生するものではないこと等を理由に本件店舗の午後11時以降の営業は共同利益背反行為に該当しない，④立看板及び提灯の廊下部分への設置は管理規約で許容されていた，ダクトの取付けはXが承認していた，エアコン室外機は経年劣化により交換して従前の場所に設置したに過ぎないので，いずれも共同利益背反行為に該当しない，⑤不法行為は成立せず，損害も発生しない，としてXの請求を争った。

■ **判決要旨**

東京地裁は，大要以下のとおり判示し，Xの請求のうち，本件店舗の午後11時以降の営業の禁止と，弁護士費用30万円相当の損害賠償請求を認容した。

1　管理組合の当事者適格の有無について

Xは，本件マンションの管理等を目的とする団体として，その組織を備えており，多数決の原理が行われ，構成員である区分所有者の変更にもかかわらず団体そのものが存続し，代表の方法，総会の運営，財産管理その他団体としての主要な点が確定しているので，権利能力なき社団として民事訴訟法29条により当事者能力を認められる。Xの本訴請求は，Xが，Yらの行為が管理規約，使用細則及び暫定店舗規則に違反し，共同の利益に反しているとして，その差止めを求めるものであり，これらの規約は管理組合内部の規範であり，かかる規約違反に関する権利は権利能力なき社団たる管理組合Xに帰属する（区分所有30条・46条参照）ので，Xは自己の名において本件訴訟を提起できる。

2　集会決議の有効性について

管理組合が，区分所有法57条2項の集会決議をするに際しては，行使しようとしている権利の内容とその相手方を明らかにすれば足り，詳細については必要に応じて説明等がされていれば十分である。本件について，平成16年3月30日の総会決議の内容は，Xが問題にしていた本件店舗の深夜営業等に関して訴訟でこれを解決することについて基本的に了承し，勧告等に対するYの対応を見極めた上で，実際に訴訟を提起することなどについて理事会の決議で決済できるようにしたものである。また，本件訴訟の提起については，本件訴訟の提起後，平成21年1月16日の総会決議で改めて承認されていることを併せ考えれば，Yらを相手方として，共同利益背反行為の停止等を請求する旨の本件訴訟を提起することについて，区分所有法57条2項所定の集会決議の要件は具備されている。

3　本件店舗の深夜営業の共同利益背反行為該当性について

　区分所有法57条に基づく請求の対象となる「建物の管理又は使用に関し区分所有者の共同の利益に反する行為」（同法6条1項）には，他人の財産や健康にとり有害，迷惑，不快となるような生活妨害（ニューサンス。騒音，臭気，振動等）を含むが，具体的にいかなる行為がこれにあたるかは，当該行為の性質，必要性の程度や，当該行為によって他の区分所有者が被る不利益の態様，程度等を比較衡量して，社会通念によって決するのが相当である。

　本件マンションは，建築基準法上，敷地と建物全体が第2種住居専用地域として用途制限を受け，建築証明書で用途は「事務所・共同住宅」とされ，分譲当初の管理規約では住宅での使用を前提として，「居住あるいは定められた用途以外に使用すること」等が禁止されていた。

　本件店舗は酒類も提供する「居酒屋」であり，午後11時をオーダーストップとしているものの，営業が終了するのは午前零時を回ることもある。他方，本件マンション内の他の飲食店は深夜まで営業していない。

　Xは，平成17年の通常総会にて暫定店舗規則を制定し，その中で，午後11時以降の営業を禁止し，看板，提灯等を共用部分に設置することを原則として禁止するとともに，排気ダクトを午後11時に停止することを定め，是正勧告に従わない違反者に1日2万円の違約金を請求でき，また，共用部分に設置された私物等を撤去できる旨の規定を置いた。

本件マンションの住民からは，夜間遅くに，本件店舗の客と思われる者が声を上げたり，本件店舗の片付けの物音が響くため安眠が妨げられている，遅くまで続く排気ダクトからの臭気が不快であるとの意見が挙がっている。

本件マンションの近隣の飲食店の営業時間をみると，居酒屋を含め遅くとも午後11時には閉店している。

これらに加えて，本件マンションが商店街等にあるマンションとは異なり，居住用の利用が主で，夜間は静謐な住居専用地域にあることも併せ考えれば，本件店舗の深夜にまで及ぶ営業は区分所有者の共同の利益に反するというべきである。そして，本件マンションの近隣の他の店舗の営業時間等を含めて本件マンションの環境を総合考慮すると，本件店舗について，午後11時以降の営業を禁止するのが相当である。

4 立看板，エアコン室外機等の設置の共同利益背反行為該当性について

Xの請求は，これらの設置禁止あるいは撤去を求めるもので，事実上これらの物品を使用できなくするに等しい面があるから，その根拠となる共同利益背反行為は，形式的に管理規約等に違反しているだけでは足りず，相当の違法性があり早急にその結果を除去する必要がある場合に限るのが相当である。立看板，提灯，ダクト及びエアコン室外機の共用部分への設置について，「居酒屋」が本件マンションにあることへの違和感といったもの以上に，現実的，具体的な不都合が存在し，これらの物品の使用を排除する喫緊の必要があり，その結果を除去しなければならないほどの違法性があることを裏付ける的確な証拠はなく，Xの請求は理由がない。

5 不法行為の成否と損害について

本件店舗の深夜営業は共同の利益に反し，Yに少なくとも過失が認められるので不法行為が成立するところ，弁護士費用30万円を上記不法行為による損害と認めるのが相当である。暫定店舗規則を根拠とする1日あたり2万円，合計370万円の損害賠償請求については具体的な損害の発生の主張立証をするべきで，単に規則の定めがあるということでは足りない。

解　説

1　管理組合の当事者適格について

　区分所有法57条1項は，同法6条1項の共同利益背反行為に関する訴訟の請求主体について，「他の区分所有者の全員」又は「管理組合法人」とし，同条3項は，「管理者」又は「集会において指定された区分所有者」が，他の区分者全員のために上記訴訟を提起できる旨を規定している。

　本件判決は，「他の区分所有者の全員」，「管理組合法人」，「管理者」及び「集会において指定された区分所有者」のいずれにも該当しない，権利能力なき社団である管理組合Xについて，XのYに対する本訴請求が，管理規約等の管理組合内部の規範に違反したことに基づくものであることを理由に，当事者適格を認めた。

　もっとも，Xの請求が，管理規約等に基づく請求であったのか，区分所有法6条1項及び同法57条に基づく請求であったのかは，判然としない。

　本件判決は，本訴請求について同法57条2項の集会決議が必要であることを前提に集会決議の有効性について判断している（後記**2**参照）が，これを前提とすると，本件判決が判断を行ったXの請求は，区分所有法6条1項及び同法57条に基づくものであったことになり，仮にそうであった場合，果たして管理組合たるXに当事者適格を認めた判断が妥当であったのか，疑問が残る。本件で，Xの請求が区分所有法6条1項及び同法57条に基づくものであったとすれば，管理組合が法人格を取得していない以上，同条3項に基づき管理者（管理組合の理事長等）が，他の区分所有者全員のために訴訟提起をすべきであったと思われる（稲本洋之助＝鎌野邦樹『コンメンタールマンション区分所有法〔第3版〕』330頁以下）。

2　集会決議の有効性について

　区分所有法57条2項は，同条1項に基づく訴訟の提起は，集会の決議によらなければならないとしている。かかる集会の決議は，普通決議（区分所有者及び議決権の各過半数による決議（同法39条1項））で行われるが，請求の相手方及び共同利益背反行為に該当する行為を特定して，個別の事案ごとにしなければならない（稲本＝鎌野・前掲328頁）。

この点，平成16年3月30日のXにおける集会の決議は，請求の相手方及び共同利益背反行為に該当する行為は特定されていた模様だが，必ずしも直ちに当該決議により訴訟を提起することが決定されたわけではなく，しかも同決議から本件訴訟提起までに3年半もの期間が経過していることをふまえると，果たして，個別の事案ごとになされたものといえるか疑問がある。本件判決は，Xにおいて平成21年1月16日の総会決議で改めて本件訴訟の提起が承認されたことを相当程度考慮した上で同法57条2項の要件を充足すると判断したものと思われる。

3 深夜営業の共同利益背反行為該当性について

具体的にいかなる行為が，区分所有法6条1項の共同利益背反行為に該当するかについては，「当該行為の必要性の程度，これによって他の区分所有者が被る不利益の態様，程度等の諸事情を比較考量して決すべきものである。」（東京高判昭53・2・27金法875号31頁）とされているところ，本件判決も，同様の判断手法を採用した上で，本件マンションの用途地域の指定や周囲の環境，本件マンションの近隣の飲食店の深夜営業の状況，管理組合Xにおける従前から現在にいたるまでの管理規約等の内容，各区分所有者の意向等を考慮した上で，午後11時以降の本件店舗の営業を禁止した。

4 立看板，エアコン室外機等の設置の共同利益背反行為該当性について

本件判決は，これらの設置を禁ずることが，Yにおいて事実上これらの物品を使用できなくするに等しい面があることから，その根拠となる共同利益背反行為については，単に規約に違反するだけでは足りず，相当の違法性があること等が必要であるとした上で，Xの請求を棄却した。

5 不法行為の成否と損害について

本件判決は，本件店舗の深夜営業について不法行為が成立するとした上で，Xの損害賠償請求については，弁護士費用についてのみ認め，暫定店舗規則を根拠とする1日あたり2万円相当の違約金の請求については，具体的な損害の主張立証が必要であるとして棄却した。

【楠　慶】

33 猫への餌やりと管理組合規約違反

東京地立川支判平成22年5月13日（平成20年(ワ)第2785号）
判時2082号74頁

争点

1 猫への餌やりがタウンハウスの管理組合の規約（動物飼育禁止条項又は迷惑行為禁止条項）に違反するか
2 猫への餌やりが受忍限度を超え，他の区分所有者の人格権を侵害するか
3 猫への餌やりが不法行為を構成するか
4 損害額

判決の内容

■ 事案の概要

　本件は，10戸からなるタウンハウス（以下「本件タウンハウス」という）の管理組合X_1と，本件タウンハウスの9戸の各区分所有者等（共有者，占有者を含む）X_2ないしX_{18}（以下「X_2ら」という）が，1戸の区分所有者Yに対し，Yによる専有部分（屋内）（以下「本件専有部分」という）での猫1匹の飼育と本件タウンハウスの敷地（以下「本件土地」という）内（共用部分ではあるがYに専用使用権が認められた専用庭やY宅玄関前等）での4匹の猫への餌やりにより，猫が集まり，排便放尿による被害，自動車への傷の被害，さかりの時期のうなり声等の騒音被害，ゴミ集積所でゴミが散乱する等の被害が生じており，これらは，X_1における管理組合規約（以下「本件管理組合規約」という）の内，「他の居住者に迷惑を及ぼすおそれのある動物を飼育しないこと」（以下「動物飼育禁止条項」という）との条項と「……他の組合員及び占有者に迷惑を及ぼし，不快の念を抱かせ，もしくは危害をおよぼすおそれのある行為をしない

こと」(以下「迷惑行為禁止条項」という)との条項に違反して、またXらの人格権を侵害する等として、本件管理組合規約等と人格権に基づき餌やりの差止めを求めた他、不法行為に基づき慰謝料（X_1を除く）及び弁護士費用の損害賠償並びに遅延損害金の支払を求めた事案である。

Yは、Xらの主張する被害の状況や被害と餌やり行為との因果関係を争うとともに、猫への餌やりに際して、猫に不妊去勢手術を受けさせ、猫用のトイレをYの専用庭等に設置し、1日数回パトロールを行い動物の糞を見つけた場合にはすべて清掃し、猫の里親探しを行う等の配慮をしている、また、餌やりの実施は動物愛護の精神に基づくものであり、「地域猫活動」の取組み（野良猫を単に放置するのではなく、地域住民が協力して適正に管理する。すなわち、不妊去勢手術を施し、ルールを作って餌を与え、掃除等を行うことにより、猫の命を大切にしながら、ゴミ集積所荒らしや無制限な増殖といった野良猫問題の拡大を防ぎ、地域住民と猫がうまく共存していこうとする取組み）とその趣旨を同じくするものである、Yによる餌やりは他の居住者に受忍限度を超えるような損害を与え得る違法なものではない、餌やりは、「飼育」にあたらず動物飼育禁止条項に違反しない、また、迷惑行為禁止条項にも違反しない等として、Xらの請求を争った。

■ **判決要旨**

東京地裁立川支部は、大要以下のとおり判示し、管理組合X_1の差止請求については本件管理組合規約に基づきYの本件土地及び本件専有部分における猫への餌やりを禁止し、区分所有者等のX_2らの差止請求については人格権侵害に基づきYの本件土地における猫への餌やりを禁止するとともに、X_1の損害賠償請求については弁護士費用相当額の請求を、X_2らの損害賠償請求については慰謝料及び弁護士費用相当額の請求を認容した。

1 猫への餌やりがタウンハウスの本件管理組合規約（動物飼育禁止条項又は迷惑行為禁止条項）に違反するか

(1) 猫の飼育及び猫の数

Yは、専有部分の屋内で猫1匹を飼育し、さらに、本件土地上の屋外で、4匹の猫に対し、単に餌やりをしているのにとどまらず、Yの専用庭等に段

ボール箱を用意して住みかを提供しており，Yはこれらの猫を飼育しているものと認められる。

(2) **餌やり行為による被害**

Yの餌やりにより，X₂らに以下の被害が発生している。

① Yが餌やりをしている猫の糞尿により，X₂らは，糞に蝿がたかる，異臭がする，洗濯物に異臭が付く，専用庭の芝が枯れる等の被害を受けている。

② Yが餌やりをしている猫がゴミ集積所のゴミ袋を荒らして生ゴミを散乱させていたり，餌やりで残った餌にカラスが集まって餌を置いていた新聞紙等が風に舞って散らかったり，カラスの騒音の被害が生じている。

③ 本件土地に現れた猫によりX₂らの一部の者の自動車等に傷が付くなどの被害が生じている。

④ その他，猫のうなり声がする等の騒音被害，専用庭に侵入してくる猫により庭木・植木鉢が壊される等の被害，猫除け設備のための支出等の被害が生じている。

(3) **Yの行った対策**

Yは，本件土地に現れる猫に不妊去勢手術を受けさせたり，猫に与える餌をできるだけ糞尿のにおいを抑えるものにしたり，Yの専用庭に猫用のトイレを設置したり，1日に数回本件土地のパトロールを行い発見した糞の清掃をしたり等の対策をとっている。

(4) **地域猫活動**

動物の愛護と周辺環境への配慮等の飼い主の責務について示した法令や施策として，「動物愛護法」，「東京都動物の愛護及び管理に関する条例」，「東京都動物愛護推進総合基本計画（ハルスプラン）」，「家庭動物等の飼養及び保管に関する基準」（平成14年環境省告示第37号等）がある。

また，地域猫活動は，猫に不妊去勢手術を行い，餌やりや猫のトイレを適切に管理し，猫の一代限りの命を尊重しながら時間をかけて野良猫の総数を減らしていくとの趣旨のものだが，自治会活動や住民へのPRにより地域の共通理解を図りながら行っていく必要がある。

なお，愛護動物に対する給餌等をみだりにやめる等の虐待を処罰する動物愛護法44条2項について，野良猫（飼い猫の程度にいたらないもの）に対しての餌やりを中止した場合には同項には違反しない。

(5) 猫1匹の屋内での飼育について

本件管理組合規約の動物飼育禁止条項が「他の居住者に迷惑を及ぼすおそれのある」動物を飼育しない旨を定めているが，かかる限定は小鳥や金魚の飼育を許す趣旨に過ぎず，小型犬や猫の飼育を許す趣旨とは認められず，猫1匹の屋内飼育についても，動物飼育禁止条項に違反する。

(6) 屋外での餌やりについて

屋外での猫4匹への餌やりについても，上記のとおり飼育の域に達しており，動物飼育禁止条項に違反する。なお，現在の法秩序の下では，規約で猫等の飼育を認めなかったり，マンション敷地での野良猫に対する餌やりを禁止したりすることが公序良俗に違反し無効であるなどと解することはできない。

2 猫への餌やりが受忍限度を超え，他の区分所有者の人格権を侵害するか

(1) 屋内飼育について

猫1匹の屋内飼育がX_2らの人格権を侵害すると認めることはできない。

(2) 屋外飼育について

屋外での猫4匹への餌やりについて，Yによる上記1(3)の活動は，地域猫活動の趣旨に一定程度沿ったものであるとは認められるが，Yは，猫の住みかまで提供し，また，上記1(2)のX_2らが被っている被害状況に照らし，現時点においても，受忍限度を超え，X_2らの人格権を侵害するものと認められる。

3 猫への餌やりが不法行為を構成するか

X_2らとの関係で，Yの餌やり行為（屋内飼育の1匹の猫に対するものを除く）は受忍限度を超える違法なものであり，不法行為を構成する。

管理組合X_1との関係でもYによる猫の飼育及び餌やり行為は，不法行為を構成する。

4 損害額

X2らの損害について，1人当たり，事情に応じて，慰謝料3万円から13万円と，弁護士費用6000円から2万6000円の損害を認めた。

X1の損害について，弁護士費用相当の30万円の損害を認めた。

解　説

マンション等の区分所有建物におけるペットの飼育については，飼育に伴い生じ得る騒音や悪臭等との関係で，各区分所有者の間でペットの飼育についての要請と良好な生活環境を享受したいとの要請が衝突し，規約等でいかなる規制を行うべきか，困難な問題が生じることが少なくない。

本件では，専有部分（屋内）における猫への餌やりと屋外（共用部分ではあるが専用使用権が設定された専用庭等）における猫への餌やりについて，いずれも飼育の程度に達しており管理組合の規約（動物飼育禁止条項又は迷惑行為禁止条項）に違反しているとして管理組合X1による同規約に基づく差止請求，屋外における猫への餌やりが他の区分所有者等のX2らの人格権を侵害しているとしてX2らによる人格権に基づく差止請求がいずれも認容されるとともに，X2らによる不法行為に基づく損害賠償請求については慰謝料と弁護士費用分が，X1による不法行為に基づく損害賠償請求については弁護士費用分が認容された。

本件では，具体的な事実に関する認定の他，動物の愛護と周辺環境への配慮等の飼い主の責務について示した法令や施策である，「動物愛護法」，「東京都動物の愛護及び管理に関する条例」，「東京都動物愛護推進総合基本計画（ハルスプラン）」，「家庭動物等の飼養及び保管に関する基準」（平成14年環境省告示第37号等）の他，「地域猫活動」についても言及しており，同種事例の解決に際しての参考になると思われる。

なお，マンションにおけるペット飼育等が問題となった他の事例として，東京地裁平成6年3月31日判決（判時1519号101頁），東京地裁平成7年11月21日判決（判タ912号188頁），東京地裁平成8年7月5日判決（判時1585号43頁），東京地裁平成23年12月16日判決（LLI/DBL06630668）等がある。

【楠　慶】

34 シェアハウスとしての使用禁止請求

東京地判平成27年9月18日（平成26年(ワ)第5667号）
LLI/DBL07031046

争点

専有部分をシェアハウスとして使用することは，専有部分を専ら住宅として使用する，と規定する管理規約に違反するか

判決の内容

■ 事案の概要

マンションの区分所有者であるYは，その所有するマンションの専有部分（1戸。以下「本件建物」という）の居室部分に間仕切りを設置し，10区画に区分して複数の第三者との間で賃貸借契約を締結し，事業として寄宿舎（いわゆるシェアハウス）に供している。

本件は，マンション管理組合の理事長兼管理者であるXが，Yに対し，当該専有部分を寄宿舎として使用することの禁止，居室の数が3を超えることとなる間仕切りの設置の禁止等を求めた事案である。

Xの主張は，本件建物に多数の区画を設けて不特定多数人に使用させているYの行為は，マンション管理規約の「区分所有者は，その専有部分を専ら住宅として使用するものとし他の用途に供してはならない」との規定に違反するというものである。また，シェアハウスの入居者が複数マンションに出入りすることにより，他の区分所有者らがマンションの入居者であるのか不法侵入者であるのか判別できず，セキュリティ上の不安を生じさせている，Yのような態様で専有部分を使用することは，火災事故の発生，拡大の可能性が高まるのでマンション全体の火災報知機設備設置などの見直しの必要性を生じさせ，シェアハウスの入居者がマンションの共用部分にゴミを投棄し

たり粗大ゴミを放置するなどの迷惑行為をしているなど，Yの行為は，マンションの管理規約に定める「区分所有者の共同の利益に反する行為」にあたるという主張である。そして，理事長は理事会の決議を経てマンションが定める管理規約の規定に基づき，「区分所有者の共同の利益に反する行為」の差止め又は排除のための必要な措置をとることができる，としてその差止めを求めたものである。

これに対しYは，このような専有部分の使用も，シェアハウスの賃借人が生活の本拠として使用しているのだから「住宅」としての使用にあたり管理規約に抵触しない，本件マンションは建築時から25年以上経過していて，他の区分所有者も専有部分を事務所や店舗に使用するなどしており，管理規約は形骸化していて規範性がない，などと反論した。

■ **判決要旨**

本件マンションは，その分譲当時は，快適な住環境やオートドアロックシステムによる安全性の確保がマンションの特徴として強調されており，各専有部分の間取りも，ワンルーム，1DK，2DKとして設計されていて，その構造からすれば，各戸をそれぞれ単身者又はひとつの生活共同体として継続的に同居生活を営む者らが生活の本拠として使用することが想定されていることが明らかであり，本件管理規約にいう「住宅」とはそのような使用態様を意味するものと解される。

ところが，本件建物は，玄関，便所，洗面所，浴室及び台所を除く部分が床面積各2畳程度の10区画に区切られた形に改装された上，同時並行的に締結された複数の賃貸借契約に基づき入居した者らがそれぞれ上記区画部分の1つで寝起きし，便所，洗面所，浴室及び台所を他の入居者と共同で使用している状態にある。全く見知らぬ者同士を含む最大10名の者が，多くは窓もない僅か2畳程度のスペースで寝起きするという使用形態は，本件マンションの専有部分の使用形態として想定されているところからは程遠く，本件管理規約にいう「住宅」にはあたらないというべきである。

Xは，管理規約に基づき，Yに対し，寄宿舎（いわゆるシェアハウス）として使用することの禁止を求めるが，具体的にいかなる使用態様をもって「寄

宿舎（いわゆるシェアハウス）」にあたると解するかは一義的に明確ではない。Xは，上記の趣旨を具体化したものとして，①居室（居住者が就寝するなど居住する一定のプライバシーが確保された独立して区画された部分）の数が3を超えることとなる間仕切り（天井に達しない間仕切りを含む）を設置する行為，②重複して使用契約を締結する行為，③1つの使用契約に基づき3名を超える者（ただし，その者らが1つの親族である場合を除く）に使用させる行為，④上記③の行為をしている場合において，使用者を追加又は変更する行為の差止めを求めている。

　本件建物の面積は，44.46㎡で，玄関，便所，洗面所，浴室及び台所を除いた部分の床面積は30㎡にとどまると考えられるから，本件建物に寝室その他の個室として用いることができる区画部分の数が3を超えることとなる間仕切壁を設置して，これを複数の使用契約の契約者らに使用させる場合には，常に本件管理規約違反というべき使用態様にあたることとなるといえる。一方，本件建物について，重複して使用契約を締結する場合や，1つの使用契約に基づき親族でない者を含む3名を超える者に使用させ，また，その使用者の追加又は変更をする場合であっても，入居者らが1つの生活共同体として継続的に同居生活を営む関係にあり，その者らの生活の本拠として使用される限りは，本件管理規約にいう「住居」として想定される使用態様を逸脱しないこともあり得るから，直ちにこれらの場合のすべてが本件管理規約違反というべき使用態様にあたるとはいえない。

　そうすると，本件管理規約違反を理由とするXの請求は，⑤本件建物について，寝室そのほかの個室として用いることができる区画部分（玄関，便所，洗面所，浴室，台所を除く）の数が3を超えることとなる間仕切り（天井に達しないものを含む）を設置して，これを複数の使用契約の契約者らに使用させる行為の差止め，⑥本件建物に設置された間仕切りの撤去を求める程度で理由がある。

解　　説

1　専有部分の用途と管理規約

国土交通省が標準的なマンション管理規約として示している標準管理規約（単棟型）では，その12条にて「区分所有者は，その専有部分を専ら住宅として使用するものとし，他の用途に供してはならない。」との定めがあり，多くのマンションが，この標準管理規約にならい，管理規約にて同様の定めをおいている。

マンションの区分所有者が，専有部分である住戸を自由に使用，収益，処分することができることは，区分所有権が所有権であることから当然の帰結である。しかしながら，マンションは，1つの建物を複数の区分所有者がそれぞれに専有部分を区分所有し，敷地及び建物の共用部分を区分所有者全員で共有することから，区分所有者間の調整のため，専有部分の使用方法も制約を受けざるを得ない。このような趣旨により，多くのマンションでは管理規約にて専有部分の用途に関し制限が設けられている。

2 管理規約に違反する行為に対する必要な措置

本件マンションでは，管理規約にて「区分所有者が本件管理規約又は使用細則……に違反したときは，理事長は，理事会の決議を経て，その差止め又は排除のための必要な措置を執ることができる」旨を定めていた。

区分所有法においては，区分所有者が「建物の保存に有害な行為その他建物の管理又は使用に関し区分所有者の共同の利益に反する行為」（同法6条1項）をした場合又はその行為をするおそれがある場合には，他の区分所有者の全員は，区分所有者の共同の利益のため，その行為を停止し，その行為の結果を除去し，又はその行為を予防するために必要な行為をとることを請求することができ（同法57条1項），管理者又は集会において指定された区分所有者は，集会の決議により1項の他の区分所有者の全員のために，訴訟を提起することができるとされている（同条3項）。

本件におけるＸの差止め請求は，管理規約をその根拠とするものであるが，仮に管理規約に定めがなかったとしてもシェアハウスとしての利用が区分所有者の共同の利益に反する行為であるとして，区分所有法を根拠に差止めを請求することも可能であったと思われる。

3 シェアハウスと管理規約にいう「住宅」

シェアハウスとは，一般的に，1つの独立した住宅を複数名の賃借人との

間で賃貸借契約，又は使用貸借契約を結び賃貸に供して利用される住宅のことをいい，寝室を除くキッチン，トイレ，風呂などを複数の賃借人が共同で使用するものが多い。シェアハウスの中には，寝室などの居室部分が建築基準法上の採光規定や，消防法に違反するなどの違法状態となっている建物も少なからず存在している（本件で対象となったシェアハウスも，違法であったと思われる）。

　マンションの専有部分をシェアハウスとして使用することも，当該専有部分を複数の賃借人（利用者）が建物を住宅として使用するものであるから，このような使用方法がマンションの管理規約に定める「専ら住宅として使用するもの」に該当するか否かが，本件では争われた。

　本判決では，当該マンションの専有部分は，「各戸をそれぞれ単身者又は一つの生活共同体として継続的に同居生活を営む者らが生活の本拠として使用することが想定されていることが明らかであり，本件管理規約12条にいう『住宅』とはそのような使用態様」で使用されることが想定されていると判断し，シェアハウスの使用はこれに反すると判断した。

　なお，注意すべきは，専有部分をシェアハウスとして使用することが常に管理規約に違反すると判断されるものではないという点である。仮処分の事例ではあるが，管理組合がシェアハウスを禁止する規約変更を行い，改正規約に基づき，シェアハウスの利用禁止の仮処分を求めたところ，シェアハウスを禁止する規約変更は，シェアハウスとして使用している区分所有者に「特別の影響」を及ぼす変更（区分所有31条1項後段）であるとして，当該区分所有者の承諾なしになされた規約変更は無効であると判断した裁判例がある（東京地決平25・10・24LEX/DB25502764）。

　本件では，わずか30㎡程度の狭い居室部分にわずか2畳程度の10区画もの区画が設けられ，窓のない区画も存在し，住環境としては劣悪といわざるを得ないような状況であったと想像され，見ず知らずの利用者が1つの専有部分で生活をしていたと想像される。本件ではこのような使用状況を総合的に判断し，本件マンションが想定している通常の使用形態とはかけ離れた状態であると考えた結果，管理規約に定める「住宅」にはあたらないと判断したものである。

4 シェアハウスとしての利用とその差止め

　本件では，本件建物をシェアハウスとして使用することを禁止するというXの請求が認められているが，具体的にいかなる使用態様とすることがシェアハウスとしての使用にあたるかは一義的ではない。

　本件でXは上記①ないし④の4つの行為の禁止を求めていたところ，裁判所はこのうちの一部にあたる上記⑤⑥の禁止のみを認めた。利用者との使用契約の個数や使用者の追加，変更とは関係なく，物理的に住宅としての通常想定できる形状とすることに限って認めた点が注目される。

【吉田可保里】

35 暴力団組事務所としての使用と区分所有法59条1項の競売請求の可否

福岡地判平成24年2月9日（平成23年（ワ）第2294号）
裁判所HP

争点

組事務所として使用されている場合，区分所有法59条1項の競売請求が認められるか

判決の内容

■ 事案の概要

本件は，マンション（以下「本件マンション」という）の管理組合法人であるXが，本件マンションの区分所有者であるYがその専有部分を自己が組長である暴力団の組事務所として使用するという建物の管理又は使用に関し区分所有者の共同の利益に反する行為をしたものであるところ，このような行為による区分所有者の共同生活上の障害は著しいとして，①主位的に，区分所有法59条に基づき，Yの区分所有権及び敷地利用権（以下「区分所有権等」という）の競売を請求し，②予備的に，区分所有法58条に基づき，本判決確定の日から5年間Yによる専有部分の使用の禁止を請求し，併せて，③管理組合法人規約（以下「本件規約」という）に基づき弁護士費用42万円及び遅延損害金の支払を求めた事案である。

■ 判決要旨

1 争点1（区分所有6条1項に規定する行為による区分所有者の共同生活上の障害が著しいといえるか）について

区分所有法6条1項に規定する行為のうち，「その他建物の管理又は使用

に関し区分所有者の共同の利益に反する行為」（以下「共同利益背反行為」という）とは，「建物の保存」に侵害を及ぼさないような場合でも，区分所有者の生活上の利益を含む建物の管理・使用全般にわたる共同の利益に反する行為をいうとした上で，後記①〜③のような事情の認められる本件においては，Y，A組の構成員及び七代目G一家の関係者（以下「Yら」という）と本件マンションの住民らとの間の具体的な紛争や，Yらが関与した，他の暴力団等との抗争事件等が既に発生しているといった事情を認めるに足りる証拠はないことを考慮しても，Yが本件専有部分を暴力団事務所として使用することは，区分所有者の生活上の利益を含む建物の管理・使用全般にわたる共同の利益に反する行為であり，これによる区分所有者の共同生活上の障害が著しい程度にいたっているものと認められるとした。

① 本件マンションは，住宅地の一角に所在する居住専用マンションであり，青少年を含む約100世帯前後の住民が日常生活を送っているところ，Yは，隣県に本拠地を有する相当規模の指定暴力団である七代目G一家の傘下組織であり，現に暴力団として活動しているA組の組長であって，本件専有部分を，本件規約に反し暴力団事務所として使用し，A組の構成員又はその周辺者を本件専有部分に出入りさせていた上，本件専有部分は，A組の構成員が嫌疑をかけられた刑事事件に関して捜索等の対象となっている。また，Yが本件専有部分を暴力団事務所として使用することは，暴力団排除条例に規定する犯罪行為に該当するとはいえないとしても，これに準ずる行為であるといえる。

② さらに，福岡県及び同県近郊においては，抗争事件と見られる暴力団事務所や暴力団構成員を狙った発砲事件や爆発物事件が多発し，その中には暴力団とは無関係の一般市民が巻き込まれた事件もあることや，福岡県においては，暴力団が県民等に多大な脅威を与えているとの認識の下，暴力団排除条例が制定され，暴力団排除のための諸活動が実施されつつある状況にあると認められることも併せ考慮すると，本件において，Yが本件専有部分を暴力団事務所として使用することによって，本件マンション内又はその敷地内で暴力団同士の抗争事件が発生するなどの事態が生じ，本件マンションの住民らの生命・身体に危害が及ぶ現実

的な可能性があるものというべきである。
③　そして，Yが本件専有部分を暴力団事務所として使用することによって，本件マンションの多数の住民らは，生命・身体・財産に対する侵害の危険に対する不安・恐怖を感じながら日常生活を送ることを強いられている状況にあったことが認められ，本件マンションの住民らを萎縮させ，日常生活に具体的な支障を生じさせるに足りるものと認めるのが相当である。

2　争点2（区分所有権等の競売請求以外の方法によっては区分所有者の共同生活上の障害を除去して共用部分の利用の確保その他の区分所有者の共同生活の維持を図ることが困難であるといえるか）について

(1)　区分所有法57条との関係

区分所有法57条1項に基づき，Yが本件専有部分を暴力団事務所として使用することを停止等するために必要な措置をとるのみで，Yによる使用自体は許した場合，Yは，A組組長であり，本件専有部分にA組の構成員又はその周辺者を自宅への訪問者と称して出入りさせることが可能となること，本件専有部分には暴力団事務所として使用するための各種備品が置かれていることなどに照らすと，Yが同条に基づく措置を潜脱して，本件専有部分を事実上暴力団事務所として使用する可能性があるため，区分所有法57条1項に規定する請求によっては共同生活上の障害を除去して共用部分の利用の確保その他の区分所有者の共同生活の維持を図ることが困難であると認められるとした。

(2)　区分所有法58条との関係

Yは，本件口頭弁論終結の日まで，本件仮処分命令を遵守して，本件専有部分を暴力団事務所として使用していなかったものと認められるが，本件仮処分命令が執行された日から本件口頭弁論終結の日まで，約7か月が経過しているにもかかわらず，Yが本件専有部分の区分所有権等を暴力団と無関係の第三者へ譲渡するなどして，本件における共同生活上の障害を解消するために，何らかの具体的行動をしていることを裏付けるに足りる証拠はないこと，本件専有部分の内部の状況等からすると，Yが任意に本件専有部分の区分所有権等を譲渡する意思を有しているかは疑問であり，また，Yがこれを

有しているとしても，譲渡には困難が伴うことが予想されることを踏まえると，Yが本件専有部分の使用の禁止の判決確定後も本件専有部分の区分所有権等を第三者へ譲渡せず，又は譲渡できず，同判決で定められた期間経過後に再び本件専有部分を自ら使用する可能性は相当程度高度であるといえることに加え，Yが本件専有部分を住戸として使用していると称していても，事実上暴力団事務所として使用する可能性があることも併せ考慮すると，本件においては，区分所有法58条に規定する請求に基づいて，一定期間に限り，Yによる本件専有部分の使用を禁止することによっては，共同生活上の障害を除去して共用部分の利用の確保その他の区分所有者の共同生活の維持を図ることが困難であるといわざるを得ないとした。

3 結 論

本件においては，区分所有権等の競売請求以外の方法によっては共同生活上の障害を除去して共用部分の利用の確保その他の区分所有者の共同生活の維持を図ることが困難であると認められるとして，Xの請求を認容した。

解 説

1 共同利益背反行為について

区分所有法6条1項が規定する「区分所有者の共同の利益に反する行為」（共同利益背反行為）に該当するか否かについては，当該行為の必要性の程度，これによって他の区分所有者が被る不利益の様態，程度等の諸事情を比較考量して決すべきものと考えられている（東京高判昭53・2・27下民集31巻5～8号658頁参照）。

この点，平成19年6月19日付で犯罪対策閣僚会議幹事会申合せにより，「企業が反社会的勢力による被害を防止するための指針」が発表され，企業に対して反社会的勢力との一切の関係遮断が求められたことにより反社会的勢力排除の機運が加速し始め，平成22年4月1日に福岡県で全国初となる暴力団排除条例が施行されたことを皮切りに全国各地で暴排条例が施行されたことにより，現在，国民生活からの反社会的勢力の排除は，社会的な要請になっていると言っても過言ではない。

そのような状況の下，マンションの1室を暴力団の組事務所として使用する必要は全くなく，暴力団事務所として使用されることによって，他の住民は，恐怖や迷惑を被る危険があるだけではなく，マンションの価値の下落などの不利益を被る可能性が高いといえるため，暴力団の事務所として使用しているということだけをもって，共同利益背反行為であるといい得ると考えられる。

2　区分所有法59条の実体的要件該当性のメルクマール

区分所有法59条の競売請求が認められるためには，①共同利益背反行為による区分所有者の共同生活上の障害が著しいこと②他の方法によってはその障害を除去して区分所有者の共同生活の維持を図ることが困難であること，という2つの実体的要件を満たす必要があるところ，暴力団組事務所としての使用について競売請求が認められるかについても，これらを満たす必要がある。

この点，区分所有法59条による競売請求は，区分所有者から区分所有権を剥奪し，区分所有関係から終局的に排除するという重大な効果をもたらすものであることから，たとえ暴力団事務所としての使用の場合においても，①共同利益背反行為による区分所有者の共同生活上の障害が著しいといえるか，②他の方法によってはその障害を除去して区分所有者の共同生活の維持を図ることが困難であるかについては，ある程度慎重な判断がなされる。

具体的には，①についての判断のメルクマールとしては，マンションの状況（世帯数，居住者の家族構成，利用状況（居住専用か否かなど），マンション管理規約に暴力団排除条項が導入されているか等），組事務所としている暴力団の規模，性格，事務所への組員の出入りの状況，定期的に会合などがなされているか，防犯カメラや防弾扉等暴力団事務所特有のものが設置されていないか，犯罪行為が行われたり，警察の捜査対象になったことはあるか，近郊における暴力団の抗争をはじめとする暴力団情勢，マンション住人とのトラブル等の状況，マンション住人の心情などが考慮され，現実的危険性の有無，具体的な支障の有無が検討される。

特に，居住専用か否か，組員の出入りが頻繁か，実際に犯罪行為が行われたり，捜査対象になったことがあるか，実際に住民とのトラブルがあるか，

近郊で対立抗争が起こっていないかなどは、①の要件を満たすための重要なメルクマールになるといえる。

②については、口頭弁論終結時において、いまだ組事務所として使用されているか否か、既に使用されていないとしても、その後も組事務所として使用される可能性があるか否かといったことが検討される。

口頭弁論終結時において、いまだ組事務所として使用されている場合には、特段の事情のない限り、②の要件を満たすことが多いと考えられる。他方、口頭弁論終結時において既に組事務所として使用されていない場合には、口頭弁論終結時までに被告が第三者への売却のため具体的な行動をしているか、実際に第三者に譲渡できる可能性があるかといった点が重要なメルクマールになるといえる。

3 共同利益背反性を否定した裁判例の紹介

口頭弁論終結前に空室となり、口頭弁論終結時において、既に組事務所として使用されていなかった事案において、共同利益背反行為による共同生活上の障害が著しいとはいえないとした裁判例（東京地判平25・1・23判タ1408号375頁）があるので紹介する。

(1) 判例要旨

本件専有部分は、既に組事務所としての使用を止めており、その後は、口頭弁論終結時にいたるまでの間、空室であって、暴力団構成員の出入り等により暴力団の活動が行われていた形跡はない。当該判決は、空室となった本件専有部分が、再び暴力団の事務所としての使用に供されるなど暴力団の活動に利用される具体的な可能性があるとまでは認められず、また、被告は、業者に依頼して本件区分所有権等の価格の査定を行い、あるいは、不動産業者から本件区分所有権等を購入する意思がある旨の買付証明書の発行を受けるなどしており、これらは、本件区分所有権等を売却するための具体的行動であり、今後、本件専有部分を暴力団としての活動の用に供しないとの意思が一定程度客観的に顕れているといえるから、本件専有部分が再び暴力団の活動に利用される可能性を低減させる事情であるということができるなどとして、結局、口頭弁論終結時において、暴力団が本件専有部分を事務所として使用することや暴力団構成員が出入りするなどして区分所有者に危害が及

ぶことなどの現実的・具体的可能性があるとまではいえず、本件マンションの区分所有者の共同生活上の障害が著しい状態にあるとまでは認められないとした。

(2) 考　察

　本稿で取り上げた福岡地裁の事案も、仮処分命令後口頭弁論終結の日まで、Yは仮処分命令を遵守して、専有部分を暴力団事務所として使用していなかったようであり、上記東京地裁の事案同様、口頭弁論終結時において組事務所として使用されていないといえるが、福岡地裁の事案では、「暴力団事務所として使用するための各種備品が置かれている」として、「内部の状況等からすると、Yが任意に本件専有部分の区分所有権等を譲渡する意思を有しているかは疑問」と判示しているように、上記東京地裁の事案とは異なり、専有部分を空室としたものではなく、口頭弁論終結時においても、専有部分内部には暴力団事務所として使用するための各種備品が置かれていたことが窺える。

　また、東京地裁の事案では、被告は、業者に依頼して本件区分所有権等の価格の査定を行い、あるいは、不動産業者から本件区分所有権等を購入する意思がある旨の買付証明書の発行を受けるなどして、区分所有権等を売却するための具体的行動をとっているのに対し、福岡地裁の事案では、「本件における共同生活上の障害を解消するために、何らかの具体的行動をしていることを裏付けるに足りる証拠はない」と判示しているように、第三者への売却のための具体的な行動がとられていない。

　これらの事情は、福岡地裁の事案では、他の方法によってはその障害を除去して区分所有者の共同生活の維持を図ることが困難であるといえるかという要件において検討されているが、東京地裁の事案においてもこれらの事情があることを前提として、共同生活上の障害が著しいといえるかを検討しているものと思われる。

　いずれにしても、福岡地裁の事案と東京地裁の事案では、他の区分所有者に対する現実的危険性の有無、具体的な支障の有無によって結論を異にしたものと考えられる。

【髙木　薫】

36 役員への誹謗中傷と共同利益背反行為該当性

最三小判平成24年1月17日（平成22年（受）第2187号）
判時2142号26頁

争点

管理組合の役員に対する誹謗中傷行為が区分所有法6条1項所定の共同利益背反行為に該当するか

判決の内容

■ 事案の概要

マンション（以下「本件マンション」という）の区分所有者である上告人Xは，本件マンションの総会決議において被上告人Yを除く区分所有者全員のために本件訴訟の訴訟担当者に指定された者であるが，被上告人Yにおいて，本件マンションの管理組合（以下「本件管理組合」という）の役員らが修繕積立金を恣意的に運用したなどの記載のある役員らを誹謗中傷する内容の文書を配布し，本件マンション付近の電柱に貼付するなどの行為を繰り返し，また，本件マンションの防音工事や防水工事を受注した各業者に対して趣旨不明の文書を送付し，工事の辞退を求める電話をかけるなどして，その業務を妨害するなどの行為（以下「本件行為」という）を続けていることから，Yの行為は区分所有法6条1項所定の共同利益背反行為に該当するとして，同法57条又は本件マンションの管理規約に基づき，他の区分所有者全員のため，Yに対して，本件行為の差止めを求めて訴訟を提起した。

1審の横浜地裁平成22年2月25日判決（ウエストロー2010WLJPCA02256010）と2審の東京高裁平成22年7月28日判決（ウエストロー2010WLJPCA07286005）は，いずれも，本件行為が騒音，振動，悪臭の発散などのように建物の管理又は使用に関して行われているものではなく，また，Yが本件行為を行って

いることが事実であるとしても，これらの行為により被害を受けた各人が差止め若しくは損害賠償等の手段を講ずれば足りるとして，本件行為は区分所有法6条1項所定の「建物の管理又は使用に関し区分所有者の共同の利益に反する行為」に該当せず，同法57条により他の区分所有者全員又は管理組合法人が，Yに対して本件行為の停止等を請求することはできないと判示した。

これに対して，Xが上告したのが本件である。

■ 判決要旨

最高裁判所第三小法廷は，全員一致で大要以下のとおり判示し，原判決を破棄して，本件を東京高等裁判所に差し戻した。

区分所有法57条に基づく差止め等の請求については，マンション内部の不正を指摘し是正を求める者の言動を多数の名において封じるなど，少数者の言論の自由を必要以上に制約することにならないよう，その要件を満たしているか否かを判断するにあたって慎重な配慮が必要であるが，マンションの区分所有者が業務執行にあたっている管理組合の役員らを誹謗中傷する内容の文書を配布し，マンションの防音工事等を受注した業者の業務を妨害するなどする行為は，それが単なる特定の個人に対する誹謗中傷等の域を超えるもので，それにより管理組合の業務の遂行や運営に支障が生じるなどしてマンションの正常な管理又は使用が阻害される場合には，同法6条1項所定の「区分所有者の共同の利益に反する行為」にあたるとみる余地がある。

これを本件についてみると，Xは本件行為により本件管理組合の業務の遂行や運営に支障が生じるなどと主張しているところ，Yが本件行為に及んでいるか，また，本件マンションの正常な管理又は使用が阻害されているかなどの点について審理判断することなく，同法57条に基づく本件請求を棄却すべきものとした原審判断には同法6条1項の解釈を誤った違法があり，この違法が判決に影響を及ぼすことは明らかである。

解　説

　区分所有法6条1項は,「区分所有者は,建物の保存に有害な行為その他建物の管理又は使用に関し区分所有者の共同の利益に反する行為をしてはならない。」と規定しており,これらは共同利益背反行為と呼称されている。
　このうち,「建物の保存に有害な行為」とは,例えば区分所有者が室内の改装等のため,自己の専有部分の耐力壁を撤去したり,外壁に開口部分を設けるなど,建物自体に物理的な侵害を加える行為をいう。
　また,「建物の管理又は使用」全般にわたる共同の利益に反する行為も,共同利益背反行為に該当する。今日では,共同利益背反行為には,財産的観点からの共同利益だけでなく,生活上の共同利益（ニューサンスの禁止）も考慮されると解されている。これらの具体例としては,共有部分である廊下や敷地等に私物,自動車,自転車等を置いたままにしておく行為,専有部分に危険物を持ち込む行為,バルコニーに通常の利用の範囲を超える物品を設置する行為,区分所有建物内で騒音・振動・悪臭などを発散する行為が挙げられる（以上,稲本洋之助＝鎌野邦樹『コンメンタールマンション区分所有法〔第3版〕』46頁以下）。
　なお,生活上の共同利益に反する行為に関する裁判例として,騒音・振動を発生させたり大声で怒鳴る等の迷惑行為（東京地判平17・9・13判時1937号112頁),マンションの一室を教団の施設として使用する行為（大阪高判平10・12・17判時1678号89頁),自宅で酒盛りをして大声を出したり,他の居住者に暴力を振るう行為（東京地判平8・5・13判時1595号77頁),マンションの一室に賃借人である暴力団組長が居住して組員が出入りする行為（最二小判昭62・7・17判時1243号28頁）等の事例がある。
　本件は,管理組合の役員らを誹謗中傷する内容の文書を配布し,マンションの防音工事等を受注した業者の業務を妨害するなどする行為について,それが単なる特定の個人に対する誹謗中傷等の域を超えるもので,それにより管理組合の業務の遂行や運営に支障が生じるなどしてマンションの正常な管理又は使用が阻害される場合には,同法6条1項所定の「区分所有者の共同の利益に反する行為」にあたる余地がある旨を判示し,1審・2審の判断を

破棄した事案であるが，本件行為が，区分所有者の共同の利益に反することは明らかであり，本件判決の結論は妥当であると考えられる。

【楠　　　慶】

37 議案説明書に記載された事実の名誉毀損該当性

東京地判平成28年2月23日（平成27年(ワ)第25430号）
LEX/DB25533870

争点

総会に上程された議案にかかる議案説明書に記載されていた事実が原告の社会的評価を低下させるか否か

判決の内容

■ 事案の概要

Xは，某マンション（以下「本件マンション」という）101号室の区分所有者であり，Yは，本件マンションの管理組合法人（以下「本件管理組合」という）の理事長である。本件管理組合は，平成27年5月30日開催予定の通常総会に先立ち，本件マンションの区分所有者らに対し，下記の内容を記載した「本件管理組合通常総会議案書」と題する書面（以下「本件議案書」という）を配付した。平成27年5月30日の通常総会において，いずれの議案も出席者の全員一致で承認可決された。Xは本件議案書の記載及び通常総会における説明がXの名誉を毀損するとして，Yほかの理事・監事に対して，損害賠償を請求した。

「　　　　　　　　　　記
〔1〕　第5号議案（Xに対する損害賠償請求訴訟提訴の件）
　本件管理組合は，平成24年4月から同年5月までの間に排水管・汚水管更新工事を実施したが，X（101号室区分所有者）は，本件管理組合からの再三の連絡・依頼に応えず，101号室への立入工事ができなかった。そのため，上下階各2室及び隣室の計6室の工事が未実施となり影響は多大である。排水

管等は老朽化しており，いつ汚水漏水事故が起きても不思議ではないため，平成25年11月16日開催の臨時総会の決議に基づき，平成26年2月20日に仮処分の申立て及び本案訴訟の提起をした。

　それ以降，Xから本件管理組合または特定の区分所有者を相手方とする6件に及ぶ多数の訴訟が起こされ，中には，仮処分と無関係の判決が確定した建替決議無効を蒸し返す訴訟も起こされた。平成26年度は訴訟対策費として約308万円を支出したが，未払分もあるので今後更に増加することは必至である。

　これら一連の訴訟はすべて本件管理組合が勝訴しており，Xからの訴訟は全て不当な訴訟であると考える。本件管理組合の組合員にとって迷惑な多数の訴訟のために支出した訴訟対策費（組合費）を回収するために，Xに対し損害賠償請求訴訟を提起することについて承認をお願いしたい。

〔2〕　第6号議案（Xに対する競売請求訴訟提訴の件）

　Xは，平成21年2月7日に開催した臨時総会で退任して以降，新理事会を認めずに管理業務を妨害し又は非協力的な行動を取り続けている。具体的には，第5号議案で説明した排水管等更新工事だけではなく，平成23年実施の外壁等大規模修繕工事，同実施の玄関ドア更新工事，平成25年実施の給水管更新工事等いずれも総会の正式な手続で承認された本件マンションの維持管理に重要な工事を拒否した。今後，本件管理組合が建物のメンテナンスについて総会の決議を経たとしても，Xがそれに従うことはあり得ず，その都度，訴訟手続を行わなければならず，適時にメンテナンスができず，組合運営が著しく阻害され，手続のための費用負担が増大する。また，第5号議案で説明した訴訟以外にも，これまでにXから膨大な件数の訴訟が提起されたため，訴訟対応のために支出した訴訟対策費も多額になっている。

　これまでの経緯をみると，Xが今後も本件管理組合の業務を妨害し続けることは明らかであり，Xの行動は本件マンションの共同生活上，著しい障害になる。そこで，建物の区分所有等に関する法律59条に基づいてXに対する区分所有権の競売の請求をすることもやむを得ないと判断したので，承認をお願いしたい。」

■ 判決要旨

　両議案ともXに関する事実の摘示と当該事実に対する意見論評からなる記載であり，Xの社会的評価の低下を招くおそれがある。しかし，本件議案書の具体的な記載内容及び配布対象者からすると，本件マンションの区分所有者らにとって周知の事実であることが推認されるから，本件議案書の記載やその説明は，事実の摘示に関する部分はもちろん，意見ないし論評にわたる部分も含めXの社会的評価の低下を招くおそれがあったとは認められない。

解　説

〔名誉毀損としての不法行為の成立〕

(1) 保護法益たる名誉（民710条「名誉」）

　保護法益は客観的な評価としての社会的名誉である（最二小判昭45・12・18民集24巻13号2151頁「民法723条にいう名誉とは，人がその品性，徳行，名声，信用等の人格的価値について社会から受ける客観的な評価，すなわち社会的名誉を指すものであって，人が自己自身の人格的価値について有する主観的な評価，すなわち名誉感情は含まないものと解するのが相当である。」）。

(2) 社会的評価の低下（損害の発生）

　当該表現行為を受け取った合理人の基準によって客観的に判断される（潮見佳男『不法行為法Ⅰ〔第2版〕』176頁。最二小判昭31・7・20民集10巻8号1059頁「一般読者の普通の注意と読み方を基準として解釈した意味内容に従う場合，その記事が事実に反し名誉を毀損するものと認められる以上，これをもって名誉毀損の記事と目すべきことは当然である。」）。当該最判の説示からすると，具体的に社会的評価が低下したか否かではなく，社会的評価を低下させるような表現内容であるか否かが判断されることになる。

(3) 事実の摘示（加害行為）

　社会的評価を低下させる加害行為は，事実の摘示によることが必要とされる。意見や論評については，思想・信条の自由が憲法19条によって保障されていることを無にしないため，原則として，意見や論評で対抗すべきであっ

て，意見や論評が名誉毀損行為となるのは，その意見や論評の前提となっている事実の摘示と解される。

(4) その他の要件

相当因果関係の判断は，社会的評価の低下（損害の発生）の判断と重なる。故意・過失については，通常の不法行為と同様だが，次の抗弁の理解は，故意・過失の判断と一部重なる。

(5) 抗　弁

(a) 衆議院議員選挙の立候補者にかかる前科を記載した新聞を発刊したところ，当該記載が名誉毀損であると争われた事件について，最高裁昭和41年6月23日第一小法廷判決（民集20巻5号1118頁）は，「民事上の不法行為たる名誉棄損については，その行為が公共の利害に関する事実に係りもっぱら公益を図る目的に出た場合には，摘示された事実が真実であることが証明されたときは，右行為には違法性がなく，不法行為は成立しないものと解するのが相当であり，もし，右事実が真実であることが証明されなくても，その行為者においてその事実を真実と信ずるについて相当の理由があるときには，右行為には故意もしくは過失がなく，結局，不法行為は成立しないものと解するのが相当である（このことは，刑法230条の2の規定の趣旨からも十分窺うことができる。）。」と述べた。

当該最判が刑法230条の2の趣旨を括弧書で補足する体裁をとっていることからすると，当該最判は，刑法で違法性が阻却される場合をそのまま民法の不法行為の解釈に持ち込んだものではなく，端的に，①その行為が公共の利害に関する事実に係り（公共性），②専ら公益を図る目的に出た場合には（公益目的），③a摘示された事実が真実であることが証明されたときは（真実性），右行為には違法性がなく，不法行為は成立しないものと解するのが相当であり，もし，③b右事実が真実であることが証明されなくても，その行為者においてその事実を真実と信ずるについて相当の理由があるときには（相当性），右行為には故意若しくは過失がなくなるという大枠を示したものといえる（最高裁判所調査官室編『最高裁判所判例解説民事篇昭和41年度』304頁〔奈良次郎〕）。

(b) ところで，非マスメディア型事件については，「当該表現行為が社

会的に容認されるべき行為であるか否かといった観点から，諸般の要素を総合的に考慮して違法な権利侵害といえるか否かを判断することが，事案に応じた妥当な結論を導くための一つの有効な手法となりうるのではなかろうか。」との指摘がある（大阪地方裁判所判事補・57期・民事部「名誉毀損関係訴訟について——非マスメディア型事件を中心として」判タ1223号49頁。該当箇所は61頁）。

しかし，人の集団といっても，その広狭及び結びつきの強弱，集団の目的が多様であること，さらに，インターネットの普及した現在では，マスメディア類似の巨大な閉鎖的集団も発生し得ることからすると，マスメディア型事件と非マスメディア型事件とに二分できるのか疑問がある（大阪地方裁判所判事補・57期・民事部・前掲50頁脚注参照）。

(6)において後述するように，前掲最高裁昭和41年6月23日第一小法廷判決の趣旨に反しないよう①公共性の判断を行うことが穏当に感じられる。

(6) **本件の場合**

(a) 本件の特徴は，摘示された事実がそれを知らされた者にとって周知の事実であったと推認できるから，X以外の区分所有者にとって，本件議案書記載の事実はXの評価を下げるものでないとした点にある。

そうすると，Xによる過去の訴訟を知らずに本件マンションの専有部分を購入した者との関係では，本件議案書によってXの社会的評価が低下したと言い得る。周知の事実であったと推認できるか否かは，事案によって異なる。周知の事実であったと推認できない場合，名誉毀損が成立することになるのか，検討する。

(b) マンションの管理組合とは，区分所有者全員で構成される団体であり（区分所有3条，標準管理規約（単棟型）30条），管理組合法人とは当該団体が法人格を取得したものであるから（区分所有47条1項），Xと本件管理組合法人が当事者となった訴訟とは，管理組合法人を構成する全区分所有者にとって自らの事実ということができる。また，第5号議案に記載された訴訟対策費（組合費）の負担状況や回収方法，第6号議案に記載された競売申立ては，全区分所有者にとって共用部分の管理に関する事柄である。したがって，本件議案書記載の事実は，管理組合総会に参加し得る区分所有者との関係では，自己の事実といってよい。次に，Xと本件管理組合法人の理事・監事との訴

訟については，形式的には，訴訟当事者（Ｘ，理事及び監事）以外の区分所有者にとって自らの事実ということはできない。しかし，理事及び監事は管理組合法人に必須の機関であるから（区分所有49条1項・50条1項），Ｘと理事・監事との訴訟も，それが本件管理組合の運営に関して生じた紛争である限り，全区分所有者にとって，自身を当事者とする訴訟と同様に考え得る。このような認定ができる事案であれば，加害行為がなく，請求を棄却することになると思われる。

　他方，このような認定ができない場合，前掲最高裁昭和41年6月23日第一小法廷判決の示した大枠に沿って検討することとなる。

　①公共性について，最高裁はその内容を明らかにしないが，一般的には，「一般多数人の利害に関すること」「多数一般の利害に関する事実」を意味するなどとされている（大阪地方裁判所判事補・57期・民事部・前掲63頁）。公共の利害に関する事実の範囲は，事実を公表する相手方との関連において相対的に定まるとも解される（竹田稔＝堀部政男編『新・裁判実務大系(9)名誉・プライバシー保護関係訴訟法』11頁〔成田喜達〕（該当箇所は20頁））。また，刑法の議論であるが，①公共性とは，その事実の摘示が公共の利益増進に役立つということであり，公共の利益は，国家又は社会全体の利益であることを必ずしも要せず，一地域ないし小範囲の社会（部分社会）の利益も含むとされる（大谷實『刑法講義各論〔新版第4版補訂版〕』165頁）。

　そこで，①公共の利害に関わるか否かについては，摘示された事実と当該事実が公表された範囲とを検討すると，本件議案書記載の事実は，管理費回収の必要性とその手段を討議するために必要・有益な事実であること，管理組合総会はまさにこのことを討議するための場であること，本件議案書を読む現実的な可能性があるのは管理組合総会に出席して然るべき者及びその家族程度であることからすると，本件議案書に記載された事実は，①公共の利害（全区分所有者の利害）に関わるものと認められよう。

　また，②公益目的も③ａ真実性も認められるから，違法性はないとの結論になろう。

【竹下　慎一】

第3　敷地・共用部分

38 通行地役権に基づく妨害排除請求の被告である管理組合の被告適格

東京地判平成28年2月26日（平成26年（ワ）第15270号）
LEX/DB25533857

争点

1　マンション管理組合の訴訟担当能力（被告適格）の有無
2　通行地役権設定契約の有効性
3　通行地役権の存する土地について，制限のない所有権の時効取得が認められるか

判決の内容

■　事案の概要

　A社は，昭和49年，本件各土地を取得し，その後，本件各土地を本件土地1と本件土地2に分筆し，分筆登記は昭和54年1月30日になされた。
　A社は，昭和53年6月21日に本件土地1をB社に売却し，昭和54年11月29日に所有権移転仮登記を，昭和59年11月16日に所有権移転登記を，それぞれ経由した。
　A社は，昭和54年1月29日，本件土地2をB社に売却し，昭和54年2月20日に所有権移転登記を経由した。
　B社は，昭和54年1月29日，本件土地1を要役地，本件土地3を承役地とする通行を目的とした地役権設定契約（以下「本件地役権設定契約」という）を締結し（本件地役権設定契約の相手方については，争いがある），昭和54年3月14

日，本件土地1を要役地，本件土地3を承役地とする地役権登記がされた。

B社は，昭和55年頃，本件土地2上に本件マンションを建築し，昭和55年5月31日以降，本件土地2の敷地権付きの本件マンションを分譲した。

B社は，昭和59年11月16日，本件土地1をC社に売却し，同日，所有権移転登記を経由した。

Xは，平成13年7月3日，C社から本件土地1を競売により取得した。

Xは，本件土地2につき敷地権が設定された本件マンションの管理組合であるYに対し，本件土地2の一部である本件土地3につき，本件土地1を要役地とする通行地役権をXが有することの確認を求めるとともに，同地役権に基づく妨害排除請求として，本件土地3上にあるごみ置き場施設や駐輪場等の本件各物件の撤去及び本件土地3をXが車両で通行することへの妨害の禁止を求めた。なお，Xは，予備的に，囲繞地通行権の成立を主張した。

■ 判決要旨

1 被告適格

Yは，本件土地2の所有権者ではないが，本件土地2について敷地権が設定された本件マンションの区分所有者で構成される管理組合であって，Yの管理規約31条9号により，敷地及び共益部分の変更及び運営業務を行うこととされていることが認められるから，Yが本件土地2及び本件土地2上にある本件各物件について処分権限を有しないとはいえない。

また，Yは，本件地役権又は囲繞地通行権が成立するとなれば，本件マンションの建替えにも影響が生じるなどとして，Xの請求を争っており，本件地役権又は囲繞地通行権の存否について密接な利害関係を有する。

よって，Yは，本件訴訟について，被告適格を有する。

2 通行地役権設定契約の有効性

不動産売買契約における所有権移転時期を売買契約時とは異ならせる特約をする場合が実務上多いことに鑑みると，A社とB社とが本件地役権設定契約を締結した昭和54年11月29日当時，本件土地1所有者はA社，本件土地2（本件土地3を含む）所有者はB社であると認められるから，同契約の有効性が認められる。このことは，要役地と承役地が同一所有者であれば登記官が

登記申請を受理することは通常考え難いところ，本件地役権が登記されていること，本件土地１は本件マンション建設時から駐車場とすることが予定されていたことからも，認められる。

 3　Ｙによる時効取得

時効完成前である平成10年11月30日時点で，本件土地１は月極賃貸駐車場として利用されており，その時点で，同駐車場の利用者が本件土地３を通らずに公道に出ることができないことに照らすと，地役権の負担を伴わないで本件土地２の占有が20年間継続したとは認められないから，Ｙの時効取得を認めるとしても，本件地役権の制限が付されたものとして取得したものといわざるを得ない。

■解　　説

1　マンション管理組合が被告となること
(1)　当事者能力

本件マンションの区分所有者全員が原告・被告とすべきことを貫くと，原告となる場合に不便であるし，また，区分所有者全員を被告としたい者にとっても不便である。そこで，法人格がない場合でも，団体性がある場合には，当事者能力が認められる（民訴29条）。

区分所有建物においては，区分所有建物の所有者は全員で建物並びにその敷地及び附属施設の管理を行うための団体を構成する（区分所有３条）。同条には管理組合という言葉はないが，マンション標準管理規約（単棟型）30条は，区分所有者となったときに管理組合員となることを確認的に定めており，この管理組合が当該団体にあたる。この管理組合が法人となっていれば，「建物並びにその敷地及び附属施設の管理」（区分所有３条）について訴訟当事者となる（民34条）。

管理組合が法人となっていない場合，管理組合の実体に応じて，組合となるか社団（権利能力なき社団）となるかが決まるところ，マンション標準管理規約を用いている管理組合であれば，権利能力なき社団となる（最一小判昭39・10・15民集18巻8号1671頁「権利能力のない社団というためには，団体としての

組織をそなえ，そこには多数決の原則が行なわれ，構成員の変更にもかかわらず団体そのものが存続し，しかしてその組織によって代表の方法，総会の運営，財産の管理その他団体としての主要な点が確定しているものでなければならない」）。

　よって，本件におけるYを含め，一般的な管理組合であれば，原告・被告となる（民訴29条）。

(2) 当事者適格

　(a) 当事者適格とは，当該訴訟物につき，自ら当事者（原告・被告）として訴訟を追行し，本案判決を求め得る資格をいい，当該事件につき本案判決を求め得る当事者の選別基準である（上田徹一郎『民事訴訟法〔第6版〕』226頁）。当事者適格のうち，原告となる資格を原告適格，被告となる資格を被告適格という。当事者適格は，一般的には，訴訟物たる権利関係について法律上の利害が対立している者に認められる（裁判所職員総合研修所監修『民事訴訟法講義案〔3訂版〕』75頁）。

　(b) 本件におけるXの請求は，①通行地役権の確認請求，②同地役権に基づく妨害排除請求，③同地役権に基づく車両による本件土地3通行に対する妨害予防請求である。本件マンション所有者らは，本件土地3及び本件土地3上のごみ置き場施設や駐輪場等の共有者であり，当該ごみ置き場施設や駐輪場等により本件土地3から車両で出入りすることを妨害する形になっていたのであろうから，いずれについても被告適格を有するといえる。

2　訴えの利益

　本件では争われていないが，訴えの利益について補足する。

　本件におけるXの請求は，①通行地役権の確認請求，②同地役権に基づく妨害排除請求，③同地役権に基づく車両による本件土地3通行に対する妨害予防請求である。

　給付訴訟を提起できる場合には，通常は，権利や給付請求権自体の確認訴訟は適切でない（上田・前掲216頁）。本件の場合，②又は③の請求が認められれば，その中で通行地役権が存在していることが判断されるから，①を求めるどのような必要があったか疑問が残る。

　また，確認請求訴訟を提起する目的は，権利・法律関係の既判力による確定という形で権利の侵害状態発生の防止をはかるという積極的な予防機能を

目的とするから（上田・前掲212頁），①と③の目的は共通する。この意味で，①と③の２つの請求を立てるどのような必要性があったか疑問が残る。

3　通行地役権設定契約の有効性

通行地役権設定契約は，要役地所有者と承役地所有者とによってなされる（民176条）。要役地所有者と承役地所有者とが同一である場合，地役権は混同により消滅するから（民179条１項本文），地役権の登記があっても，その登記された地役権は実体を有しない無効なものとなる。Ｙはこのように争ったため，地役権設定契約当事者が誰であるかが争われた。

実務上，不動産の売買契約において，契約締結時と移転登記時・代金支払時が異なる場合，所有権移転時期を移転登記時・代金支払時（手付金を支払っている場合は，代金全額支払時）とする特約を締結することが多い。

本判決は，このような実務上の取扱いから，売買契約時と所有権移転登記時との間に６年以上の期間が空いている本件土地１売買契約においては，売買契約時に所有権を移転させない特約があったと推認し，反対に，売買契約時と所有権移転登記時との間に22日間しか期間が空いていない本件土地２売買契約においては，特約があったとは推認できないとした。

このほか，地役権設定登記を申請するには，登記権利者及び登記原因を申請書に記載し（不登59条３号・４号），登記権利者と登記義務者が共同で（不登60条），地役権を設定する原因となった登記原因証書を添付して申請する必要がある（不登18条，不登令３条１号・６号・７条１項６号・別表三十五添付情報欄イ）。登記官がこれらを形式的に確認するから，権利者と義務者が同一であったのに地役権設定登記が受理された可能性は低いといえる。

4　Ｙによる承役地の時効取得

本件マンションの区分所有者らは，承役地の占有者であるから，取得時効に必要な占有を継続すれば，その反射として，地役権は消滅する（民289条）。しかし，地役権者がその権利を行使すると，地役権消滅の効果は生じない（民290条は消滅時効の中断というが，正確な表現ではないと解されている）。本件においては，本件土地１からの車での出入りのために本件土地３が利用されていたと認定され，地役権の制限のない占有が継続されたと認められなかったものである。

【竹下　慎一】

39 マンションの法定敷地に関する共有物分割請求の可否

東京地判平成20年2月27日（平成19年(ワ)第30283号）
LLI/DBL06330962

争点

1　法定敷地について共有物分割請求をすることができるか
2　規約改正により法定敷地の一部を敷地利用権の対象から外すことができるか

判決の内容

■ 事案の概要

　本件マンションは，X（管理組合理事長），Yら，その他の区分所有者ら（本件訴訟でXを原告として選定した区分所有者であり，以下「選定者ら」という）が区分所有し，本件マンションの敷地（以下「本件土地」という）は，区分所有者らが共有している。本件土地の一部（もと受水槽置場であり現在撤去済み。以下「本件係争地」という）は，隣地と接しており，隣地ではA社が別のマンション建設を計画している。

　本件マンションの管理組合理事会では，本件マンションの将来の修繕工事費に充てるために，本件土地から本件係争地を分筆してA社に売却することを企図し，A社も購入の意思を示したことから，臨時総会を開催し，同総会において，本件係争地を区分所有者の共有部分及び敷地利用権の対象から外す旨の，管理組合規約の改正が多数決により決議されたが，Yらはこれに同意しなかった。

　そこで，選定者らから選定を受けたXは，原告として，Yらに対し，主位的には，本件土地から本件係争地及び別の土地部分の分筆を行い（以下「本

件分筆」という），本件係争地については，Yらの共有持分をXが取得し，XがYらそれぞれに対し，その持分の価格を賠償する方法により分割すること（以下「本件分割」という）を，予備的には，Yらに対し，本件分筆を承諾すること及び本件係争地について本件分割をすることを求め，併せて，Yらに対し，Yらが本件係争地に有するYらの持分の移転登記を求めた。

■ 判決要旨

裁判所は，大要以下のように判示して，Xの請求を棄却した。

共有物の分割請求を認める民法256条は，物の所有については単独所有が原則的所有形態であり，共有は例外的形態であるから，共有関係を解消して所有の原則的形態へ復帰することを認めたものであると解される。

本件土地は，区分所有法2条5項前段の「建物が所在する土地」，いわゆる法定敷地にあたるところ，このような区分所有建物の法定敷地は，一棟の区分所有建物がその上に物理的に所在する土地であり，それが区分所有者によって共有されている場合において，その分割を認めるとすれば，その法定敷地上に存在する区分所有建物の存立に多大な支障が生じることは明らかであるし，法定敷地は，通常の共有物とは異なり，共有関係が維持され続けることを前提としているものであるから，共有関係の解消を図って単独所有の原則に戻すことを目的とする共有物分割請求に馴染まない性質を有しているというべきである。したがって，このような法定敷地の性質に照らして，それを共有物分割請求によって分割することは許されないと解すべきである。

本件係争地が分割により規約敷地となるのであれば，区分所有法31条1項に基づき，本件マンションの規約を改正することにより，本件係争地を敷地利用権の対象から除外し，売却することも可能になると考えられる。しかし，法定敷地については，共有物分割請求権に基づき分割請求をすることは許されず，また，共用関係の廃止にあたる分割や分筆をするためには区分所有者全員の同意が必要であるが，本件においては，区分所有者全員が本件分割に同意したとは認められないから，本件係争地が敷地利用権の対象から除外されたと認めることはできない。

解　説

1　法定敷地について共有物分割請求をすることができるか

　本件の中心となる争点は，マンションの法定敷地（区分所有2条5項前段）を共有物分割請求（民256条）によって分割することができるかである。

　Xは，法定敷地も民法の共有物分割請求の対象となる根拠として，区分所有法21条は，建物の共用部分に関する定めを区分所有建物の敷地に準用しているが，建物の共用部分に関する定めのうち同法17条ないし19条のみを準用するにとどまり，建物の共用部分に関して，民法の共有に関する規定の適用を排除する12条を準用していないから，民法の規定に従って，共有物分割請求をすることは許されると主張した。しかし，裁判所は，区分所有法12条は，民法の共有に関する規定の適用を直接に排除する規定ぶりとなっているものではなく，同条の解釈により，民法の共有に関する規定が排除されると解されているにすぎないのであるから，区分所有法21条が，同法12条を準用していないからといって，当然に区分所有建物の敷地を分割することが許されるということではなく，共有物分割請求の可否は，その事柄の性格に応じ，実質的に判断されるべきであるとした。その上で，法定敷地は，一棟の区分所有建物が物理的に存立するために不可欠なものであることは明らかであって，もともと分割されることは予定されていないものであるから，建物の共用部分について共有物分割請求が許されないその理由（一方的な意思表示により分割の効果が生じる共有物分割請求の対象にはなじまない）は，法定敷地にも同様にあてはまるものである，としてXの主張を排斥した。

　マンションの法定敷地に対する，一部の共有者（区分所有者）からの共有物分割請求が認められた場合，マンション存立自体の問題となり，区分所有者全員の利害に重大な影響を及ぼすことになるから，一部の区分所有者が法定敷地につき民法に基づき共有物分割請求をすることは許されないとする，本判決の結論に異論はなかろう。

2　規約改正により法定敷地の一部を敷地利用権の対象から外すことができるか

　民法の共有物分割請求が認められないとしても，集会決議による規約改正

によって法定敷地の一部を分割し、敷地利用権の対象から外すことはできるであろうか。

Xは、法定敷地であっても、分割及び分筆することにより、その分筆された土地は、区分所有法5条2項の定めるみなし規約敷地となるから、その後は、区分所有者全員の同意がなくとも、同法31条1項に基づき管理組合の規約改正をすることによって、敷地利用権の対象から除外することができ、分割及び分筆後の一部土地を売却することができると主張した。

しかし、裁判所は、たしかに本件係争地が規約敷地となるのであれば、区分所有法31条1項に基づき規約を改正することにより、本件係争地を敷地利用権の対象から外し、それを売却することも可能になると考えられるが、法定敷地は共有物分割請求権に基づき分割をすることはできず、また、建物共用部分の変更を超えるような共用関係の廃止については、多数決で決することは許さず、区分所有者全員の同意を要していると解すべきであり、法定敷地についても、建物の共用部分と何ら変わるところがないから、共用関係の廃止にあたる分割や分筆をするためには、結局、区分所有者全員の同意が必要であるというべきであるとした。その上で、本件では、区分所有者全員が本件分割に同意したとは認められない以上、X及び選定者らの賛成多数で、本件マンションの規約を改正したとしても、本件係争地が敷地利用権の対象から除外されたと認めることはできないと判示した。

区分所有法5条2項後段は、建物が所在する土地の一部が分割により建物が所在する土地以外の土地となったときは、同項前段のみなし規約敷地になるとする。規約敷地は、法定敷地と異なり、区分所有法31条1項の規約改正（規約改正の要件は区分所有者及び議決権の各4分の3以上の多数）により、敷地利用権の対象外とし、第三者に処分することも可能である（稲本洋之助＝鎌野邦樹『コンメンタール マンション区分所有法〔第3版〕』45頁）。区分所有法5条2項後段は、分割の方法につき何ら言及していないが、Xの主張は、この区分所有法5条2項後段にいう分割も、規約改正と同様に特別多数決で認めるべきだというものと解される。しかし、このように解釈した場合には、特別多数決とはいえ、一部の区分所有者の賛成によって法定敷地の分割ができることになってしまう。法定敷地を分割し処分する場合、区分所有建物の存立、維持管

理や，将来の建替え時の建ぺい率や容積率に影響が出てくることは必至であり，区分所有者全員にとって大きな影響があることであるから，法定敷地を分割する場合には，区分所有者全員の同意が必要と解するのが正当であり，本判決の結論は妥当であろう。

　なお，Xは，Xの主張を補強するものとして，区分所有法62条のマンション建替えの場合5分の4以上の決議で行うこととの均衡から，多数決により本件係争地を敷地利用権の対象から除外することができるとも主張したが，裁判所は，同条は，マンション建替えの必要が生じたときに，反対者がいることでマンション建替えが実行できず著しく不合理な結果が生じることを避けるために，例外的に多数決による方法を認めたものと解され，そのような利害状況が存在しない法定敷地の分筆，分割をこれと同一に論じることはできない，としてXの主張を排斥した。

3　関連する裁判例

　なお，関連する裁判例として，いわゆるタウンハウス（棟割り長屋）形式の区分所有建物の敷地（法定敷地）が区分所有者の共有となっている事案において，当該敷地が共有物の性質上分割をすることができないか，又は，共有物分割請求が権利の濫用にあたるのでない限り，敷地の分割請求をすることができると判示し，一部の共有者からの共有物分割請求を認めた東京地裁平成23年3月22日判決（LLI/DBL06630156）があるが，同裁判例も，高層マンションの場合などは，敷地の共有物分割請求を否定するのが相当な場合にあたると述べている。

【山田　敏章】

40 連棟式建物の区分所有者が土地を分有する際の占有権原

東京地判平成25年8月22日（平成21年（ワ）第26799号，平成22年（ワ）第3953号）
判時2217号52頁

争点

1 連棟式建物の各専有部分の区分所有者が，各専有部分の存する土地を分有する場合に，他の所有者の専有部分の存する土地の占有権原を有するか

2 連棟式建物の各専有部分の区分所有者が，その専有部分を取り壊し当該専有部分の存した土地に独立した新建物を建築し占有する行為が「区分所有者の共同の利益に反する行為」（区分所有6条1項）に該当するか

判決の内容

■ 事案の概要

Y_1は，区分所有建物である連棟式建物（以下「本件連棟式建物A」という）の北端部分（以下「旧Y邸」という）及び同部分の存する土地（以下「本件土地」という）の所有者であった。本件連棟式建物Aの敷地（以下「本件敷地」という）は，元々二筆の土地であったが，昭和53年頃，当時の所有者である分譲業者により本件敷地上に本件連棟式建物Aが建築された際，本件連棟式建物Aの各専有部分の存する土地に分筆され，各専有部分とともにY_1，Xら等に売却された。Y_1は，平成7年4月頃から平成8年1月頃まで，本件連棟式建物Aから旧Y邸を切り離して解体し，新しい独立した新建物（以下「新Y邸」という）を本件土地上に建築する工事（以下「本件工事」という）を施工させ，Yらが新Y邸を所有するにいたった。本訴請求は，切り離し後の連棟式建物（以下「本件連棟式建物A′」という）の各専有部分及び同部分の存する土地の所

有者であるXらが，本件土地について地上権を有すると主張して，Y1に対し，上記地上権の確認及び上記地上権に基づく地上権設定登記手続を求めるとともに，Yらに対し，区分所有法6条及び57条又は上記地上権に基づき，新Y邸の収去及び本件土地の明渡し等を求め，本件工事がXらの専有部分を損傷する不法行為にあたると主張して不法行為に基づく損害賠償の支払を求めた事案である。他方，Yらは，Xらによる本訴請求にかかる訴訟の提起がYらに対する不法行為を構成すると主張して，Xらに対し，不法行為に基づく損害賠償の支払を求める反訴を提起した。

■ 判決要旨

本件連棟式建物Aは，全体が隙間なく接続されており，基礎・土台部分や，屋上，外壁，柱及び境界壁等の躯体部分は共用部分にあたり，本件敷地全体にまたがって設置されており，各区分所有者が他の区分所有者の取得する本件敷地部分に占有権原を有していないことになると，各区分所有者の合理的意思にそぐわない結果が惹起されることになるため，分譲業者は，各区分所有者が取得することになる本件敷地の部分に他の区分所有者のための占有権原を設定し，その後分譲を受けた各区分所有者は，分譲された専有部分の存する分筆後の土地の所有権とともに他の区分所有者が取得する土地の部分の占有権原を承継したものと認めるのが相当である，と判断した。

そして，承継可能とされる土地利用権としては地上権又は賃借権が考えられるが，本件では地上権を設定したことを裏付ける証拠がないため，その性質は賃借権であると解するものとして，Xらの地上権確認及び地上権設定登記手続請求を棄却した。ただし，本件工事は本件連棟式建物Aの共用部分を失わせ，本件連棟式建物A′を違法建築物とし，将来の本件連棟式建物A′の建替えの際の敷地を減少させるものであるから，区分所有者の共同の利益に反する行為にあたるものとし，Xらの区分所有法6条及び57条に基づく新Y邸の収去請求を認容した。また，XらのYらに対する損害賠償請求は一部認容され，本訴及び反訴におけるその余の請求は棄却された。

解　説

1　本判決の意義

本判決は，所有権の分有の場合に，区分所有者が他の区分所有者の所有する土地における占有権原を有するかという，これまで先例の乏しい点について判示した事例である。また，「区分所有者の共同の利益に反する行為」(区分所有6条1項) は行為類型によりいくつかの分類がされるが (法務省民事局参事官室編『新しいマンション法』271頁等)，本件はこれに一例を加えるものとして実務上意義を有するものである。

2　所有権分有の場合における他の区分所有者所有の土地にかかる占有権原

(1)　共用部分の持分による他の区分所有者の土地の占有

本件連棟式建物Aのように，区分所有建物の敷地が数筆に分かれ，区分所有者がそれぞれこの敷地のうち一筆又は数筆の土地について，単独で，所有権，地上権，賃借権などを有する場合を「分有」といい，階層式区分所有建物等でも採用されている。そして，区分所有建物のうち東西方向の梁，支柱等の基本的構造部分は共用部分にあたるとした事例 (大阪高判平23・3・30判時2130号13頁) からも明らかなように，本件のような連棟式区分所有建物にも共用部分があり (区分所有2条4項・4条1項)，共用部分は区分所有者全員の共有に属するから (区分所有11条1項)，各区分所有者は共用部分の持分を有することで他の区分所有者の土地を占有する (丸山昌一・NBL1031号83頁)。本判決も同様の理論から，本件敷地の部分に他の区分所有者のための占有権原が存することを認めている。

(2)　他の区分所有者の所有する土地に有する占有権原の性質

本判決では，明示的な権利内容の設定が認められない以上，直ちに地上権の設定を認定できず，Xらの占有権原の性質は賃借権であると判示した。所有権の分有の場合，区分所有者が他の区分所有者の所有する土地にいかなる占有権原を有するかという点について，①各土地についてその所有者を賃貸人とし，全員を共同賃借人とする賃貸借関係が存在するとみることができるとする見解 (青山正明・金法1045号14頁)，②その敷地全体を一棟の区分所有建

物の敷地として利用しあうという明示又は黙示の合意に基づく権利が，土地の所有権等から独立した権利として存在するものとは観念されず，各筆の所有権等自体が敷地利用権であり，上記の合意の存在は，敷地利用権の完全性の問題として捉えるべきとの見解（濱崎恭生『建物区分所有法の改正』103頁）等があげられる。裁判例では，借地人4名共同で借地上に縦割式ビルを建築することは，共用部分が土地の全面にわたって存在することから，相互に一種の転借権を設定したことになると認めた事例がある（名古屋高金沢支判昭56・3・30判時1027号74頁）が，所有権の分有の場面における事例は見当たらず，本判決はかかる争点について一石を投じた裁判例として参考になる。

3　敷地利用権が賃借権である場合の分離処分の禁止規定との関係

区分所有法では，専有部分と区分所有者が共有する敷地利用権（共有持分又は準共有持分）を分離して処分できないものとされ（区分所有22条1項），当該規定が適用される敷地利用権は，数人で共有する所有権又は準共有する地上権，賃借権であることについては争いがない（丸山英気＝折田泰宏編『これからのマンションと法』230頁〔藤井俊二〕）。ただし，専有部分についてのみ処分の意思表示がなされ，かつ，敷地利用権が賃借権である場合には，民法87条2項の類推適用によって処分の効力が敷地利用権にも及び，当該処分は両者一体のものとして有効と解される（稲本洋之助＝鎌野邦樹『コンメンタールマンション区分所有法〔第3版〕』140頁）。判例では，賃借地上にある建物の売買契約が締結されたとき，特別の事情のない限り，その売主は買主に対し建物の所有権とともにその敷地の賃借権をも譲渡したものと解すべきとされており（最一小判昭47・3・9民集26巻2号213頁・判時664号33頁・判タ277号136頁），敷地利用権も射程の範囲内とされ（藤井・前掲237頁），本判決も同様の理解に立つものと考えられる。

4　区分所有者の共同の利益に反する行為

「共同の利益に反する行為」（区分所有6条1項）の該当性は，その行為の必要性，行為者の受ける利益，他人に与える不利益の性質及び程度，他の手段の可能性等諸事情を考慮して，個別具体的に決するものとされる（川島武宜＝川井健編『新版注釈民法(7)』632頁〔川島一郎ほか〕）。

本判決では，①本件工事が本件連棟式建物Aの共用部分を失わせるもので

あること，②本件工事によって新Ｙ邸が建築されたため，建築基準法上本件土地を本件連棟式建物Ａ′の敷地とみることはできず（建基施令１条１号参照），本件連棟式建物Ａ′は第二種高度地区制限に違反する違法建築物になったこと，③新Ｙ邸が存在することにより本件土地を建替え後の建物の敷地とすることができない場合，準工業地域内における斜線制限を受け，日影規制の緩和規定が適用されなくなること，④本件連棟式建物Ａ′の違法状態を免れるには，旧Ｙ邸と同等の建物を改めて建築して本件連棟式建物Ａの状態を回復するか，本件土地を含む本件敷地全体を敷地として本件連棟式建物Ａ′を建て替えるかの選択肢しかないが，本件土地にＹら所有の新Ｙ邸が建築された以上，いずれの選択肢も実現できないこと等の事実を積極的に評価し，区分所有者の共同の利益に反する行為にあたると判断したものである。

【宗像　洸】

41 共用部分の賃貸借契約についての手続要件

札幌高判平成21年2月27日（平成20年（ネ）第234号）
判タ1304号201頁

争点

1 区分所有建物の共用部分の賃貸借契約について，民法602条と管理規約のいずれが優先するか
2 共用部分に関する区分所有法と管理規約との関係をいかに解するか

判決の内容

■ 事案の概要

Xは，マンションの区分所有者によって構成されたマンション管理組合たるYとの間で通信設備等を設置するため，マンションの屋上の一部を賃借する契約（以下「本件契約」という）を締結した。

しかし，Xは同マンションの居住者らから，上記設備の設置工事を妨害されたとして，上記賃借権の確認及び設置工事の妨害禁止を求めて訴えを提起した。

これに対し，原審は，XYの間に本件契約が締結されたことは認められるとしながらも，共用部分の変更に係る本件管理規約46条3項や区分所有法17条の定めは物理的な意味での変更のみを対象としているのであり，法律関係の形成にあたる行為は同規定が想定している変更ではないから，本件にこれら規定は適用されない。また，賃借権の設定については，本件管理規約16条2項が定めをおいているが，同規定は，処分に行為能力の制限を受けた者又は処分の権限を有しない者が賃貸借をする場合の短期賃貸借を定めた民法602条の期間を超えない賃借権の範囲に限られるとし，本件では，この期間を超える賃貸借であるところ，これは区分所有者の団体が決する問題ではな

く，個々の区分所有者が共有持分権者として判断すべき問題であるから，区分所有者の全員一致が必要であるとして，Ｘの請求をいずれも棄却した。

Ｘは，これを不服として控訴した。

■ **判決要旨**

原判決取消し。本判決は，以下のとおり，Ｘの賃借権を認め，ＹはＸの工事を妨害し，妨害させてはならないと判断した。

1 本件契約の有効性について

本件契約は，区分所有建物の共用部分たる本件建物の屋上を対象とするものであり，Ｘもそのことを認識していたから，管理組合であるＹとの間で合意に至るだけでなく，区分所有建物の共用部分の使用に必要な決議等がなければ，本件契約は無効である。

2 本件議案の議決要件

本件では，頭数及び議決件数において，59の賛成があり，反対が９であったところ，本件議案が，原審の判断するように民法602条の適用を受け，区分所有者全員一致を要するか，あるいは普通決議で足るか，特別決議を要するかが問題となる。

(1) 本件管理規約の定め

原則として普通決議であるが（本件管理規約46条２項），「敷地及び共用部分等の変更（改良を目的とし，かつ，著しく多額の費用を要しないものを除く。）」については，特別決議事項としている（同条３項２号）。また，「第３項第２号の場合において，敷地及び共用部分等の変更が，専有部分又は専用使用部分の使用に特別の影響を及ぼすときは，その専有部分を所有する組合員又はその専用使用部分の専用使用を認められている組合員の承諾を得なければならない。この場合において，その組合員は正当な理由がなければこれを拒否してはならない。」（同条７項）と定められている。

(2) 民法602条の適用

区分所有法は，共用部分について，同法15条２項などの制限を設けているが，これら制限は，「処分につき行為能力の制限を受け」又は，「処分の権限を有しない」からではなく（民602条。ただし，民法の一部を改正する法律（平成29

年法律44号）では，行為能力者については各類型に応じた制限に従うべきとして「処分につき行為能力の制限を受けた者」との文言は，削除されている），区分所有関係特有の要請からである。区分所有関係が成立している建物の共用部分を対象とする限りにおいては，同法が民法の特別法にあたるから，共用部分の賃貸借につき，民法602条の適用は排除され，同条に定める期間内でなければならないものではない。

(3) 本件の議決要件の定め

　本件管理規約46条3項2号の「敷地及び共用部分の変更」も，その意義は，区分所有法17条1項と同様「形状又は効用の著しい変更を伴」うものであると解されるが，本件管理規約においては，「形状又は効用の著しい変更を伴」うものであっても，「改良を目的とし，かつ，著しく多額の費用を要しないもの」については，特別決議事項から除外されていると解される。

　以上によれば，共用部分を第三者に賃貸して使用させる場合に必要な決議は，第三者に使用させることにより「敷地及び共用部分の変更（改良を目的とし，かつ，著しく多額の費用を要しないものを除く。）」をもたらすときは特別決議，これをもたらさないときは普通決議であると解される。

(4) 特別の影響

　本件管理規約46条7項の「特別の影響」は，区分所有法17条2項と同じく，共用部分に変更，すなわち形状又は効用の著しい変更が生じたことにより，①特定の専有部分を所有する組合員又は特定の専用使用部分の使用者にのみ影響があり，②その影響が社会通念上受忍すべき限度を超えるもの（例えば，採光や通風の障害）である場合をいうと解される。本件管理規約46条7項には，「この場合において，その組合員は正当な理由がなければこれを拒否してはならない。」との規定もあるから，②の要件が必要なことは明らかであり，本件設備等による電磁波の発生によって社会通念上受忍すべき限度を超える影響があるときでなければ，承諾を拒めない。

　しかし，本件設備等からの電磁波の発生によって，付近の住戸の居住者に健康被害が生ずると認めるに足りる証拠はなく，本件で本件管理規約46条7項の承諾は必要でない。

(5) 本件における議決要件

本判決は，本件の工事内容を詳細に検討し，本件では，共用部分に「形状又は効用の著しい変更」が生じるとは認められないとし，普通決議で足るとした。

3　結　論
以上に基づき，本判決は，本件では，普通決議の要件を満たしており，Xの請求には，いずれも理由があると判断した。

解　説

1　区分所有建物の共用部分の賃貸借契約について民法602条の適用の有無

原審は，総会決議で共用部分を第三者に使用させることができるとする本件管理規約16条2項の規定は，管理組合が管理権に基づき使用を許可するような場合を念頭においており，民法602条の期間を超えない賃貸借の設定に限られるとして，これを超える場合には，管理規約や区分所有法の定めによらず，処分行為として，民法の原則に戻って，区分所有者全員で契約を締結する必要があるとして，Xの請求をいずれも棄却した。

これに対し，本判決は，原審を否定し，民法602条は「処分につき行為能力の制限を受けた者」又は「処分の権限を有しない者」が管理行為として賃貸借契約を締結するときの賃貸借期間に上限を設ける規定であるのに対し，区分所有法上の共有者の処分に関する制限は，共用部分の共有者が「処分につき行為能力の制限を受け」又は「処分の権限を有しない」からではなく，区分所有関係特有の要請であること，区分所有法が，区分所有建物の共用部分を対象とする限りで民法の特別法にあたり，共用部分の賃貸借については，民法602条は適用されないとした。

実際に，原審のように区分所有者全員の同意を要すると解すれば，大規模なマンションではもはやこれが不可能となり，賃貸借の理由，使用態様いかんによらず，全員の同意を要するなど不合理な帰結をもたらすことになりかねない。かかる判断は，民法の共有に関する一般法理をもちこまず，区分所有関係の特殊性を考慮して，現実に即した解決を図る判断であるといえる。

2　共用部分に関する改正区分所有法と管理規約との関係をいかに解するか

　本件では，共用部分の変更の議決要件について，本件管理規約46条3項2号が，改正前の区分所有法17条1項，同法を受けて定められたマンション標準管理規約に従い，「敷地及び共用部分の変更（改良を目的とし，かつ，著しく多額の費用を要しないものを除く。）」と定めていたのに対し，平成14年に区分所有法17条1項が改正され，「共用部分の変更（その形状又は効用の著しい変更を伴わないものを除く。）」とされたことから，旧17条1項及びそれに倣った本件管理規約と改正後の区分所有法17条1項のいずれを適用すべきかが問題となった。

　これについて本判決は，旧法に準拠しても「敷地及び共用部分等の変更」は「形状又は効用の著しい変更を伴うもの」と解され，ただ「改良を目的とし，かつ，著しく多額の費用を要しないもの」については，特別決議事項から除外されるとしている。結局のところ，本判決は「形状又は効用の著しい変更」があるか否かを判断しているのであり，本件管理規約を考慮しているようにみえて，実際は現行法の適用を行っているといえる（野口大作「区分所有建物の共有部分（屋上の一部）に携帯電話基地局を設置する長期賃貸借契約について総会の普通決議の承認でなしうるとした事例」マンション学39号136頁）。

　平成28年には，社会情勢等を踏まえて，マンション標準管理規約が改正されるに至っており，今後，区分所有法や旧標準管理規約との齟齬の問題が生じるものと予想される。今後も判例，学説の蓄積が待たれる問題であるといえる。

【堀岡　咲子】

42 共用部分の登記と背信的悪意者

東京高判平成21年8月6日（平成21年(ネ)第2046号）
判タ1314号211頁

争点

マンションの共用部分を取得した者が背信的悪意者である場合、専用部分としての登記をもって管理組合にその所有権を対抗し得るか

判決の内容

■ 事案の概要

本件マンションを建築分譲したBは、本件洗濯場及び倉庫を自己名義としたまま共用部分である旨の登記をしていなかったところ、これらを競落したAが、居宅事務所及び事務所と変更登記をした上、これを代表者の姉であるXに譲渡し、所有名義を移転した。

Xは、マンション管理組合管理者Yに対し、専用使用権の確認、改修工事承諾又は妨害予防、引込開閉器盤撤去請求等を求め、訴えを提起した（Aが補助参加）。

これに対し原審は、上記請求を認めたため、Yが控訴した。

■ 判決要旨

1 区分所有法4条2項後段と第三者

本判決は、本件洗濯場及び倉庫は、規約によれば共用部分にあたるが、その旨登記はされておらず、Yは、これら物件の所有権を取得したXに対し、規約上共用部分であることを主張することができないのが原則であるとした（区分所有4条2項後段）。

2 背信的悪意者

しかし本判決は，競落当時，本件洗濯場及び倉庫の現状（現に洗濯場及び倉庫として区分所有者の共用に供されてきたこと，水道設備や電話線の設置がなく，管理費や修繕積立金の賦課の対象外とされてきたこと）は，物件明細書，現況調査報告書及び評価書に記載されており，競落をしたＡもそのことを認識していたとした。そして，Ａは競落後すぐに，規約上求められている管理組合への施設変更届等の提出措置を講じ，用途を居宅事務所及び事務所に変更登記しており，参加人は競落以前からマンションの規約一般及び本件の規約を熟知し，規約上共用部分であっても，登記がない限り第三者に対抗できないことについて周到に研究した上これを買い受けていると推認できるとし，そうすると，Ａは，本件洗濯場及び倉庫に共用部分の登記がないことを奇貨として変更登記の上でＹによる共用部分の主張を封ずる手立てを講じたものであり，規約共用部分について登記がないことを主張することを許されない背信的悪意の第三者というべきであるとした。

また，Ｘは，Ａの代表者の姉であり，本訴においても参加人たるＡに従属する訴訟行動をしていることからみても，Ａの依頼により，Ｙの権利主張をより困難にするため移転登記を受けた者であり，Ａの背信的悪意を承継した者というべきであるとした。

3　結　論

以上のとおり，本判決は，Ａ及びＸは，Ｙに対し，共用部分としての登記がないことを主張することができない背信的悪意の第三者というべきであり，本件洗濯場及び本件倉庫を排他的に使用する権利を有しないものというべきであるから，本件の請求には理由がないとして，Ｘの請求を認めた原審の判断を取り消した。

解　説

1　民法177条の「第三者」

民法177条は，不動産に関する物権の得喪及び変更は，その登記をしなければ，「第三者」に対抗することができないと定め，この「第三者」とは，当事者若しくはその包括承継人以外の者であって，不動産に関する物権の得

喪，変更の登記欠缺を主張する正当の利益を有する者をいうとされる（大連判明41・12・15民録14輯1276頁）。この場合において，第三者の善意，悪意は区別されないが（大判明38・10・20民録11輯1374頁），背信的悪意者は，登記欠缺を主張する正当な利益を有しないものであって，本条にいう「第三者」にあたらないとされる（最二小判昭43・8・2民集22巻8号1571頁）。

判例では，買主が所有権取得登記を経由していないのに乗じて，買主に高値で売りつけて利益を得る目的で，山林を売主から買い受けてその旨の登記を経た者（前掲最二小判昭43・8・2），山林の贈与に際し，立会人として両者の和解に関与した者（最二小判昭43・11・15民集22巻12号2671頁），Bの不動産の取得時効完成後に，前主から当該不動産を買い受けて所有権移転登記を完了し，Bが多年にわたり当該不動産を占有している事実を認識しており，Bの登記欠缺を主張することが信義に反すると認められる事情がある者（最三小判平18・1・17民集60巻1号27頁）は背信的悪意にあたると判断されている。

2 区分所有法4条2項の第三者

区分所有法は，共用部分とは，①専用部分（区分所有権の目的たる建物の部分，同法2条3項）以外の建物の部分，②専用部分に属しない建物の附属物，③規約により共用部分とされた部分（同法4条2項）をいうと定める（同法2条4項）。

このうち，規約により共用部分とされる部分については，登記をしなければこれをもって「第三者」に対抗することができないと定めている（同法4条2項）。

この「第三者」の意義については，前記1と同様に背信的悪意者を含むか否かが問題となるが，この問題について，明確に示した判例等はこれまで見あたらなかった。本判決は，この点についてはじめて，民法177条の「第三者」と同様に背信的悪意者を含まないとの立場を明らかにしたものであり，この点において先例的意義の大きい判例であるということができる。

【堀岡　咲子】

43 共用部分を対象とする
大規模排水管更新工事の決議要件と差止事由

東京地判平成26年7月10日（平成26年（ワ）第3903号）
ウエストロー2014WLJPCA07108003，LEX/DB25520423

争点

1　共用部分を対象とする大規模修繕工事が「その形状又は効用の著しい変更を伴わないもの」（区分所有17条1項括弧書）にあたるか

2　総会における手続上の瑕疵と工事発注先選定の適否が大規模修繕工事差止事由となるか

3　口頭弁論終結時に区分所有者の居住部分に関する大規模修繕工事が終了している場合における権利侵害のおそれの有無

判決の内容

■ 事案の概要

Xは都内に所在するマンション（以下「本件建物」という）の区分所有者であり，Yは本件建物の管理組合である。平成25年9月，Yは本件建物の排水管更新工事（以下「本件工事」という）を実施することとし，平成25年度定期総会において普通決議をもって承認された。Yは，本件工事発注先を選定するため，a社（見積額6110万円），b社（見積額5985万円），c社（見積額6615万円）から見積りをとった（なお，a社は上記見積額から値引きをして4950万円で工事を受注できるとしていた）。上記を踏まえ，平成25年11月頃，Yはb社との間で本件工事にかかる請負契約を締結した。本件工事の期間は，平成26年3月24日から同年6月27日までと予定されており，本件の口頭弁論終結時においてX居住部分に関する工事については終了していた。なお，Xは，平成25年6月30日にYの理事としてDを選任したYの総会決議の無効の確認を求める訴えを提

起し，平成26年3月20日，同訴訟はYの請求認諾により終了した（東京地裁平成26年（ワ）第1027号）（以下単に「別件」という）。

Xは，本件工事は共用部分の変更に該当するにもかかわらず区分所有法17条1項に基づく総会の特別決議を欠くこと，総会の招集通知において本件工事に関する議題の記載を欠くこと，総会議事録は理事任命等に関し虚偽記載があるため管理規約に違反すること，別件にてYの理事ではないことが確認されたDから本件工事への協力を求める旨の文書が投函されるなどXの平穏な生活が脅かされていること，Xの集会室利用をYが拒否したこと等の事情から，本件工事実施にいたる手続上の瑕疵及び人格権の侵害が不法行為にあたる旨主張した。また，本件工事に関し，ａ社の見積額が最も低く近隣の同種工事と比較しても相応な金額であるにもかかわらず，Yがｂ社との間で本件工事にかかる契約を締結し，これによってXの所有権が侵害されている旨主張した。そして，Xは，上記不法行為に基づき，また，所有権に基づく妨害予防請求権に基づき，本件工事及び工事代金の支払の差止めを求めた。

■ 判決要旨

本判決は，以下の理由からXの請求を棄却した。

まず，本件工事は老朽化した排水管の更新を主たる目的とし「その形状又は効用に著しい変更を伴わないもの」であるから，区分所有法17条1項本文の適用はなく，本件工事に関する総会決議要件を欠いているとはいえないものとした。また，招集通知の瑕疵のみで決議が直ちに無効とはならないことに加え，本件では「平成25年度定期総会のご案内」の冒頭に同年度に排水管の更新工事の計画がある旨，同総会では平成25年度の運営計画について相談する旨の記載があることから，直ちに招集通知に瑕疵があったとは認められず，他に総会を無効とすべき事由はないと判断した。Xの指摘する総会議事録の要式の不備については，仮に議事録が無効であるとしても決議自体の効力が直ちに否定されるものではないとして，Xの主張を排斥した。

次に，既にX居住部分の工事が終了し，少なくとも直近においてはYが組合員の意見を踏まえながらYの運営を行っていること等の事情から，口頭弁論終結時において，Xの権利が侵害されるおそれはないものとした。

さらに，数社から工事代金の見積額の提示を受けた場合にYが当然に一番低い見積額を提示した業者と本件工事の請負契約を締結しなければならないとするべき事情は認められないため，Yがb社と本件工事の契約を締結したことのみをもって財産権の侵害を認めることはできないと判示した。

解　　説

1　本判決の意義

本判決は，大規模排水管更新工事が共用部分の「形状又は効用の著しい変更を伴わないもの」（区分所有17条1項括弧書）に該当することを示す裁判例として事例的意義を有する。また，総会の手続上の瑕疵・工事発注先選定の適否・生活妨害・組合員としての活動の自由等に対する侵害の有無を検討し，工事の差止事由該当性を判断したものとして実務上参考になる。

2　特別多数決議を要する共用部分の変更

共用部分の変更（形状又は効用の著しい変更を伴わないものを除く）については，区分所有者及び議決権の各4分の3以上の多数による集会決議（特別多数決議）で決し（区分所有17条1項本文），形状又は効用の著しい変更を伴わない共用部分の変更については，区分所有者及び議決権の各過半数による集会の決議（普通決議）で決するものとされる（区分所有17条1項但書・18条1項・39条1項）。なお，平成14年法律第140号による改正（以下「平成14年改正」という）前の区分所有法17条1項本文では，共用部分の変更（改良を目的とし，かつ，著しく多額の費用を要しないものを除く）は特別多数決議が要件とされていた。

共用部分の変更が「形状又は効用の著しい変更」にあたるか否かは，変更を加える箇所及び範囲，変更の態様及び程度等を勘案して判断され，例えば，共用部分である階段室を改造してエレベーター室にする場合は形状の著しい変更にあたり，集会室を廃止して賃貸店舗に転用する場合は効用の著しい変更にあたる等とされている（東京地方裁判所プラクティス委員会第一小委員会「マンションの管理に関する訴訟をめぐる諸問題(2)」判タ1385号32頁）。

3　「形状又は効用の著しい変更」にかかる事例

平成14年改正前の事例では，共用部分であるマンション1階のパラペッ

ト部分の外壁面に，横幅約21m，縦幅約96cmの広告看板を設置した行為につき，同部分の物的性状を著しく変えるものとして，平成14年改正前の区分所有法17条1項にいう共用部分の変更に該当するとした裁判例（大阪高判昭62・11・10判時1277号131頁・判タ670号140頁），共用部分であるビルの非常階段の一部を倉庫に変更する旨の集会決議につき平成14年改正前の区分所有法17条1項所定の共用部分の変更を内容とするものであると認めた裁判例がある（大阪地判平元・5・31判時1351号91頁）。

　平成14年改正後の事例では，携帯電話の無線基地局用の電波塔設置を内容とするマンションの屋上の賃貸借について，区分所有法17条1項本文及び管理規約にいう「共用部分の変更」にはあたらず，管理組合が契約を有効に締結するためには総会で普通決議の要件を満たしていれば足りるとされた裁判例がある（札幌高判平21・2・27判タ1304号201頁【本書判例41】）（波床昌則・別冊判タ29号88頁）。本件も，大規模排水管更新工事については区分所有法17条1項本文の適用がないと判断したものとして，事例的意義を有するものである。

4　総会招集通知の瑕疵と議事録様式不備の総会決議無効事由該当性

　マンションの大規模修繕工事を行う際の管理組合の総会では，前提として総会前説明会を開催する等，議案に対する適切な説明を行うものとされており（公益財団法人マンション管理センター編『平成28年度版マンション管理の知識』954頁），本件でも手続上の瑕疵が争われた。本判決では，招集通知の瑕疵のみで決議が直ちに無効とはなるものではないとの一般論を述べた上で，総会招集通知における瑕疵を認定せず，また，議事録が無効であるとしても決議自体の効力が直ちに否定されるものではないと判示し，総会決議の無効事由について慎重な判断を行ったものと考えられる。

5　工事発注先選定の適否と差止め事由

　大規模修繕工事の施工会社選定において，指名参加競争入札方式，指名参加見積り合わせ方式は，前もって管理組合が決めた一定の条件で選定した工事会社を対象に，入札，見積り合わせによって発注先を決める方法として，比較的多くの組合員からの納得が得やすいものとされている。本判決では，当然に一番低い見積額を提示した業者と請負契約を締結しなければならないということではないと結論づけ，本件工事発注先の選定によるＸの財産権侵

害を認めなかった。本件判旨事項は，見積額以外にも現場所長の経験等を考慮して業者選定が行われる大規模修繕工事施工の実務に沿う判断であり，妥当なものといえる。なお，本件のような紛争防止策として，マンション管理組合では，工事計画の初期段階から信頼のおける設計事務所，建物診断会社をコンサルタントとして依頼する等の工夫が求められる。

6 口頭弁論終結時における権利侵害のおそれ

　本判決では，本件工事の継続によるXの生活平穏侵害のおそれを認めず，Xが組合員として自由に活動する権利や財産権の侵害については，Yが少なくとも直近において組合員の意見を踏まえていることの他，既にX居住部分の工事が終了しているという点を重視して，Xの権利侵害のおそれを否定した。一般的に，権利侵害は損害賠償請求による原状回復が原則となるため，差止め請求が認められるには，特に重要な権利が強度に侵害されるおそれが必要とされる（宮本圭子編『差止請求モデル文集例』3頁）。本判決では，かかる裁判実務に鑑み，口頭弁論終結時における権利侵害の蓋然性に重きを置き結論を導いたものと考えられる。本件をはじめ，管理組合員による明文規定なき差止め請求を認めた裁判例は乏しく，今後の事例の蓄積が待たれるところである。

【宗像　洸】

44 共用部分の改修工事に反対する区分所有者の協力義務

東京地判平成27年2月16日（平成26年（ワ）第16514号）
判時2267号67頁，ウエストロー2015WLJPCA02168002

争点

1 共用部分の改修工事に反対する区分所有者に協力義務があるか
2 管理組合の訴訟提起のための弁護士費用を反対区分所有者が負担すべきか

判決の内容

■ 事案の概要

マンションの管理組合であるXが，その臨時総会において，共用部分である各居室玄関扉の外部部分の改修工事（以下「本件工事」という）を専門業者に依頼して実施し，その工事代金を管理費から支出する旨の決議をしたところ，居住者のYのみがその工事に必要な協力を拒否した。

そこで，Xは，Yに対し，区分所有法46条又は同法57条に基づき，上記工事と同様の工事をすることについてのYの協力する義務の確認，工事を妨害しない義務の確認，Xが業者に支払う工事費用をXに対して支払う義務があることの確認をそれぞれ求めるとともに，Xの規約に基づき，Xが本件訴訟を提起するにあたって必要となった弁護士費用75万6000円の支払を求めた。

■ 判決要旨

1 訴訟追行決議の効力

Yは，Xが，平成26年5月31日の臨時総会において議決した本件訴訟追行を求める旨の総会決議が無効である旨主張したが，本判決は，理事長は有効

に選任されており，本件訴え提起が不適法なものと認める余地はないとした。

2 改修決議の効力及び反対区分所有者の協力義務

(1) 改修決議の効力

Yは，平成25年5月18日に開催された臨時総会は無効である旨主張したが，本判決は，これは適正に手続を履践して開催されたものであって，何らその成立及び議決に瑕疵があるものと認めるに足りる証拠はないから，本件改修決議は有効であるとした。

(2) 反対区分所有者の協力義務

その上で，本判決は，区分所有建物の区分所有者は，規約及び集会の決議に拘束されるから，本件マンションの区分所有者であるYは，当然に，適式に議決された本件改修決議に従う義務があり，Xは，本件改修決議を実行し，そのための協力を求める権利，義務を有するところ，YはXの再三の協力要請にもかかわらず，本件工事に協力していないことに加え，本件応訴の状況等からすれば，本件改修決議に従い，本件工事を実施することに協力する義務，業者が改修工事をするにあたり妨害をしない義務があることの確認を求めるXの請求は理由があるとして，Xの上記確認請求を認容した。

(3) 反対区分所有者の工事費用負担義務

他方，本判決は，Xの請求のうちXが業者に支払う工事費用について，YがXに支払う義務があることの確認を求める部分については，本件改修決議において，本件工事の工事費用は管理費から支出する，すなわちXが負担することとされ，Yを含む各戸の区分所有者がこれを直接施工業者に対して負担するものとは決議されていなかったものであり，その後の総会決議において，Yが本件工事の工事費用を直接負担する旨の決議がなされたことを認めるに足りる証拠はないとし，Xが業者に支払う工事費用について，YがXに対して支払う義務があるとは認められないとして，Xの請求のうち上記確認請求部分は棄却した。

3 訴訟費用等の請求について

本判決は，Yは，規約62条4項に基づいて，Xが本件訴えを提起するのに要した費用（弁護士費用を含む）を負担するものとし，その費用として，訴

訟費用（着手金）40万円（消費税別）及び実費（印紙代・切手代，交通費等の概算費用）3万円を認めた上，成功報酬30万円（消費税別）については，具体的な支出額を認めるに足りる証拠がないことからすると，15万円の限度で認容するのが相当であるとした。なお，この支払義務は，規約に基づいて生ずるものであるから，これを請求する本件訴状がYに送達された時点で弁済期が到来し，その翌日から遅滞に陥るものと解されるとした。

解　　説

1　共用部分の改修工事に協力しない区分所有者への対応

　建築後一定期間を経過したマンションにおいて，共用部分のどこを，いつ改修するかは常態的な課題であり，管理組合等が主導し（あるいは管理会社の提案に基づき），総会決議を経ながら，計画，業者の選定等の手続を進めていくこととなるのが一般的な流れである。

　本件において，Xは，区分所有法46条に基づく請求と同法57条（同法6条1項に定める「共同の利益に反する行為」の停止等の請求）に基づく請求を選択的に行ったところ，本判決は，区分所有者が規約及び集会の決議に拘束されることから当然に導かれる義務として，適式に議決された本件改修決議に従う義務，さらには改修決議の実行への協力を求める権利も認めている。これは，同法46条に基づく協力請求を認める趣旨と解される。

　さらに，本判決は，YがXの再三の協力要請にもかかわらず本件工事に協力していない等の事情も踏まえて，改修決議に従って工事の実施に協力する義務，業者が改修工事をするにあたり妨害をしない義務があることも認めている。

　共用部分の改修工事に協力しない区分所有者への対応としては，様々な根拠に基づくものが考えられるところであるが，本判決が改修決議の実行への協力を求める管理組合等の権利を認めたことは意義があるものと考えられ，マンション管理組合の運営実務上参考になると考えられる。

2　管理組合の訴訟提起のための弁護士費用の負担

　本件マンションの規約には，区分所有者が建物の保存に有害な行為その他

建物の管理又は使用に関し区分所有者の共同の利益に反する行為をした場合又はその行為をするおそれがある場合には，区分所有法57条から60条までの規定に基づき必要な措置をとることができ，これに関する訴訟費用（弁護士費用を含む）は当該区分所有者の負担とする旨規定されていた。

　本判決において認定された事実によると，本件訴訟の提起に関し，Xは，本件訴訟代理人弁護士と委任契約を締結し，着手金40万円（消費税別）及び成功報酬30万円（消費税別）の支払を約しているところ，本判決は，着手金全額と成功報酬のうち15万円を認容している。

　本判決は事例判断ではあるものの，諸要素を考慮して当事者間で合意される弁護士費用の着手金が全額認容されたこと，本来は事件終結後に当事者間で協議の上正式に決定されるであろう成功報酬についても判決において一部認容されたことについては，管理組合及びその代理人となる弁護士双方にとって参考になると思われる。また，マンション規約に，訴訟費用（弁護士費用を含む）の負担について定めを置くことの意義を示した判決とも評価できる。

【宮田　義晃】

45 マンション1階部分の専有部分該当性

東京地判平成26年10月28日（平成24年（ワ）第26314号）
判時2245号42頁

争点

マンション1階部分の駐車場として使用されている建物部分が専有部分に該当するか

判決の内容

■ 事案の概要

X_1ないしX_4（以下，まとめて「Xら」という）は，昭和46年に建築されたマンション（以下「本件マンション」という）1階101号室（以下「101号室」という）の区分所有権を相続により共有取得した者である（なお，当該相続について，平成24年2月8日に，XらとBを当事者とする遺産分割審判が確定している）。本件マンション1階には，101号室に隣接して，建物部分（以下「本件建物部分」という）が存在するところ，本件マンションの管理組合Yは，平成19年11月14日以降，A株式会社に対し，本件建物部分を駐車場として賃貸している。

そこで，Xらは，本件建物部分がXらの共有する専有部分であるとして，Yに対し，主位的に所有権に基づき，予備的に（本件建物部分が遺産分割審判の対象ではないことを前提に）共有持分権に基づく保存行為（民252条但書）として，本件建物部分の明渡し及び明渡し済みまでの賃料相当損害金の支払を求めるとともに，不当利得返還請求権に基づき利得の返還を求めた。

■ 判決要旨

本判決は，まず，区分所有権の目的たる建物の部分である「専有部分」に該当するためには，当該建物部分が構造上の独立性及び利用上の独立性を有

する必要があると判示した上で，構造上の独立性については，本件マンションの竣工当時，本件建物部分の北側部分及び東側部分は，壁面がなく外部に対して完全に解放された状態にあり，四方のうち二方が遮断されていなかったのであるから，独立した物的支配に属する程度に他の部分と遮断されているものとはいい難いと判示し，また，利用上の独立性については，本件マンション内の表示や本件建物部分の設備等に鑑み，本件建物部分は，区分所有者らが自由に通行することが可能なピロティ兼通路であって，利用上の独立性は認められないと判示し，本件建物部分は，専有部分ではなく，法定共用部分であるとしてXらの請求を棄却した。

解　　説

1　専有部分と共用部分

　区分所有法は，分譲マンション1棟の建物の中は，専有部分と共用部分とに分類されるとする。同法上，専有部分となるのは，1棟の建物に構造上区分された数個の部分で独立して住居，店舗，事務所又は倉庫その他建物としての用途に供することができる部分である（区分所有1条・2条1項・同3項）。これに対し，同法は，構造上区分所有者の全員又はその一部の共用に供されるべき建物の部分は専有部分とならないとした上で（区分所有4条1項），共用部分となるのは，①専有部分以外の建物の部分，②専有部分に属しない建物の附属物，③専有部分となり得る建物の部分で，区分所有者の定める規約によって共用部分とされた建物の部分，④規約によって共用部分とされた附属の建物であるとする（区分所有2条4項・4条2項）。共用部分のうち，専有部分となり得ないため当然に共用部分となるものを法定共用部分といい，規約により共用部分とされたものを規約共用部分という。したがって，ある建物部分が専有部分であるか法定共用部分であるかは，当該建物部分が専有部分となり得るかどうかにより決される。

2　専有部分の具体的判断基準

(1)　総　　論

　ある建物部分が専有部分となり得るための要件は，上記区分所有法1条の

要件を充たすかどうかで決まると解されており、具体的には、当該建物部分が、①構造上区分されたものであること（構造上の独立性）、及び、②独立して建物としての用途に供することのできるものであること（利用上の独立性）が必要となると解されている。最高裁判例は、概ね上記見解を採用していると解される（最一小判昭56・6・18判時1009号58頁・判タ446号76頁、最一小判昭56・6・18判時1009号63頁、最二小判昭56・7・17判時1018号72頁、最二小判昭61・4・25判時1199号67頁、最二小判平5・2・12判時1459号111頁、最三小判平12・3・21判時1715号20頁）。

構造上の独立性及び利用上の独立性は、当該建物部分の構造（他の部分との遮断状況、外部との連絡口の有無、専有設備・共用設備の存在）、当該建物の建設時から現在までの当該建物部分の利用状況、建築当初の建築主及び区分所有者の認識、登記の表示、課税状況等を総合的に考慮して判断される傾向にあり、二要件は相関的である（稲本洋之助＝鎌野邦樹『コンメンタールマンション区分所有法〔第3版〕』9頁。なお、判断基準を上記二要件とすることの妥当性につき、玉田弘毅『注解建物区分所有法(1)』54頁を参照されたい）。

(2) **構造上の独立性**

構造上の独立性について、前掲最高裁昭和56年6月18日第一小法廷判決は、「建物の構成部分である隔壁、階層等により独立した物的支配に適する程度に他の部分と遮断され、その範囲が明確であることをもって足り、必ずしも周囲すべてが完全に遮断されていることを要しないものと解するのが相当である。」としており、本判決も同様な見解に立つものである。

本件建物部分は、建築前の設計図書においては、南側及び西側のみが壁面で遮蔽される設計となっており、道路に面する北側と隣地に面する東側については壁面が設けられる設計ではなく、東側については、建物の竣工後、昭和56年6月ころに、金属製波板とベニヤ板を用いて簡易な壁が設けられた。

本判決は、上記事実を認定した上で、本件建物部分が、竣工当時、四方のうち二方が遮断されていなかったことから、外部に対して完全に開放された状態にあったものと評価し、本件建物部分が駐車場として使用されていたことを考慮したとしても、独立した物的支配に適する程度に遮断性を有するとはいい難いと判示しており、遮断性の限界を示したものである。

これに対し，四方のうち二方以上が隔壁により遮断されていない建物部分について，脚柱が存在することや床面にタイルが貼り付けられていることなどから構造上の独立性を認めた裁判例もあり（東京地判昭53・12・7判時924号77頁・判タ378号115頁，神戸地判平9・3・26判タ947号273頁），構造上の独立性を認める上でどの程度の遮断性が要求されるかについては，統一的な見解があるとはいい難い。

　本判決は，竣工後に本件建物部分の東側に簡易な壁が設置されたことについて，登記の表示をもとに，本件建物部分は，建築当初から独立性を有しない空間として完成しているものであり，後日周囲を遮蔽することによって構造上の独立性を有する空間として完成させることが予定されたものではないと認定した上で，東側に簡易な壁が設置されたことは構造上の独立性の有無についての判断に影響を与えないとしている。建物内の空間部分は，本件のような完成された建物内の空間部分である場合と，建築主がこれから建築を予定している未完成建物の空間部分である場合があるが，ある建物部分が専有部分であるかどうかは，その建物部分の完成時を基準として判断すべきであろう（東京地判昭54・10・30判タ403号127頁は同趣旨。もっとも，完成時の認定は必ずしも容易ではないであろう）。なお，完成された建物内の当該空間部分が共用部分であるときにこれを追加工事等により専有部分化することは，共用関係の廃止にあたり，共用部分の共有者全員の合意が必要となる（稲本＝鎌野・前掲107頁）。そして，共有者全員の合意が得られない場合には，区分所有者は，このような追加工事が区分所有者の共同の利益に反する行為にあたるとして，当該工事の停止等を請求することができる（区分所有57条）。

(3) 利用上の独立性

　利用上の独立性が認められるためには，その建物部分が独立の出入口を有して直接に（他の専有部分を通らないで）外部に通じていることが必要であり，また，構造上の独立性との相関において内部の設備が使用目的に適した条件を調えていることが必要であるとされている（稲本＝鎌野・前掲11頁）。裁判例は，出入口や設備の設置状況だけでなく，当該建物部分の利用目的や利用状況もふまえて，当該建物部分が区分所有者の共用設備としての役割を果たしていると評価できる場合には，利用上の独立性を否定する傾向にあると思料

される。

　本判決は，本件建物部分は，設計図書上，「通路（共用）」，「ポリバケツ置場」若しくは「ピロティ」又は「ポーチ」と記載されていたこと，本件建物部分の西側にはホール等部分への出入口があるところ，ホール等部分にはその出入口扉に向けた非常口との表示があること，本件建物部分には，照明用の蛍光灯以外に特段の設備がないこと，その電源も共用部分であるホール等部分の共用の分電盤から供給されていることを認定した上で，本件建物部分が利用上の独立性を有するとは認められないと判示した。

(4)　他の裁判例

　マンション内の建物部分が専有部分にあたるか共用部分にあたるかが争われた裁判例は数多くあるが，本件のように，マンション内の空間の専有部分該当性が争われた事案のうち，専有部分該当性が認められた裁判例として，前掲東京地裁昭和54年10月30日判決，東京地裁昭和52年12月21日判決（判時895号89頁），前掲東京地裁昭和53年12月7日判決，東京地裁昭和56年8月3日判決（判時1034号112頁），前掲神戸地裁平成9年3月26日判決があり，共用部分であるとされた裁判例として，東京地裁昭和51年5月13日判決（判時840号84頁），東京地裁平成3年2月26日判決（判タ768号155頁），東京高裁平成7年2月28日判決（判時1529号73頁）がある。

【稲垣　　司】

第4 組合と金銭の問題

46 区分所有法59条の競売請求の可否

東京地判平成22年5月21日（平成20年(ワ)第900号）
ウエストロー2010WLJPCA05218001

争点

1 管理費等の滞納と区分所有法59条の競売請求の可否
2 工事への協力拒絶と区分所有法59条の競売請求の可否
3 共用部分における迷惑行為等と区分所有法59条の競売請求の可否

判決の内容

■ 事案の概要

マンションの管理組合の管理者であるXが、区分所有法59条に基づき、同マンションの区分所有者であるYが管理費等を滞納し、その他、工事の拒絶やマンション共用部分にビラ貼りや私物を置く等したとして、Yの所有する居室の区分所有権及び敷地利用権（以下「区分所有権等」という）について競売を請求した事案である。

■ 判決要旨

1 管理費等の滞納について

Yは、管理費等の一部（合計183万4252円）を滞納しており、その滞納額や滞納期間に照らすと、この滞納は本件マンションの管理又は使用に関し区分所有者の共同の利益に反する行為にあたるといえるものの、その滞納額の本件マンション全体の管理費等における割合や、Yによる管理費等の滞納によ

って本件マンションの区分所有者に生じた実害（本件マンションに必要な改修工事が実施できない状況にあることなど）を認めるに足りる的確な証拠はないのであって，本件管理組合が滞納管理費等の回収のために前訴判決及び強制執行に関して費やした手間や本訴前に弁護士に支出した費用が約22万円に達することなどを考慮しても，Yの上記滞納が本件マンションの管理上重大な支障となっており，本件マンションの区分所有者の共同生活上の障害が著しいものとまでは認め難いとした。

また，Yは，本訴提起後，X訴訟代理人弁護士に対し，滞納管理費等を一括で支払うことを申し出ているのであって，現在まで支払が完了していないのは，X及び本件管理組合の方で管理費等の受領を拒絶しているためであることや，Yの妻が，証人尋問において，今後は管理費等を支払う意向である旨証言していることに照らせば，競売請求以外に管理費等の滞納を解消し得る手段がないとも認められないとした。

2 工事への協力拒絶について

Yらの工事への協力拒絶は，本件マンション全体の雑排水関係設備や建物の機能を害し，又は，その美観を損なうものとして，本件マンションの管理又は使用に関し区分所有者の共同の利益に反する行為にあたるといえるとした。

しかし，本件各証拠によっても，雑排水管清掃工事や大規模修繕工事が行われないことによって本件マンションの設備等に具体的な不具合が生じたことはうかがわれないのであって，Yらが上記各工事を拒絶したことによって区分所有者の共同生活上に生じた障害の程度が著しいものとまでは認め難いとした。

また，Yの妻が，証人尋問において，今後はこれらの工事に協力する旨証言し，また，Yらが，本訴提起後，Y訴訟代理人弁護士の指示を受け，Xから共同の利益に反すると指摘された各行為について，これらを改善する意向を示し，現にその姿勢を示していることに照らせば，競売請求以外に工事への協力拒絶の状況を解消し得る手段がないものとも認められないとした。

3 共用部分における迷惑行為及び近隣居住者への嫌がらせについて

Yらは，長期間，継続的に，共用部分へのビラ貼り，本件居室前の階段や

廊下にダンボール，プラスチック製タンクなどの私物を置くなどの行為を継続しているのであって，これらの行為は，他の区分所有者の共用部分の使用を妨げ，又は，本件マンションの美観を損なうものとして，本件マンションの区分所有者の共同の利益に反する行為にあたるといえるとした。

また，Yらが本件居室のバルコニーに大量の私物を整理することなく置き，本件居室のバルコニーを通行不能の状態にしていることも，共用部分であるバルコニーを避難通路として使用することを著しく困難にするものとして，本件マンションの使用に関し区分所有者の共同の利益に反する行為にあたるものといわざるを得ないとした。

しかし，共用部分における迷惑行為以外の近隣居住者への嫌がらせ行為については，Yらが近隣居住者に対して行った行為の具体的内容を裏付けるに足りる客観的な証拠はなく，かえって，証拠及び弁論の全趣旨によれば，Yらともめ事を起こしていたのは，限られた範囲の近隣居住者又は本件管理組合の理事の一部のみであることがうかがわれることや，共用部分における迷惑行為についても，本件居室前の階段や廊下にプラスチック製タンクやペットボトルが置かれることとなったのは，本件管理組合が本件居室への水道及び下水道の給水停止という実力行使に出たことが一因となっているものと推認でき，Yらは，本訴提起後，本件居室の玄関付近の外壁その他の各所に貼ったビラ，ダンボール，プラスチック製タンク・ペットボトルなどの私物やごみの清掃に着手し，現在までに，それらをおおむね片付けるにいたっていることなどを総合考慮すると，今後再びYらが同様の行為を繰り返した場合は別論，現時点において，Yらの上記各行為（共用部分における迷惑行為及び近隣居住者への嫌がらせ）による区分所有者の共同生活上の障害が著しいとまではいい難いとした。

また，Yの妻が，証人尋問において，今後はビラを貼ったり，大量の私物をバルコニーに置くなどのXから迷惑行為として指摘された行為を繰り返さない旨証言し，現に，上記の片付けなどによってその姿勢を示していることに照らせば，競売請求以外に共用部分における迷惑行為等を解消し得る手段がないとも認められないとした。

4 結　　論

Xの指摘するYらの行為については，いずれも本件マンションの管理又は使用に関し区分所有者の共同の利益に反する行為にはあたり得るとしても，それらによる区分所有者の共同生活上の障害が著しいとも，競売以外の方法によってはその障害を除去して共用部分の維持を図ることが困難であるとも認めることはできず，Xによる競売の請求は，区分所有法59条1項所定の要件を具備するものとは認められないとした。

解　説

1　共同利益背反行為と区分所有法59条1項

(1)　共同利益背反行為

　区分所有法6条1項は「区分所有者は，建物の保存に有害な行為その他建物の管理又は使用に関し区分所有者の共同の利益に反する行為をしてはならない。」と規定しており，区分所有者の共同の利益に反する行為（以下「共同利益背反行為」という）には，①建物の保存に有害な行為と②建物の管理又は使用に関し有害な行為がある。

　共同利益背反行為に該当するか否かについて，東京高裁昭和53年2月27日判決（下民集31巻5～8号658頁）は，「当該行為の必要性の程度，これによって他の区分所有者が被る不利益の態様，程度等の諸事情を比較考量して決すべきものである」と規範を示しており，当該規範は広く支持されている。

(2)　区分所有法59条1項

　区分所有法59条1項は，「第57条第1項に規定する場合において，第6条第1項に規定する行為による区分所有者の共同生活上の障害が著しく，他の方法によつてはその障害を除去して共用部分の利用の確保その他の区分所有者の共同生活の維持を図ることが困難であるときは，他の区分所有者の全員又は管理組合法人は，集会の決議に基づき，訴えをもつて，当該行為に係る区分所有者の区分所有権及び敷地利用権の競売を請求することができる。」と規定している。

　すなわち，区分所有法59条の競売請求が認められるためには，単に共同利益背反行為といえるだけでは足りず，①共同利益背反行為による区分所有者

の共同生活上の障害が著しいこと②他の方法によってはその障害を除去して区分所有者の共同生活の維持を図ることが困難であるという，２つの実体的要件を満たす必要がある。

2　本判決について

本判決は，①管理費等の滞納②工事への協力拒絶③共用部分における迷惑行為及び近隣居住者への嫌がらせについて，いずれも，共同利益背反行為であるとしている（ただし，③の近隣居住者への嫌がらせは証拠上明らかではないとしている）。

しかし，共同利益背反行為による共同生活上の障害が著しいといえるかについて，①については，滞納額の本件マンション全体の管理費等における割合，②については，本件マンションの設備等に具体的な不具合が生じたことはうかがわれないこと，③については，迷惑行為が行われるようになった経緯やYが迷惑行為をやめて迷惑行為によって生じた状況を解消する対応をしていること，などからいずれも否定している。

また，他の方法によってはその障害を除去して区分所有者の共同生活の維持を図ることが困難であるといえるかについても，Yの対応（①については，一括での支払の意思表示をしていること，②については，改善の意向を示していること，③については，迷惑行為によって生じた状況を解消する対応をしていること）やYの妻の証言からこれを否定している。

本判決は，競売請求が行為者から区分所有権を剥奪し，区分所有関係から終局的に排除するという重大な効果をもたらすものであることから，共同生活上の障害が著しいといえるか否か，他の方法によってはその障害を除去して区分所有者の共同生活の維持を図ることが困難であるといえるかについて，慎重な検討を加え，結論として，これらを否定したものと評価できる。

3　裁判例

上記のように，競売請求が行為者から区分所有権を剥奪し，区分所有関係から終局的に排除するものであることから，特に「他の方法によってはその障害を除去して区分所有者の共同生活の維持を図ることが困難である」という要件については，裁判例上，慎重な検討がなされている。以下，否定例，肯定例をいくつか紹介するので，参照して頂きたい。

(1) 否 定 例
① 東京地裁平成18年6月27日判決（判時1961号65頁）　長期かつ多額の管理費等の滞納は共同利益背反行為にあたり，Yの滞納（約5年半，合計約170万円）はこれに該当し，かつ著しい共同生活上の障害が生じているとしたが，滞納した管理費等の回収は，本来は区分所有法7条の先取特権の行使によるべきであるなどとした上で，本件においては，債権回収の方策が尽きたとまでは認められず，また，滞納を謝罪し，分割弁済による和解を希望しているYの態度等に鑑みれば，競売申立て以外に管理費等を回収する途がないことが明らかとはいえないとした。
② 東京高裁平成18年11月1日判決（ウエストロー2006WLJPCA11016004）
本判決は①の控訴審であるところ，原審同様，管理費等の滞納は，共同生活上に著しい障害を与える行為であるとしたが，本件において，必ずしも無剰余取消しがなされるとは限らず，区分所有権等に対する先取特権の実行や強制執行によって管理費等の債権の回収を図る可能性がない場合であるとは認めることができないとした。

(2) 肯 定 例
① 東京地裁平成24年3月2日判決（LEX/DB25492504）　滞納が長期かつ多額（合計約750万円）にわたっている事案において，Yは管理費等を滞納し続け，その額が多額に上っていることから，マンションの管理運営上支障をきたしていることは明らかであり，かつ，任意の支払はもとより，強制執行による回収もできない状態になっていることからすれば，Yの滞納行為により，区分所有者の共同生活上の障害が著しく，かつ，区分所有法59条以外の方法によっては，その障害を除去して共用部分の利用の確保その他の区分所有者の共同生活の維持を図るのが困難である状況となっていると認められるとした。
② 東京地裁平成25年5月8日判決（LEX/DB25512820）　滞納額は466万8360円にいたっており，共同利益背反行為に該当し，Yは原告との交渉において本件未払管理費等の減額を求めるのみで，具体的な支払金額や支払方法等の提案をした事実は窺われず，かつ，原告がYに対し，管理費等の支払を求めた訴訟（以下「別件訴訟」という）の判決において確定し

た金額を支払うことが不可能である旨述べていることからすれば，今後Yから任意に本件未払管理費等を含めた本件不動産の管理費等が支払われる可能性は極めて低いこと，本件未払管理費等の額，本件不動産の評価額及びその根拠，本件不動産にかかる権利関係等に照らすと，別件訴訟における判決に基づく強制執行や区分所有法7条の先取特権に基づく競売が奏功しない可能性が高いことから，Yの共同利益背反行為により，区分所有者の共同生活上の障害が著しく，他の方法によってはその障害を除去して区分所有者の共同生活の維持を図ることが困難な状態が生じているとした。

【髙木　薫】

[47] 区分所有法59条の競売請求訴訟認容判決に基づく競売申立てと口頭弁論終結後の区分所有権の譲受人

最三小決平成23年10月11日（平成23年(ク)第166号，平成23年(許)第8号）
裁判集民238号1頁，判時2136号36頁，判タ1361号128頁

争点

区分所有法59条の競売請求訴訟の認容判決に基づいて口頭弁論終結後の区分所有権の譲受人に対して，競売開始を申し立てることができるか

決定の内容

■ 事案の概要

マンションの管理組合法人の副理事長である抗告人Xは，区分所有法59条1項に基づき，マンションの区分所有建物（以下「本件物件」という）の区分所有者であるA（以下「A」という）に対して，競売申立請求事件（東京地方裁判所平21(ワ)第27466号）を提起し，その認容判決（以下「本件判決」という）を得た。本件は，抗告人Xが，本件判決に基づき，A及び同事件の口頭弁論終結後（判決確定前）に本件物件の持分5分の4を同人から譲り受けたYに対して，それぞれの本件物件の共有持分権について競売の開始決定を申し立てた事案である。

執行裁判所（原々審：東京地決平22・10・18（平22(ケ)第1558号））は，本件物件のうち，Aの持分5分の1については，競売の開始決定をしたが，Yの持分5分の4については，本件判決の効力は口頭弁論終結後に本件物件の持分を譲り受けたYには及ばず，Aが競売妨害目的でYに本件物件の譲渡を仮装したかどうかという実体的な内容に入って執行裁判所が審査，判断すること

は相当でないなどとして、Xの申立てを却下したため、却下部分を不服として、Xが抗告をしたが、原審（東京高決平23・1・17判タ1363号203頁）が抗告を棄却したため、Xが許可抗告を申し立てた。

■ **決定要旨**

区分所有法59条1項の競売の請求は、特定の区分所有者が、区分所有者の共同の利益に反する行為をし、又はその行為をするおそれがあることを原因として認められるものであるから、同項に基づく訴訟の口頭弁論終結後に被告であった区分所有者がその区分所有権及び敷地利用権を譲渡した場合に、その譲受人に対し同訴訟の判決に基づいて競売を申し立てることはできないと解すべきであり、これと同旨の原審の判断は、正当として是認することができるとして、抗告を棄却した。

解　説

1　本決定の趣旨

田原睦夫裁判官が補足意見で、「競売請求訴訟は、法廷意見が述べるとおり、特定の区分所有者が区分所有者の共同の利益に反する行為をし、又はその行為をするおそれがある（以下、かかる状態を「共同利益侵害状態」という。）ことを原因として認められるものであって、そこで審理の対象となるのは、当該区分所有者の上記のような属性である。そうすると、同訴訟の事実審口頭弁論終結後に被告が区分所有権及び敷地利用権を譲渡した場合には、その譲受人が上記のような属性を有しているとは当然には言えない以上、被告に対する判決の効力が譲受人に及ぶと解することはできず、同判決に基づいて、譲受人を相手方として競売を申し立てることはできないというべきである。」と述べていることからも、本判決は、区分所有法59条の競売請求訴訟は、共同利益背反行為を行っている特定の区分所有者を排除することを目的とするものであり、当該訴訟に勝訴すればその目的は達成されるのであるから、共同利益背反行為を行うとは限らない譲受人に対しては当該訴訟の判決の効力が当然には及ばないとするものといえる。

2 本決定の問題点

本決定によれば，口頭弁論終結後の区分所有権の譲受人に対して，区分所有法59条の競売請求訴訟の認容判決に基づいて競売開始を申し立てることはできないということになるため，競売請求訴訟の被告が口頭弁論終結後に第三者に区分所有権を譲渡することによって事実上競売を免れることになる。

このような事態を防ぐため，区分所有法59条の競売を請求する権利を被保全権利として，処分禁止の仮処分を申し立てることも考えられるところであるが，最高裁平成28年3月18日第二小法廷決定（民集70巻3号937頁【本書判例50】）は「建物の区分所有等に関する法律59条1項に規定する競売を請求する権利を被保全権利として，民事保全法53条又は55条に規定する方法により仮処分の執行を行う処分禁止の仮処分を申し立てることはできないものと解するのが相当である」としてこれを否定した。

したがって，管理組合としては，承継した者に対して改めて区分所有法59条の競売請求訴訟を提起して勝訴判決を得るという迂遠な方法をとらなければいけないことになる。

もっとも，改めて提起した競売請求訴訟において，前訴の被告が共同利益の侵害状態（共同利益背反行為）を作出していることに既判力が及ぶと解することができれば（越山和広・法セ増刊速報判例解説11巻新・判例解説 Watch125頁），別訴提起による負担もある程度緩和されるといえるであろう。

3 口頭弁論終結前の承継の場合

本決定は口頭弁論終結後に承継が生じた事案であるが，口頭弁論終結前に承継が生じた場合にはどのように考えればよいだろうか。

この点，田原睦夫裁判官は本決定の補足意見で以下のように述べており，参考になる。

「競売請求訴訟が，特定の区分所有者の属性を原因として認められる訴訟であって，訴提起について慎重な手続が定められている（同法（注：区分所有法）59条2項，58条2項，3項）ことからすれば，譲受人にも被告と同様の属性が存するか否か及び競売請求訴訟を提起するか否かについて，同法の定める手続を経たうえで別訴を提起すべきであるとする考え方も有り得る。

しかし，競売請求訴訟が係属していることは，譲受人が僅かな調査をすれ

ば容易に判明する事実であり（例えば，区分所有者の共同の利益に反する行為が，暴力団事務所としての使用等その使用態様であるならば，当該区分所有建物を見れば一見して明らかであり，また本件のごとく管理費の未払であるならば，それは当然に譲受人に承継される（同法6条）ものである。），譲受人は訴訟を引受けることによって不測の損害を被るおそれはない。また，訴訟引受後に譲受人において区分所有者の共同利益侵害状態を解消させれば，競売請求棄却の判決を得ることができるのである。

　他方，原告は，譲受人に訴訟を引き受けさせることにより，従前の訴訟の経過を利用することができ訴訟経済に資することになる。また，訴訟係属中に被告が区分所有権（及び敷地利用権）を譲渡することにより，競売請求を妨げるという被告側の濫用的な妨害行為を抑止することができる。

　かかる点からすれば，競売請求訴訟提起後に，被告が当該区分所有権（及び敷地利用権）を譲渡した場合には，原告は，譲受人に対し訴訟引受けを求めることができるものというべきである。」

【髙木　薫】

48 管理組合の区分所有者に対する管理費等債権を被担保債権とする先取特権と優先弁済

東京高決平成22年6月25日（平成22年（ラ）第1083号）
判タ1336号281頁

争 点

管理組合の区分所有者に対する管理費等債権（区分所有7条1項）を被担保債権とする先取特権に基づき，当該区分所有者の有する建物が強制競売によって売却された場合の売却代金に対して物上代位できるか

決定の内容

■ 事案の概要

債権者（抗告人）である管理組合法人（以下「抗告人」という）は，抗告人の構成員である区分所有者（抗告審の相手方であり債務者。以下「債務者」という）に対して管理費等請求権（区分所有7条1項）について債務名義（確定判決）を取得し，これに基づいて強制競売を申し立て，当該競売によって当該建物は売却され，剰余金が発生したが，債務者が弁済金交付期日に出頭しなかったため，同剰余金は供託された。

抗告人が，区分所有法7条に基づく先取特権の行使として，上記供託金の還付請求権の差押命令を申し立てた（以下「本件申立て」という）のに対し，原審は，抗告人の先取特権は，民事執行法59条1項により消滅したから，同法193条1項の担保権の存在を証する文書の提出がないとして，本件申立てを却下したため，抗告人がその取消しを求めて執行抗告をした。

■ 決定要旨

　先取特権は，その目的物が売却されて代金に変じた場合には，この代金に効力を及ぼすものであり，これは，同売却が裁判所による競売手続によるものであっても異なることはないから，区分所有者（債務者）に対して区分所有法7条1項に規定する管理費等の請求権を有する管理組合は，同建物が強制競売により売却された場合であっても，同請求権を被担保債権とする先取特権に基づいて，同建物の売却代金（配当手続実施後の剰余金を含む）から優先弁済を受けることができる。

　したがって，本件建物が強制競売により売却されたからといって，前記の剰余金に対する物上代位の要件が失われたものということはできないから，本件において，抗告人が区分所有法7条1項に規定する債権を有すると認められる場合には，差押命令を発すべきであると判断し，当該債権の存否について審理させるため，本件を原裁判所に差し戻した。

I 解　　説

1　本決定の争点

　本件は強制競売における物上代位の可否が問題となった。

　区分所有法3条の区分所有者の団体（一般的には「管理組合」と呼ばれる団体がこれにあたるので，以下「管理組合」という）が区分所有者に対して有する管理費等債権には一般の先取特権が認められる（区分所有7条1項）。また，当該債権は債務者たる区分所有者の特定承継人（当該区分所有建物を譲り受けた者）に対しても行使できる（区分所有8条）。

　ただ，民事執行法59条1項は「不動産の上に存する先取特権，使用及び収益をしない旨の定めのある質権並びに抵当権は，売却により消滅する。」と定め（消除主義），一方で，担保権の設定された物が売却された場合，売却代金に物上代位ができる（民304条1項）。本件は，この消除主義と物上代位のいずれが適用されるかによって，原審と本決定とで結論が異なるものとなった。

2 先取特権とは

　先取特権とは、民法その他の法律により、債務者の財産について、他の債権者に先立って自己の債権の弁済を受ける権利である（民303条）。先取特権は、債権者と担保設定者との契約によるものではなく、一定の債権について法律上当然に認められる（法定担保物権）。

　区分所有法7条1項によって認められる先取特権は一般の先取特権であるが、債務者たる区分所有者の区分所有権（共用部分に関する権利及び敷地利用権を含む）及び建物に備え付けた動産の上から優先的に弁済を受けることができる（区分所有7条1項）。

3 物上代位とは

　物上代位とは、担保権の目的物の売却、賃貸、滅失又は損傷によって債務者が受けるべき金銭その他の物に対しても担保権を行使することができる制度である（民304条）。これについては、担保権は目的物の交換価値を把握するものであり、そうである以上、担保権の目的物の売却等によって債務者が受け取る金銭等は、当該目的物の価値変形物であるから、その上にも担保権が及ぶ（価値変形物説）、あるいは、担保権は物を目的とする以上、その目的物が消滅したら担保権も消滅するはずであるが、担保権者を保護するために、上記金銭等にも担保権を行使できることとした（特権説）と説明されている。

4 消除主義

　一方、民事執行法59条1項は、「不動産の上に存する先取特権、使用及び収益をしない旨の定めのある質権並びに抵当権は、売却により消滅する。」と定めている（消除主義）。これにより、買受人は、担保権の付着しない不動産を取得する。

　そのため、区分所有権が強制競売によって売却された場合、同条によって先取特権は消滅してしまい、物上代位などはできないのではないかが問題となる。

5 配当要求

　なお、管理組合が債務名義取得後に発生した滞納管理費等を競売手続内で回収するためには、配当要求という手段もとり得る（民執51条1項・87条1項2

号)。

6 本決定の意義

本決定は,強制競売によって売却された場合であっても民法304条1項の売却にあたるとして,強制競売の剰余金から優先弁済を受けられると判断した。

民法304条1項は「先取特権は,その目的物の売却,賃貸,滅失又は損傷によって債務者が受けるべき金銭その他の物に対しても,行使することができる。ただし,先取特権者は,その払渡し又は引渡しの前に差押えをしなければならない。」と定めるのみであり,区分所有法8条によって,区分所有者の団体が特定承継人に対しても管理費等債権を行使し得ることが物上代位の障碍になるとは,法文上は当然には導かれない。

また,確かに,管理組合が配当要求することによって債務名義取得後に発生した管理費等債権も回収し得るのであるが,配当要求は執行裁判所の定めた終期までに行わなければならず,当然,当該終期より旧区分所有者から新区分所有者に所有権が移転する代金の納付までにはタイムラグがあり,このタイムラグの間も,旧区分所有者が債務者である管理費等債権は発生し続ける。したがって,管理組合が旧区分所有者から管理費等の全額を回収しようとするならば,剰余金への物上代位は端的な方法といえる。剰余金への物上代位を認めることは,剰余金還付請求権という財産を有している旧区分所有者と管理費等債権が回収できていない管理組合との間の実質的衡平,また新旧区分所有者間の直截な解決(仮に,新区分所有者が旧区分所有者の滞納した管理費等を支払った場合,新区分所有者は旧区分所有者に対してこれについて求償できるのであり,そうであるならば,初めから管理組合が旧区分所有者から管理費等を回収した方が直截な解決である)を実現するものといえるのであり,本決定の判断は合理的であると考えられる。

【大橋　正典】

49 破産財団から放棄されたマンションの費用について，買受人から破産者への請求の可否

東京高判平成23年11月16日（平成23年（ツ）第148号）
判時2135号56頁

争 点

破産財団から区分所有建物が放棄された場合，当該放棄後に発生する管理費等について破産者が支払義務を負うか（免責決定の効力が及ぶか）

判決の内容

■ 事案の概要

上告人である破産者は，区分所有建物を所有し，平成18年8月1日から管理費等を滞納していたところ，平成18年11月14日に破産手続開始決定を受けた。しかし，平成19年3月13日，破産管財人は当該区分所有建物を破産財団から放棄し，同日に，破産廃止決定及び上告人に対する免責許可決定がなされ，同決定は確定した。

当該区分所有建物は強制競売され，平成19年7月18日に被上告人がこれを買い受け，上記滞納管理費等（平成18年8月1日から平成19年7月17日までの分）を当該区分所有建物の管理組合に対して支払った。

その上で，被上告人が上告人に対して，当該管理費等について求償請求した。

原審は，当該管理費等を，①平成18年8月1日の滞納開始から平成18年11月14日の破産手続開始決定までの分，②同日から平成19年3月13日の破産財団から放棄されるまでの分，③同日から被上告人が当該区分所有建物を取得した日の前の日である平成19年7月17日までの分に分け，①の債権は破産債

権であること、②の債権は財団債権であることから求償を否定したが、③の債権については上告人が支払義務を負うとした。そこで、上告人が、かかる求償を認めることは破産者の再生の機会を図るとの破産法の趣旨（同法1条）に反すること、強制競売手続が進行していた以上、任意売却を行うことは事実上不可能であり、滞納管理費等の増加は上告人の責任とはいえないこと、強制競売の売却基準価格の算定においては、当該区分所有建物の時価から滞納管理費相当額が控除されており、また、管理費等の滞納状況を知ることができた以上、競落人たる被上告人から上告人への求償が認められなくとも、被上告人に不利益はないことから、求償権の行使は信義則違反ないし権利濫用であること、かかる求償を認めると、早期の破産財団からの放棄によって、破産者が無用な支払義務を負ったなどと破産管財人が非難を受けるおそれが生じ、破産管財人としては早期の財団からの放棄に躊躇することになること、などを理由に上告した。

■ 判決要旨

　上記①の債権は破産債権として免責の対象になり、破産手続開始後の管理費等債権も、当該区分所有建物が破産財団の一部である限り財団債権となるから、②も破産者は弁済する義務を負わない。
　他方、破産管財人が財団から放棄した後は、破産法や民事執行法に特別の手当てがない以上、破産者が支払義務を負わないとする法律上の根拠に欠け、破産者が支払うべき義務を負う。
　財団からの放棄後に強制競売によって区分所有建物を買い受けた者が、当該建物が破産財団から放棄された後から買受人が当該建物を取得するまでの間に発生した管理費等を管理組合に対して支払った場合は、買受人は破産者に対して求償できる。

■ 解　　説

　上記①の債権が破産債権として免責の対象となり、免責確定によって自然債務となることは明白と思われ、新所有者が①の債務を支払った後に破産者

に対して求償できるか否かが原審において争点となっていたところ、原審は、破産者の債務が自然債務である以上、求償は認められないとした。

なお、①の債務については、破産者の免責によって、新所有者の負う債務（区分所有8条）も自然債務になるのではないかとも考えられるところ、本件の原審（東京地判平23・3・23ウエストロー2011WLJPCA03238020）は、「被控訴人（筆者注：本件の被上告人）は本件建物等を買い受け、その所有権を取得した。これにより、被控訴人は、控訴人（同：本件の上告人）の滞納した管理費等の支払義務を負うところ（建物の区分所有等に関する法律（以下「区分所有法」という。）8条、7条1項）、これと控訴人の管理費等の支払義務とは不真正連帯債務の関係にある。また、区分所有法7条1項に規定する債権につき同法8条に基づき弁済した特定承継人は、前区分所有者に対し、その全額について求償できると解すべきであるから、被控訴人は控訴人に対し、弁済した管理費等について求償できるのが原則である。」と判示しており、新所有者の債務は自然債務にならないことを前提としているように思われる。

②の債権については、破産財団について生じた債務であり、財団債権となり、破産者は責任を負わないと判断した。

③の債権については、破産財団から放棄された財産については、破産者に管理処分権が戻る以上、当該財産に関して発生した債務について破産者が責任を負うのは当然の論理的帰結といえる。

本判決は、上告理由については、管理費等の滞納状況を知ることができたとしても、それによって求償権を失うべきものではない、破産者に支払能力がないとしても、これは事実上のものであって、権利の存否にはかかわらない、法律上の制限のないものについては行使を制限されるべきとはいえない、上告人の主張は、立法論としては傾聴に値するとしても現行法の解釈としては無理がある、としている。

以上の判断は、現行法の解釈としてはやむを得ないものである以上、破産申立代理人は破産管財人に対して、本件のような事態を防ぐよう交渉するという方法も考えられる。ただ、破産管財人としては、将来に破産財団の増殖につながらず、かえってこれを減少させるような財産は早期に破産財団から放棄するのが破産実務と思われるところ、本件の不動産のように、担保権が

設定されて担保権実行後の剰余金も期待できないものは、破産財団に管理費や租税その他の債務や危険の負担のみを負わせる、つまり破産財団を減少させることしか予測できないのであり、このような不動産は早期に放棄するべき事案が多いと思われる。そのため、破産管財人への働きかけにも限界があり、申立代理人において申立てのタイミングを工夫する、担保権者に早期の担保権実行を申し入れ、破産者が管理費等を負担すべき期間を少しでも短くする、などが現実的な対処方法と思われる。

　また、管理費等債務に限らず、固定資産税等についても同様の問題は生じ得るのであり、今後の空き家増加によって、買い手の付かないマンションも出てくるであろうことも勘案すると、資力のない者がマンション（に限らず不動産）を所有し続け、滞納管理費や税金が増え続けるという事態が増加するであろうから、何らかの立法的解決が必要になる可能性はある。

【大橋　正典】

[50] 区分所有法59条1項の競売請求権を被保全権利とする民事保全法上の処分禁止の仮処分を申し立てることの可否

最二小決平成28年3月18日（平成27年（許）第15号）
民集70巻3号937頁

争点

区分所有法59条1項に規定する競売を請求する権利を被保全権利として，民事保全法53条又は55条に規定する方法により仮処分の執行を行う処分禁止の仮処分を申し立てることはできるか

決定の内容

■ 事案の概要

マンションの管理組合の管理者であるXが，同マンションの区分所有者であるYに対し，同人が管理費や修繕積立金の滞納を続け，区分所有者の共同の利益に著しく反する行為をしていると主張して，区分所有法59条1項に基づく区分所有権及び敷地利用権の競売請求権を被保全権利として，Y所有の専有部分の処分禁止の仮処分を申し立てた。

この申立てを認める仮処分決定により，その執行として処分禁止の仮処分の登記がされたが，Yからの保全異議の申立てにより，原々審は仮処分決定を取り消して，Xの申立てを却下した。これに対するXの保全抗告を原審が棄却したことから，Xが許可抗告を申し立てた。

■ 決定要旨

区分所有法59条1項に規定する競売を請求する権利を被保全権利として，民事保全法53条又は55条に規定する方法により仮処分の執行を行う処分禁止

の仮処分の申立てはすることができない。

　なぜなら，まず，民事保全法53条及び55条は，それぞれ登記請求権及び建物収去土地明渡請求権を被保全権利とする処分禁止の仮処分の執行方法につき規定しているが，区分所有法59条1項の規定に基づき区分所有権及び敷地利用権の競売を請求する権利は，民事保全法53条又は55条に規定する被保全権利であるとはいえない。

　また，区分所有法59条1項の趣旨は，特定の区分所有者が，区分所有者の共同の利益に反する行為をし，又はその行為をするおそれがある場合に，区分所有者の共同生活の維持を図るため，他の区分所有者等において，当該行為に係る区分所有者の区分所有権等を競売により強制的に処分させることで，当該区分所有者を区分所有関係から排除しようとするものであるから，当該区分所有者が任意にその区分所有権等を処分することは，その趣旨に反するものではなく，これを禁止することは相当でない。

解　　説

1　区分所有法59条1項に基づく競売請求の要件

　本件は，マンションの管理組合が，管理費等の滞納を続ける区分所有者に対し，管理費等の滞納は区分所有者の共同の利益に著しく反する行為（区分所有6条1項）に該当し，区分所有法59条1項に基づき当該区分所有者の区分所有権等につき競売請求ができることを前提とし，当該競売請求権を被保全債権として，当該区分所有権等につき処分禁止の仮処分を申し立てたものである。

　区分所有者は，建物の保存に有害な行為その他建物の管理又は使用に関し区分所有者の共同の利益に反する行為（以下「共同利益背反行為」という）をしてはならない（区分所有6条1項）。そして，区分所有者がこの共同利益背反行為をした場合又はするおそれがある場合で，他の区分所有者の共同生活上の障害が著しく，他の方法によってはその障害を除去して共用部分の利用の確保その他の区分所有者の共同生活の維持を図ることが困難であるときは，他の区分所有者の全員又は管理組合法人は，集会の決議に基づき，訴えをも

って、当該行為に係る区分所有者の区分所有権及び敷地利用権の競売を請求することができる（区分所有59条1項）。

(1) 共同利益背反行為

いかなる行為が共同利益背反行為に該当するかは、当該行為の必要性の程度、これによって他の区分所有者が被る不利益の態様、程度等の諸事情を比較考量して決すべきであるとされる（東京高判昭53・2・27金判552号35頁）。典型的には、建物の一部を取り壊して建物全体の安定度を弱めるような行為等がこれにあたる（その他共同利益背反行為については、本書【判例31】【判例32】【判例34】【判例35】【判例36】の解説も参照されたい）。

(2) 共同生活上の障害が著しいこと

共同利益背反行為については、区分所有法57条1項に規定する共同利益背反行為の停止等の請求という措置をとることも考えられるが、同法59条1項の競売請求については、区分所有関係からの終局的排除という効果の重大性から、前記停止等の請求とは異なり、共同利益背反行為による区分所有者の共同生活上への影響が重大であることが求められる。

(3) 他の方法によってはその障害を除去して区分所有者の共同生活の維持を図ることが困難であること（補充性）

さらに、競売請求には、「他の方法によつてはその障害を除去して共用部分の利用の確保その他の区分所有者の共同生活の維持を図ることが困難であるとき」に限り認められるという補充性の要件が求められる（区分所有59条1項）。

ここでいう「他の方法」とは、同法57条1項の停止等の請求及び同法58条1項の使用禁止の請求のほか、その他の民事上の方法（同法7条の先取特権に基づく競売等）を指す。

2 管理費等の滞納を理由とする競売請求の可否

では、管理費等の滞納を理由として、競売請求をすることができるか。

(1) 共同利益背反行為該当性

まず、管理費等の滞納が、共同利益背反行為に該当するかどうかであるが、これについては、管理費等の滞納により、管理が不十分になったり、他の区分所有者が立て替えなければならないことになって、将来とも、その状

況に改善の可能性が見られないような場合には、これにあたると解される（法務省民事局参事官室編『新しいマンション法 一問一答による改正区分所有法の解説』59頁）。裁判例も、長期かつ多額に上る管理費等の滞納は、共同利益背反行為に該当するとしている（東京地判平17・5・13判タ1218号311頁、東京地判平22・11・17判時2107号127頁、東京地判平28・2・2ウエストロー2016WLJPCA02028003）。

(2) 補 充 性

前述のとおり、競売請求が認められるためには、他の方法によってはその障害を除去して区分所有者の共同生活の維持を図ることが困難であるという補充性も認められなければならない。管理費等の滞納の場合、具体的には、区分所有法7条に基づく先取特権の実行や、その他財産に対する強制執行が奏功せず、かつ将来も支払の可能性がない場合でなければならないとされる（法務省民事局参事官室編・前掲59頁）。

なお、この競売請求は、区分所有者を区分所有関係から強制的かつ終局的に排除するものであるから、補充性の要件は厳格に解すべきであるとして、預金に対する債権執行を実施したが不奏功に終わり、先取特権の実行ないし区分所有権等に対する強制執行を行っても無剰余取消しとなることが見込まれる事案で、なお預金債権以外の債権執行の余地がないか明らかではなく、被告からの分割弁済の和解の希望を拒絶したとして、補充性の要件の充足を否定した裁判例があるが、この結論については議論の余地があるとされる（東京地判平18・6・27判時1961号65頁）。

3 競売請求権を被保全請求権とする処分禁止の仮処分の可否

競売請求訴訟において、請求認容判決が下された後に、問題の区分所有権等が任意に譲渡された場合に、譲受人に対し、競売請求訴訟の判決の効力を及ぼし、競売申立てができるかという問題がある。この点については、従前から譲受人に対しては判決効は及ばないと考えられていたが（法務省民事局参事官室編・前掲320頁）、近時最高裁決定においてもこの点が確認された（最三小決平23・10・11裁判集民238号1頁・判時2136号36頁・判タ1361号128頁【本書判例47】参照）。

そして、上記のとおり判決効が新たな譲受人には及ばないのであれば、処分禁止の仮処分により、当事者恒定効を得られるかが問題となり、これが本

決定の争点である。

　この点に関し，本決定は，①区分所有法59条の競売請求権は，民事保全法53条又は55条に規定する被保全権利ではないという形式的な理由と，②区分所有法59条の競売請求は，共同利益背反行為に係る区分所有者を強制的に区分所有関係から排除するものであるから，当該区分所有者による区分所有権等の任意の処分は禁止されない――つまり，区分所有関係からの任意の脱退により競売請求の目的は達成されることになる――という実質的な理由により，これを否定したものである。

　本決定の概要は以上のとおりであるが，競売請求の根本的な目的を，特定人物の区分所有関係からの排除だけでなく，共同利益背反行為により区分所有者の共同利益が侵害されている状態の回復であると捉えた場合に，競売請求を妨げることを目的とした濫用的な区分所有権の譲渡に対し，管理組合はいかに救済されるのか，又はいかに対策を講じるべきかという問題は残されている。

【髙杉　謙一】

〔掲載誌，評釈等〕
・　長谷部由紀子「建物区分所有法59条１項の競売請求権を被保全権利とする民事保全法上の処分禁止の仮処分の許否」ジュリ臨増1505号『平成28年度重要判例解説』148頁

51 管理組合が区分所有者から承継した和解金債権の弁済保証制度上の扱い

東京地判平成25年5月27日（平成24年(ワ)第29021号）
LEX/DB25513111

争点

1　管理組合が区分所有者から承継した和解金債権は宅地建物取引業法上の弁済業務保証の弁済対象債権に該当するか

2　和解金債権を承継した管理組合は宅地建物取引業法上の弁済業務保証の認証における認証申出をすることができる「宅地建物取引業保証協会の社員と宅地建物取引業に関し取引をした者」に該当するか

判決の内容

■ 事案の概要

　本件は、宅地建物取引業者であるA社において分譲販売された本件建物の区分所有権者（以下「本件区分所有権者」という）が、本件建物に法律上の瑕疵があったため別件訴訟を提起し、その解決金を本件区分所有権者全員で構成される管理組合（以下「本件管理組合」という）に対してA社が支払う旨の裁判上の和解をしたところ、本件不動産（本件建物並びにその敷地及び付属施設の総称）の管理組合法人であるX（前記和解後に、区分所有47条1項に基づき本件管理組合が法人化した管理組合法人であり、同条5項により本件管理組合の権利義務を引き継いでいる）が、Y（公益社団法人全国宅地建物取引業保証協会）に対し、宅地建物取引業法64条の8第1項及び2項に基づき、上記和解金の残金の一部の債権について、弁済を受ける権利があるとの認証を求めた事案である。

■ 判決要旨

1 弁済業務保証制度の趣旨

　宅地建物取引業法の定める弁済業務保証制度は，宅地建物取引業者側の経済的負担を軽減する目的の下で営業保証金制度に代替するものとして，宅地建物に関する取引事故について取引の相手方を保護する制度であると解されることから，同法64条の8第1項に定める弁済対象債権は，宅地建物取引業に関する取引を原因として発生した債権であり，前記制度の趣旨に照らして弁済に値すると法的に評価し得る，当該取引と相当因果関係を有する債権をいうものと解するのが相当である。そして，前記制度の趣旨に照らし，同条項に定める「宅地建物取引業保証協会の社員と宅地建物取引業に関し取引をした者」には，当該取引をした者から契約上の地位を譲り受けた者や弁済対象債権の譲受人も含まれると解すべきである。

2 弁済対象債権

　本件和解は，本件区分所有権者が，A社に対して本件分譲販売取引に関して被った損害の賠償を求めて提起した別件訴訟において，A社が本件区分所有権者に前記損害の一部を解決金として支払うこととした上で，本件管理組合を同解決金の支払や請求の窓口とするために，A社が本件和解金を本件管理組合に支払う旨を合意したものである。

　そうすると，本件和解金債権は，宅地建物取引業に関する取引を原因として発生した損害賠償債権の一部について，本件区分所有権者が支払額及び支払方法等を譲歩する内容の和解によって生じた債権であると認められることから，弁済業務保証制度の前記趣旨に照らして弁済に値すると法的に評価し得，宅地建物取引業者との取引と相当因果関係を有する債権であると解される。したがって，本件和解金債権はYの弁済対象債権に該当する。

3 弁済対象債権の当事者の範囲

　また，本件和解の内容に照らせば，本件管理組合は，本件区分所有権者全員で構成される本件建物の管理を行うための団体として，本件区分所有権者及びA社との間の合意に基づき，解決金の支払や請求の窓口として前記損害賠償請求権を本件区分所有権者から承継し，これを前提に本件和解金債権を

取得したものと認めるのが相当であるから，Xは，「宅地建物取引業保証協会の社員と宅地建物取引業に関し取引をした者」に該当する。

解　説

1　弁済業務保証制度と認証について

本件は，宅地建物取引業法上の弁済業務保証制度における宅地建物取引業保証協会（以下「保証協会」という）の認証について，弁済対象債権と当事者の範囲が問題となった事案である。

(1)　弁済業務保証制度について

宅地建物取引業法は，宅地建物に関する取引の相手方を保護する制度として営業保証金制度（同法25条以下）を定めており，弁済業務保証制度（同法64条の7以下）はその代替的制度として位置付けられる。いずれの制度においても，取引によって損害を被った相手方は，営業保証金又は弁済業務保証金の還付（弁済）を受けることで，その損害を補てんすることができる。

営業保証金制度においては，宅建業者は事業の開始にあたって多額の営業保証金（主たる事務所につき1000万円，その他の事務所につき事務所ごとに500万円）を供託しなければならない（宅建業25条2項，宅建業施令2条の4）のに対し，弁済業務保証制度においては，宅建業者は保証協会に加入した上で，営業保証金の額のごく一部にしか満たない程度（主たる事務所につき60万円，その他の事務所につき事務所ごとに30万円）の弁済業務保証金分担金を納付すれば足りる（宅建業64条の9第1項，宅建業施令7条）。

そして，保証協会に加入した宅建業者と取引をした者は，その取引から生じた債権に関し，当該宅建業者が保証協会に加入していないとすれば供託所に供託すべき営業保証金の額に相当する額の範囲（弁済業務保証金分担金の額にとどまらない）で，弁済業務保証金の還付（弁済）を受けることができる。

(2)　保証協会の認証について

弁済業務保証金の還付（弁済）を受けようとする者は，その還付（弁済）を受けることができる額について保証協会の認証を受けなければならない（宅建業64条の8第2項）。認証の審査対象は，宅地建物取引業法64条の8第1項

にいう「その取引により生じた債権」（一般に弁済対象債権と呼ばれている）に該当するか否かと，認証の申出人における弁済業務保証金還付請求権の存否及びその額である。

　保証協会が認証の申出の全部又は一部を拒否した場合，申出人は保証協会を被告として認証請求をし，保証協会が認証を拒否したことの当否について，裁判所の判断を求めることができる。本件も，この認証請求訴訟が提起された事案である。

2　本件の争点について
(1)　弁済対象債権の範囲（争点1）

　Yは，本件において，A社との間で本件分譲販売の取引をし，これに関して損害賠償請求権を有していたのは本件区分所有権者であり，これらの債権は本件和解の清算条項によって消滅しており，本件和解金債権は弁済対象債権に該当しないと主張した。弁済対象債権の範囲に和解金債権が含まれるかが問題となる。

　(a)　裁　判　例

　この点，東京地裁平成9年7月24日判決（判タ966号274頁）は，弁済対象債権は宅地建物取引業に関する取引を原因として発生し，これと相当因果関係を有する債権を指すとした上で，専任媒介契約の終了に基づく受領物返還請求権（原債権）を弁済対象債権として認め，その延長にある訴訟上の和解金債権も認証の対象となるとした。

　また，京都地裁平成10年1月30日判決（判タ969号267頁）も，弁済対象債権の範囲について上記裁判例同様，宅地建物取引業に関する取引を原因としこれと相当因果関係を有する債権とした上で，訴訟上の和解に基づく違約金請求権は弁済対象債権に該当するとした。

　(b)　本　判　決

　本判決は，取引相手方の保護という弁済業務保証制度の趣旨から，弁済対象債権とは「宅地建物取引業に関する取引を原因として発生した債権であり，前記制度の趣旨に照らして弁済に値すると法的に評価しうる，当該取引と相当因果関係を有する債権」をいうものとした上で，本件和解金債権もこれに含まれるとした。

この判断内容は，弁済対象債権の範囲について，弁済業務保証制度の趣旨から取引相手方の保護を広く図ったものであり，前記裁判例と軌を同じくするものといえる。

(2) 認証申出の当事者の範囲（争点2）

本件においてYは，弁済対象債権を譲り受けた者は認証申出をすることができる債権者に含まれないと主張した。宅地建物取引業法64条の8第1項にいう「宅地建物取引業保証協会の社員と宅地建物取引業に関し取引をした者」の範囲が問題となる。

(a) 学　説

学説においては，直接取引をした者からの包括承継者のみならず，契約上の地位の譲渡や債権譲渡により，弁済対象債権を譲り受けた者も含まれると解されている（岡本正治＝宇仁美咲『逐条解説宅地建物取引業法〔改訂版〕』773頁）。

(b) 本判決

本判決は，争点1と同様に弁済業務保証制度の趣旨から，同条項にいう「宅地建物取引業保証協会の社員と宅地建物取引業に関し取引をした者」には，当該取引をした者から契約上の地位を譲り受けた者や弁済対象債権の譲受人も含まれると解し，Xもこれに該当するとして，Yの主張を退けた。

本判決の事例には，原始的な弁済対象債権である多人数の本件区分所有者が有する損害賠償債権を，「支払や請求の窓口として」本件区分所有者より承継して，管理組合が本件和解金債権を取得しているという特殊性があるが，前記学説と同様の理解がとられたものといえる。

3 まとめ

本判決は，いずれの争点についても，条文の文言に限定せず制度の趣旨に照らして解釈し，取引相手方の保護を図ったものといえよう。

【髙杉　謙一】

〔参考文献〕
・　岡本正治＝宇仁美咲『逐条解説宅地建物取引業法〔改訂版〕』759頁以下

52 共用部分に関する不当利得返還請求権の帰属

最二小判平成27年9月18日（平成25年(受)第843号）
民集69巻6号1711頁，判時2278号63頁，判タ1418号92頁

争点

一部の区分所有者が共用部分を第三者に賃貸して得た賃料につき生じた不当利得返還請求権を各区分所有者が個別に行使することができるか

判決の内容

■ 事案の概要

X及びYは，横浜市所在の区分所有建物（以下「本件建物」という）の区分所有者の1人であるところ，Yは，平成9年5月25日，携帯電話会社であるAが携帯電話基地局を設置するために，Aに対して，本件建物のうち，Yの専有部分だけでなく，本件建物の塔屋部分や外壁等の共用部分を賃貸し，アンテナ支柱，ケーブルの配管部分等（以下「本件設備」という）が設置された。そこで，Xは，Yに対して，平成9年6月から平成21年12月までの当該共用部分の使用の対価にあたる賃料（月額12万2000円）のうち，Xの持分割合相当額（56万8042円）及びこれに対する遅延損害金の支払を求めた。なお，本件建物の管理規約には，塔屋，外壁及びパイプシャフトの一部については，事務所所有の区分所有者（Yはこれに該当する）に対し，事務所用冷却塔，及び店舗，事務所用袖看板等の設置のため，その用法に従い，使用料は無償にて使用させることができる旨の条項があった。

第1審（横浜地判平24・1・30民集69巻6号1719頁）は，Yは，上記管理規約の条項に基づき賃料を収取しているものであるとして，Xの請求を棄却した。

控訴審（東京高判平24・12・13民集69巻6号1722頁）は，本件設備は上記条項の対象には含まれず，各区分所有者は，Yの得た賃料のうち自己の持分割合に

相当する部分につき不当利得返還請求権を有するとした上で、区分所有建物の共用部分の管理は団体的規制に服することから、個々の区分所有者が自己の持分割合に応じて分割された権利を行使する余地はないと判示し、Xの請求を棄却すべきものとした。

■ 判決要旨

　本判決は、本件で不当利得が成立することを前提に、まず、一部の区分所有者が共用部分を第三者に賃貸して得た賃料のうち各区分所有者の持分割合に相当する部分につき生ずる不当利得返還請求権（以下「本件請求権」という）は、各区分所有者に帰属するから、原則として、各区分所有者が個別に行使することができるとしながら、他方で、区分所有法は、区分所有者が全員で区分所有者の団体を構成する旨規定していること（区分所有3条前段）、この団体の集会に関する手続や規約の設定の手続等を規定していること（区分所有第1章第5節）、及び、区分所有者に建物の区分所有という共同の目的があり、この共同目的達成の手段として共用部分が区分所有者全員の共有に属するものとされているという特殊性に鑑みて、共用部分の管理に関する事項は集会の決議又は規約による旨規定し（区分所有18条1項本文・2項）、共用部分の管理を団体的規制に服させているといえるところ、共用部分の第三者への賃貸は、共用部分の管理に関する事項にあたり、本件請求権は共用部分の管理と密接に関連するものであることから、集会の決議又は規約の定めがある場合には、各区分所有者は、本件請求権を個別に行使することができないとした。

　そして、本判決は、共用部分の管理を団体的規制に服させている区分所有法の趣旨に照らすと、区分所有者の団体の執行機関である管理者が共用部分の管理を行い、共用部分を使用させることができる旨の集会の決議又は規約の定めがある場合には、当該集会の決議又は規約の定めは、区分所有者の団体のみが本件請求権を行使することができる旨を含むと判示した上で、上記管理規約の条項は、区分所有者の団体のみが本件請求権を行使することができる旨を含むものと解すべきであるとして、Xは本件請求権を行使することができないと判示し、Xの上告を棄却した。

解　説

1　問題の所在

　区分所有建物の共用部分は，区分所有者全員の共有に属するものとされているが（区分所有11条1項本文），①共用部分について生ずる不当利得返還請求権が各区分所有者に持分割合に応じて分割的に帰属するのか，それとも区分所有者全員に合有的又は総有的に帰属するのか，②個々の区分所有者がこれを行使することができるのかが問題となる。

2　請求権の帰属

　請求権の帰属については，学説上，各区分所有者に分割的に帰属するとの見解（吉田徹編著『一問一答　改正マンション法』30頁）と，区分所有者全員に団体的に（合有的又は総有的に）帰属するとの見解（新田敏「マンションの共用部分から生ずる金銭債権の性質」杏林社会科学研究18巻2号43頁，佐藤元「判批」マンション学48号72頁）がある。

　共用部分等（共用部分並びに区分所有者の共有に属する建物の敷地及び附属施設）について生ずる不当利得返還請求権又は損害賠償請求権に関する裁判例（東京高判平2・5・28判時1354号100頁，東京高判平8・12・26判時1599号79頁，札幌地判平11・1・27判タ1054号267頁，東京地判平14・6・24判時1809号98頁）は，いずれも，各区分所有者に分割的に帰属するとの見解に立つ。

　本判決も，従前の裁判例と同様，本件請求権が各区分所有者に分割的に帰属するとの見解に立つものと思料される。

3　請求権の行使

(1)　学説及び裁判例

　請求権の行使については，請求権が各区分所有者に分割的に帰属するとの見解を前提に，各区分所有者が自己に帰属する請求権を個別に行使することができるとの見解（多数説）と，共用部分の管理は排他的な団体的管理に服するものと考えるべきであるとして，区分所有者の団体又はその管理者により一括して（区分所有者を代表して）請求権を行使することができるとの見解（平野裕之『マンションの共用部分の瑕疵と区分所有者の交替』ジュリ1402号15頁）がある。

前掲の4つの裁判例は、いずれも、請求権が各区分所有者に分割的に帰属することをもって、管理者又は管理組合による請求権の行使を否定しており、本判決のように、分割的帰属を前提としてさらにその個別行使が制約される場合があるか否かという点を論じたものはない。

(2) **本 判 決**

本判決は、請求権が各区分所有者に分割的に帰属することを理由に、原則として、各区分所有者が個別に行使することができるとしており、上記多数説を前提とする。その上で、本判決は、区分所有法が共用部分の特殊性をふまえて、民法の共有と異なり、各共有者の持分の処分を制限し、共有物の管理権能を団体的規制に服させていることに鑑みて、集会の決議又は規約の定めといった団体的意思決定によって、各区分所有者による本件請求権の個別行使を制限することができるとする。

本判決の立場は、共用部分に関する損害保険金請求権について、規約により区分所有者の内部関係において権利行使に制限を付すことを可能とする規定を設けるべきであるとの有力な見解（昭和58年の区分所有法改正時には、当該制度の立法化は見送られた（濱崎恭生『建物区分所有法の改正』25頁、63～64頁））と基本的発想を同じくするものと考えられる（金法2039号77～78頁）。

本判決は、団体的行使の定めがある場合として、区分所有者の団体又は管理者が共用部分等の管理を行い、共用部分等を使用させることができる旨の集会の決議又は規約の定めがある場合を挙げる。この見解は、共用部分の管理に関する事項という大きな枠組みのもと、区分所有者の団体又は管理者が区分所有者に共用部分等を使用させることができる旨の規定をもって、他の区分所有者が共用部分等を第三者に賃貸した場合の不当利得返還請求権の行使を各区分所有者が区分所有者の団体又は管理者に委ねたものと解釈するものであり、規約につき、通常の契約等の解釈よりも緩やかな解釈を行うものである。

マンションの管理規約については、国土交通省が管理規約の標準モデルとして作成し、通達で示されているマンション標準管理規約があるが、本判決の見解によれば、同規約の16条2項における管理組合が総会決議により共用部分等の一部について第三者に使用させることができる旨の規定は、団体的

行使の定めを含むものと解されるのではないかと考えられる（前掲金法2039号78頁）。

4 団体的行使の定めがある場合の権利行使の方法

区分所有者の団体が権利能力のない社団である場合には，区分所有者の団体が「法人でない社団」（民訴29条）としてその名において訴訟を提起するか，又は区分所有者の団体の執行機関である管理者が区分所有法26条4項の規定によりその名において訴訟を提起することになる（濱崎・前掲225頁）。

5 後訴の許容性

控訴審は，Xの訴えを却下するのではなく請求を棄却すべきものとし，本判決も，控訴審の当該判断を結論において是認する。これは，本件のような給付の訴えにおいては，自らがその給付を請求する権利を有すると主張する者に原告適格がある（最三小判平23・2・15裁判集民236号45頁【本書判例23】）とされているからである（内海博俊「区分所有マンションにおいて一部の区分所有者が共用部分を第三者に賃貸して得た賃料につき生じた不当利得返還請求権の行使──手続法的視点から」新・判例解説 Watch 文献番号 z18817009-00-060731357の3頁）。

本判決以降に，区分所有者の団体又は管理者が，Yに対して，本件賃料相当額の支払を求めた場合，本判決の既判力は，当然，区分所有者の団体又は管理者には及ばない（民訴115条1項）。しかし，区分所有者の団体又は管理者は，区分所有者に代わってその権利を行使するものであるため，区分所有者が上記権利についてすることができなくなった主張は区分所有者の団体又は管理者もすることができないと解される余地がある（反射的効果。鈴木正裕＝青山善充編『注釈民事訴訟法(4)』448頁〔伊藤眞〕等）。

この点に関して，後訴において，Yが，本判決の勝訴判決の結論のみにより，区分所有者の団体又は管理者からの請求を拒むことができるとの不適切な事態が生じることを回避するためには，本判決では，Xが本件請求権を有するとの主張が排斥されたものではなく，Xがその行使権限を有しないことが判断されたにとどまるのであり，区分所有者の団体又は管理者においてXが本件請求権を有する旨を主張することができなくなるものではないと考えることになる（齋藤毅・法曹時報68巻11号222頁）。

【稲垣　司】

53 修繕積立金払戻割合の公序良俗違反性

福岡地小倉支判平成28年1月18日（平成26年(ワ)第1109号）
判時2300号71頁

争点

修繕積立金の一部を取り崩し，各区分所有者の居住年数に応じて返還する内容の管理組合総会決議が，公序良俗違反となるか

判決の内容

■ 事案の概要

1 平成22年決議の無効確定

Y（管理組合）は，平成22年9月28日に総会を開催し，「居住年数に応じて修繕費取り崩しの一部を特例として返金する」旨の決議（以下「平成22年決議」という）をした上で，平成22年決議に基づき修繕積立金のうち1913万1450円を取り崩して，平成22年9月28日当時の各区分所有者に返金した。X（区分所有者）は当該返金を受けなかった。

平成22年決議は各区分所有者への配分方法について，昭和62年3月から平成22年4月までの期間に居住した年数を基準として返金するとともに，その返金額については，各区分所有者の居住年数に応じ，1か月3350円として算出するというものであった。Xは，Yに対し，平成22年決議の無効確認等を求める訴えを提起した（福岡地小倉支判平23(ワ)第517号）。平成25年2月15日，平成22年決議の無効であることを確認する旨の判決が言い渡され，その後同判決は確定した。

2 平成26年決議

Yは，平成26年7月16日，本件総会において，管理組合規約30条2項本文を改正し，総会の特別決議により修繕積立金を取り崩せる旨を追加し，平成

22年決議に基づく修繕積立金の取り崩し及び各組合員への配分案を改めて追認するとの特別決議（平成26年決議）をし，上記取り崩しに係る返金をした。

Xは，平成26年決議には配分基準の不公平性と配分方法の不合理性が認められるから，平成26年決議は公序良俗に反し無効であると主張し，平成26年決議の無効確認を求め，本訴を提起した。

■ 判決要旨

1 修繕積立金の性質

本件規約27条1項（標準管理規約25条1項とほぼ同じ）によれば，修繕積立金は敷地及び共用部分等の管理に要する経費である。区分所有者は，専有部分と分離して処分することができない共有持分を有し，かつ共有者として共用部分を使用することができるが故に，その管理に要する種々の経費の負担に任じられる。したがって，修繕積立金はあくまで各区分所有者に対する負担であり，単なる居住者に対する負担ではない。このことからすれば，修繕積立金の負担は，区分所有権及びこれを有する各区分所有者の共用部分等に対する共有持分に根ざすものであり，本質的に区分所有権と分離して考えることができない性質のものであると解される。以上のことは，区分所有法の各規定（11条・14条1項・15条・19条等）からも上記のようにいうことができる。

2 結　論

このような修繕積立金の性質からすれば，総会の特別決議によって取り崩すことができる旨を定める本件規約に基づき，修繕積立金を取り崩して区分所有者に配分すること自体が可能であるとしても，各区分所有者への返金に伴う配分方法は，専有部分の床面積の割合（共用部分等に対する共有持分割合）に応じて行うことが区分所有者間の利害の衡平に資するものであり，これに反する配分方法は特段の事情のない限り，区分所有者間の利害の衡平を著しく害するものであって，公序良俗に違反し，集会（総会）の特別決議によっても有効とすることはできないというべきである。

3 結論を支えるその他の理由

①区分所有法56条，②区分所有権の承継取得者は，前主が区分所有者として負担した修繕積立金に関する法律関係も同様に承継するものと解されるこ

と，③区分所有法及び本件規約が，区分所有者と占有者とを明確に区別した上で，修繕積立金の負担者を区分所有者である旨定めていることからすれば，取り崩し修繕積立金の配分割合を居住期間により決定することは，区分所有者間に不合理な差異を設けるものであって，許されない。

解　説

1　標準管理規約

Yは，修繕積立金に関しては国交省の発表している標準管理規約とほとんど同じ定めをしている。そこで，以下において，標準管理規約（単棟型）を前提に解説する。

2　修繕積立金とは

区分所有建物の共用部分は，複数の区分所有者による共有に属する（区分所有11条）。各共有者は，共用部分の管理に必要となる負担に応じなくてはならず（区分所有19条）、ここでいう管理には，保存行為といえる程度の小修繕を超えた，共用部分の修繕行為が含まれる（稲本洋之助＝鎌野邦樹『コンメンタールマンション区分所有法〔第3版〕』113及び114頁）。そして，共用部分の修繕が必要となったときに支出すべき修繕費用については，管理規約で定めることができる（区分所有30条1項）。

共用部分の修繕が必要となった時に，適宜修繕するため，修繕積立金を積み立てる運用が通常となる（標準管理規約25条1項2号）。

積み立てられた修繕積立金は，その使途を，計画的に行う修繕，特別の事由により必要となる修繕，共用部分等の変更等に限っており，流用が禁止されている（標準管理規約28条）。

3　修繕積立金に関して管理組合総会決議でなし得ること

(1)　修繕積立金に関してなし得る管理組合総会決議

区分所有者は区分所有建物管理のために団体を構成し，当該団体は，修繕積立金に関する規約を定めたり，修繕積立金の使途を決めるための集会を開いたりすることができる（区分所有3条）。実務上，当該団体が具体的に活動するために管理組合（法人）が組織され，管理組合によって集会が開催され

る（区分所有34条1項）。標準管理規約は，ここでいう集会を総会と称し，通常総会と臨時総会の2種類を定め（標準管理規約42条），総会は，修繕積立金の額，納付時期及び使途等を決めることができる（標準管理規約28条）。

(2) 修繕積立金を取り崩して払い戻すことの可否

標準管理規約28条は，限定した使途に限って取り崩せると規定する。管理組合総会は，管理規約の変更決議ができるが，管理規約の変更は特別決議事項であるから，管理規約を変更しない限り，その総会決議はその総会時の管理規約に拘束される。

したがって，標準管理規約28条のもとでは，払い戻すために，修繕積立金を取り崩して払い戻すことは，普通決議では認められない。

(3) 特別決議により修繕積立金を取り崩して払い戻すことの可否

(a) 払戻方法

標準管理規約の下，特別決議により修繕積立金を取り崩して払い戻すことを決議するには，①標準管理規約28条を改正して，修繕積立金を取り崩して払い戻せる旨を追加する方法と，②標準管理規約28条を改正せずに，特別決議により，修繕積立金を取り崩して払い戻す方法とが考えられる。しかし，②の方法は，標準管理規約28条に反する特別決議の有効性という無用の問題を生じるため，特別決議要件を満たす見込みがあるのであれば，①の方法によることが無難となる。

Yが修繕積立金を取り崩して払い戻せるように管理規約を改正して取り崩す旨の決議をしているのは，この点を考慮した可能性がある。

(b) 管理規約改正の限界

管理組合総会が管理規約を変更できるとはいえ，当然変更できる限界があると考えられる。

まず，強行規定に反することはできない。また，管理規約変更要件の変更もできないと解される（丸山英氣『区分所有法〔改訂版〕』213頁）。また，管理規約は区分所有者間の衡平が図られねばならないから（区分所有30条3項），衡平が図られなくなる管理規約変更も認められない。さらに，修繕積立金が払い戻され過ぎて修繕費用を支出できなくなると，区分所有建物の外壁剥落等により，居住者のみならず周囲の者への危険が放置されるといったことにも

なりかねない。以上のようなことからすると、一方では、修繕積立金を特別決議により払い戻せる旨の改正は許されないと考える余地がある。反対に、上述した弊害がなく、また全区分所有者の衡平が図られる内容であれば、修繕積立金の一部取崩しを一律禁止するまでの必要はないとも考えられる。

本件において、Xが管理規約改正が限界を超えている旨の主張をしなかったことや、本判決が「総会の特別決議によって取り崩すことができる旨を定める本件規約に基づき、修繕積立金を取り崩して区分所有者に配分すること自体が可能であるとしても」と留保を付けたことは、この点を意識したものと思われる。

4 公序良俗に反するか否かの判断

(1) 公序良俗違反という争い方の当否

不公平な取崩し・払戻決議がなされた場合にこれを争う方法について検討すると、明確に区分所有法違反であるとは言い難いため、本件のように、民法の一般条項によらざるを得ないように思われる。

ちなみに、本件で問題となった決議と同内容の管理規約改正の無効を争う場合であれば、区分所有法30条3項が民法90条違反となる場合を具体化・明確化する趣旨のものであることからすると（稲本洋之助＝鎌野邦樹『コンメンタールマンション区分所有法〔第3版〕』189頁）、区分所有法30条3項違反として争うことになろう。

(2) 修繕積立金取崩しに関して考慮すべき事項

区分所有法30条3項が民法90条の具体化・明確化として定められたことからすると、区分所有法30条3項に定めた事情、すなわち、専有部分等の形状、面積、位置関係、使用目的及び利用状況並びに区分所有者が支払った対価その他の事情が考慮されることになろう。

しかし、多くの場合、修繕積立金は、持分割合に応じて負担額が算出されるから（標準管理規約25条2項参照）、公序良俗違反の判断において重視されるべき事情は、持分割合と持分割合に応じて実際に支払われた修繕積立金額となろう。結果的に、本判決と同様、特段の理由がない限り、区分所有者が負担すべき修繕積立金割合と払戻割合は等しくなることがほとんどと思われる。

【竹下　慎一】

54 管理費等の滞納に対する
管理受託会社の義務の内容

東京地判平成27年1月29日（平成25年(ワ)第34283号）
ウエストロー2015WLJPCA01298031

争点

区分所有建物の管理受託会社が管理費等の滞納に対して行うべき義務の内容とは何か

判決の内容

■ 事案の概要

　管理組合であるXは管理会社であるYに対して本件マンションの管理を委託していた。X構成員である区分所有者2名は管理費及び修繕積立金，修繕積立基金，管理準備金（以下「管理費等」という）を滞納し，これを回収できないまま，当該区分所有者2名は破産手続開始決定を受け，さらに破産廃止決定を受けた。

　そこで，Xは，Yに対し，主位的に，Yは管理委託契約に基づき本件マンションの区分所有者等に対して管理費等の支払を督促し，Xへの納付を行わせる義務を負っていたにもかかわらず，これを適切に履行せず，管理費等の滞納を漫然と放置したことにより，破産手続開始決定を受けた上記区分所有者らから管理費等の支払を受けることを不能にさせたと主張して，債務不履行に基づく損害賠償請求として上記管理費等の未収金相当額の損害賠償を求め，さらに，予備的に，仮に，上記督促等の義務が上記管理委託契約上のYの義務に含まれないとしても，これがYの業務であるとの誤解をXに生じさせたYには信義則上の説明義務違反があると主張して，不法行為に基づく損害賠償を求めた。

■ 判決要旨

　平成23年3月31日頃から，Aらからの管理費等の支払が滞るようになり，Yは，同年4月末頃にはこれを認識していたこと，Yは，B販売部分に係る各修繕積立基金及び管理準備金の未収金について，平成23年4月3日から平成24年3月21日までの間，概ね1か月に1回の頻度で，Bの窓口となっているAの担当者に対して電話による督促を行い，同月12日には，X名義でBに対し，上記未収金の支払を催告する旨の配達証明付内容証明郵便を送付したこと，Yは，A専有部分に係る各管理費及び修繕積立金の未収金について，平成23年6月10日から平成24年6月19日までの間，概ね1か月に1回の頻度で，Aに対して督促状による督促を行い，同年3月15日には，X名義でAに対し，上記未収金の支払を催告する旨の配達証明付内容証明郵便を送付したこと，Yは，Xに代行して，東京簡易裁判所において，平成24年6月14日にBに対し，同月19日にAに対し，それぞれ支払督促の申立てをしたことが認められる。

　これらのことからすると，Yは，Aらからの管理費等の滞納が生じた後の6か月間，Aらに対し，電話又は督促状による督促を行い，平成24年3月には，X名義でAらに対し，それぞれ配達証明付内容証明郵便により滞納管理費等の支払を催告しているのであるから，Yに本件督促規定に基づく督促義務の不履行はない。

■ 解　　説

1　本件について

　Yは，管理委託契約に定められた督促手続を履践していたのであり，当該契約の不履行が認められなかったのは当然と思われる。ただ，管理委託契約の内容によっては，管理費等が回収不能になった場合に，管理受託会社の債務不履行等の責任が認められることはあり得る。なお，国土交通省は滞納管理費等回収のためのフローチャート（後掲）及び下記のとおりの督促の手順を公表しているので，実務上参考にされたい。

「督促

　管理組合は，滞納者に対して，滞納管理費等の支払の督促とともに，今後も滞納が継続する場合には，その状況に応じてさらなる措置を執ることになる旨を事前に警告する。

〈督促の手順の例〉

　1ヶ月目　　電話，書面（未納のお知らせ文）による連絡

　2ヶ月目　　電話，書面（請求書）による確認

　3ヶ月目　　電話，書面（催告書）

　　　　　　（過去の実績によれば，失念していたなど一時的な要因で滞納した者は，3か月以内に滞納を解消する）

　　　　　　（管理費の滞納者のほとんどは，ローン等の支払も滞納していることが多いため，6か月以内に銀行が債権回収のために競売等に動き出すことが多い注。）

　4ヶ月目　　電話，書面，自宅訪問

　5ヶ月目　　電話，書面（内容証明郵便（配達記録付）で督促）

注　銀行等の他の債権者による競売が実施された場合は，裁判所に対して配当要求を行い，滞納管理費等を回収する。売却代金の配当では滞納管理費等の全額を回収できない場合は，特定承継人（買受人）から回収する。特定承継人が弁済しない場合は，特定承継人の資産について，先取特権の実行や債務名義に基づく強制執行を実施する。」

2　管理費等請求権の消滅時効

　管理組合においては，管理費等債権について提訴するとの意思決定はさほど容易ではない。内輪での紛争への拒否感や，滞納額があまり高額にならず弁護士費用をかけても元がとりにくい，などが原因と考えられる。しかし，以下のとおり短期消滅時効の適用があるとされているので注意を要する。

　ほぼすべての区分所有建物において管理費等は月ごとに支払われるべきものとされていると思われるところ管理費等が月ごとに支払われるものである場合につき，最高裁は，管理費等の債権は，管理規約の規定に基づいて，区分所有者に対して発生するものであり，その具体的な額は総会の決議によって確定し，月ごとに所定の方法で支払われるものである，このような本件の

管理費等の債権は、基本権たる定期金債権から派生する支分権として、民法169条所定の債権にあたるものというべきである、と判示し、消滅時効の期間を5年間と判断した（最二小判平16・4・23裁判所HP・民集58巻4号959頁・裁時1362号5頁・判タ1152号147頁・判時1861号38頁）。

なお、改正民法では現行民法169条と同様の条文は存在しないところ、これは債権の消滅時効が「債権者が権利を行使することができることを知った時から五年間行使しないとき。」又は「権利を行使することができる時から十年間行使しないとき。」（改正民166条1項1号・2号）とされ、定期給付債権に関する特則は不要になったためと解される。

同事件の原審（東京高判平13・10・31判時1777号46頁）が、管理費等債権について、毎月一定額を支払う形にはなっているものの、毎年一定のものではないこと、管理組合において滞納管理費等の請求訴訟を提起するには事実上の困難を伴い、短期消滅時効にかからせることは管理費等の滞納者を不当に利するおそれがある、などの理由から、民法169条所定の債権にはあたらず、消滅時効期間を10年間と判断していたとおり、管理費等債権の消滅時効期間については下級審の判断が分かれていたところ、本最判は5年間であることの判断を明確にした。

なお、本最判の「管理費等の債権は」「月ごとに所定の方法で支払われるものである。このような本件の管理費等の債権は、基本権たる定期金債権から派生する支分権」であるとの表現からすると、区分所有法3条に定める区分所有者の団体（一般的には「管理組合」と呼ばれるものがこれにあたる）の区分所有者に対する債権すべてが定期金債権にあたるわけではないと解される。例えば、高額を要する修繕のための1回限りの修繕負担金は「月ごとに所定の方法で支払われるもの」でも「基本権たる定期金債権から派生する」ものでもなく、一般の消滅時効にかかるものと解される。

また、標準管理規約では、滞納管理費等請求訴訟の弁護士費用を違約罰として滞納者に対して請求できる旨の規定が設けられており（標準管理規約（単棟型）60条2項）、弁護士費用の回収を可能にすることで管理費等請求訴訟の敷居を下げている。かかる定めを導入していない場合は、早急に規約を改正して導入すべきであろう。

【大橋　正典】

■マンション標準管理規約（単棟型）コメント別添3：
　滞納管理費等回収のための管理組合による措置に係るフローチャート

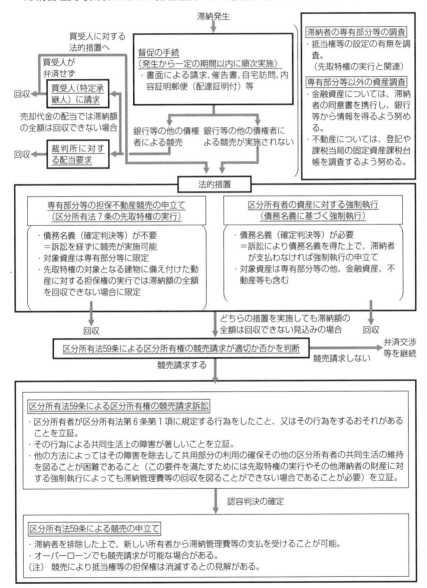

出典：国土交通省ホームページ（http://www.mlit.go.jp/common/001202416.pdf）

第5章

建替え・震災

第1 建 替 え

55 団地一括建替え決議の憲法29条適合性

最一小判平成21年4月23日（平成20年(オ)第1298号）
裁判集民230号435頁，判時2045号116頁，判タ1299号121頁

争 点

売渡し請求権の行使並びに区分所有権の移転登記手続請求及び建物明渡請求をすることは憲法29条に違反するか

判決の内容

■ 事案の概要

A団地は，昭和44年ころに分譲された住宅団地であり，17棟の区分所有建物から構成されていた。その各建物は，いずれも専有部分を有する建物であり，団地内全建物の敷地及び附属施設が，団地内の各建物の区分所有者の共有に属していた。また，A団地では，団地全般の管理をするために，同年2月に，A団地住宅管理組合が設立され，規約に基づき，団地内の各建物を含む団地全般の管理を行っていた。A団地住宅管理組合では，従前から建替えが検討されてきたが，平成17年3月6日，区分所有法70条所定の団地内全建物一括建替え決議を目的とする臨時総会を開催し，同条所定の特別多数により，同決議が可決された。上記決議に基づく本件団地の建替え計画において，等価交換方式による共同事業予定者となったX会社は，建替え決議に賛成した区分所有者から区分所有権を承継した。

建替え反対派であるYらは，区分所有法63条所定の建替えに参加するか否かを回答すべき旨の催告を受け，これには参加する旨の回答をした。しか

し，Xは，Yらの従前の言動等に照らし真に建替えに参加する旨の回答にはあたらないとして，Yらに対し，Yらの区分所有権及び敷地利用権につき売渡し請求権を行使し，所有権移転登記手続及び同建物の明渡しを求めた。これに対し，Yらは，区分所有法70条が憲法29条に違反する等と主張して，Xの請求を争った。

第1審（大阪地判平19・10・30公刊物未登載）は，区分所有法70条の憲法29条適合性について，森林法判決（最大判昭62・4・22民集41巻3号408頁・判タ633号93頁）を引用して区分所有法70条が合憲であると判断するなどしてYらの主張をいずれも排斥し，Xの各請求を認容した。控訴審（大阪高判平20・5・19公刊物未登載）は，第1審判決を是認し，控訴を棄却した。Yらは上告した。

■ **判決要旨**

上告棄却。

本判決は，まず，区分所有権の行使は，必然的に他の区分所有者の区分所有権の行使に影響を与えるものであるから，他の区分所有権の行使との調整が不可欠であり，区分所有者の集会の決議等による他の区分所有者の意思を反映した行使の制限は，区分所有権自体に内在するものであって，これらは，区分所有権の性質というべきものであるとした上で，一棟建替えの場合に区分所有者及び議決権の各5分の4以上の多数で建替え決議ができる旨定めた区分所有法62条1項は，区分所有権の上記性質にかんがみて，十分な合理性を有するものというべきであるとし，さらに，団地内全建物一括建替えは，団地全体として計画的に良好かつ安全な住環境を確保し，その敷地全体の効率的かつ一体的な利用を図ろうとするものであるところ，区分所有権の上記性質にかんがみれば，区分所有法70条1項の定めは，団地全体では区分所有法62条1項の議決要件と同一の議決要件（5分の4以上）を定め，各建物単位では区分所有者及び議決権数の過半数を相当超える議決要件を定めていることから，なお合理性を失うものではない，また，建替えに参加しない区分所有者は，区分所有権及び敷地利用権を時価で売り渡すこととされていてその経済的損失について相応の手当てがされているとした。そして，本判決は，規制の目的，必要性，内容，その規制によって制限される財産権の種

類，性質及び制限の程度等を比較考量して判断すれば，区分所有法70条が憲法29条に違反しないものであることは，最高裁平成14年2月13日大法廷判決（民集56巻2号331頁・判時1777号36頁）に照らして明らかであると判示した。

解　説

1　はじめに

本件の争点は多岐にわたるが，本稿においては，中心的論点である区分所有法70条の憲法29条適合性についてのみ論ずる。

2　建替え決議に関する規定

(1)　一棟建替え決議（区分所有62条1項）

区分所有法は，集会で，区分所有者及び議決権の各5分の4以上の多数が得られれば建替え決議ができ（区分所有62条1項），多数決以外の客観的要件は要求されていない。また，区分所有法は，建替え決議がなされた場合に，建替えに参加する区分所有者から参加しない区分所有者に対し，区分所有権及び敷地利用権の売渡し請求をすることができるとする（区分所有63条4項）。区分所有者の中に建替えに参加しない者がいる場合には，この者に対して売渡し請求をしなければ建替え手続を進めることができなくなるため，通常，建替えに参加する区分所有者は売渡し請求を行うことになる。

区分所有法は，共用部分の持分は，その有する専有部分の処分に従うとしており（区分所有15条），共用部分にかかる持分権のみを処分することはできない。また，区分所有者が敷地を共有又は準共有している場合にその敷地利用権は専有部分と分離して処分することはできない（区分所有22条1項）。さらに，区分所有法は，区分所有建物やその敷地等の管理について，団体的意思決定に従うこととしている（区分所有3条・58条等）。区分所有建物の中には，当然，複数の区分所有権が存在し，また，区分所有者の共有関係が存在するため，区分所有権者間の利害調整が必要となるのであり，区分所有法における上記制約は，区分所有者の権利を区分所有建物の一体的管理という観点で制約したものである。区分所有建物の建替えは，すべての区分所有者に影響を与える行為であるが，これを行うために民法上の共有物の変更（民251条）

と同様,すべての区分所有者の同意を必要とすると,大多数の区分所有者が区分所有建物の建替えが必要であると考えている場合であっても,ごくわずかの区分所有者が賛成しないがために建替えを行うことができないことになってしまい,社会的・経済的に妥当でない。このように,区分所有建物の建替えの場面においても一定の団体的制約を課す必要があり,区分所有法62条1項は,区分所有建物の建替えに関して多数決原理を採用したものである。

(2) **団地内建替え**

(a) 建替え承認決議(区分所有69条)

区分所有法は,一体の敷地に区分所有建物を含む複数の建物があり,団地建物の所有者が全員で敷地を共有又は準共有している場合について,一棟の区分所有建物の建替えは,一棟の建物の建替え決議に加え,団地建物の所有者で構成される団地管理組合の集会において,議決権(敷地の共有持分割合)の4分の3以上の多数の承認を得た場合に実施できるものとする(区分所有69条1項・62条1項)。

(b) 一括建替え決議(区分所有70条)

区分所有法は,区分所有建物のみで構成される団地で,敷地が全区分所有者の共有とされ,かつ,各棟が敷地共有者で構成される団地管理組合において管理することが規約で定められている場合について,団地内の全区分所有建物の建替えは,団地管理組合における同組合の区分所有者及び議決権(敷地の共有持分割合)の5分の4以上の決議に加え,各棟ごとの区分所有者及び議決権(共用部分の持分割合)の3分の2以上の多数が賛成した場合に実施できるものとする(区分所有70条1項)。このような一括建替え決議の制度を導入したのは,上記のような団地においては,一部の建物を除いた形では建替え計画に課される制約が大きく,合理的な建替え計画が立て難いため,団地内建物を一体として,建替えを行う必要があるからである(吉田徹『一問一答改正マンション法』103頁,鎌田薫ほか「分譲マンションをめぐる諸問題(下)」ジュリ1310号96頁)。このような一体的な建替えの必要性にかんがみ,区分所有法は,一括建替え決議につき,団地内の全建物をいわば1つの建物と見立て,区分所有法62条と同様の決議要件を充たすことを基準とした上で,建物と敷地を別個の権利としている我が国の法制度一般にも配慮し,各棟ごとに一定の賛成

者数がいることを要求したものと解される。

3 憲法29条適合性

本判決は，前掲最高裁平成14年2月13日大法廷判決を引用している。同判決は，財産権の規制の違憲審査基準について，「財産権は，それ自体に内在する制約がある外，その性質上社会全体の利益を図るために立法府によって加えられる規制により制約を受けるものである。財産権の種類，性質等は多種多様であり，また，財産権に対する規制を必要とする社会的理由ないし目的も，社会公共の便宜の促進，経済的弱者の保護等の社会政策及び経済政策に基づくものから，社会生活における安全の保障や秩序の維持等を図るものまで多岐にわたるため，財産権に対する規制は，種々の態様のものがあり得る。このことからすれば，財産権に対する規制が憲法29条2項にいう公共の福祉に適合するものとして是認されるべきものであるかどうかは，規制の目的，必要性，内容，その規制によって制限される財産権の種類，性質及び制限の程度等を比較考量して判断すべきものである。」と判示した。本判決は，これと同様の基準に従って，区分所有法70条の憲法29条適合性について判断したものである。

本判決は，区分所有権が上記のような団体的制約に服する権利であること（権利の種類，性質）を前提に，老朽化等によって建替えの必要が生じたような場合に区分所有建物の建替えを合理的に行うためには全員の同意を要件とするのではなく多数決原理を採用する必要があること（規制の目的，必要性，内容），5分の4以上の多数が建替えに賛成することが要件となっていること（制限の程度）を考慮して，一棟建替え決議の規定（区分所有62条1項）は，十分な合理性を有するとした。

その上で，本判決は，団地内全建物一括建替え決議について，区分所有権の上記性質を前提に，団地においては，団地全体として計画的に住環境を確保し，敷地全体の効率的・一体的な利用を図る必要があること（規制の目的，必要性，内容），一棟建替え決議と議決要件が同一であることや各棟単位でも相当程度の多数者が建替えに賛成することが要件となっていること（制限の程度）を考慮して，団地内全建物一括建替え決議もなお合理性を失うものではないとしたものである。

【稲垣　司】

56 団地内建物の一括建替え決議に反対し建替えに参加しない旨を回答した区分所有者に対する売渡し請求

東京地判平成24年12月27日（平成22年（ワ）第38641号）
判時2187号51頁，判夕1394号340頁

争点

1　団地内建物の一括建替え決議に反対し建替えに参加しない旨を回答した区分所有者が，売渡し請求に基づく売買契約の売買代金にかかる供託金を受領した場合に，当該区分所有者が建替え決議又は売渡し請求の無効を主張することが権利濫用といえるか
2　再売渡し請求権の成否

判決の内容

■　事案の概要

　Xは，A団地の建物（以下「本件建物」という）を一括して建て替えるにあたって設立されたマンション建替組合であり，Yは，A団地内の建物に区分所有権を有し，本件建物に居住している者である。

　平成21年9月，本件建物について，団地内の建物を一括して建て替える旨の決議がなされ，当該決議は，本件団地につき，①団地内建物（全体）の区分所有者及び議決権（敷地の持分割合による）の各5分の4以上の多数で，かつ，②各団地内建物（17棟の各棟）の区分所有者の3分の2以上の者であって，議決権（一住戸一議決権）の合計3分の2以上の議決権を有する者が賛成し，一括建替え決議の特別多数決の要件（区分所有70条1項）を満たしたものとして成立した。

　平成21年10月6日頃，理事長が，一括建替え決議に賛成しなかった者に対

して，建替えに参加するか否かを回答すべき旨の催告をしたが（区分所有70条4項・63条1項），同年11月21日に行われた催告手続の説明会において，非賛成者から説明不足及び考慮期間の短さを理由として催告手続のやり直しを要請された。同理事長は，再度，同月28日に催告手続の説明会を行った上，同年12月2日頃に非賛成者に対して催告を行った。

　Xは，平成22年8月31日に，建替えに参加しない旨を回答した者に対し，売渡し請求をした（以下「本件売渡し請求」という。円滑化15条1項）。

　そして，Xは，平成22年10月14日，Yに対し，①専有部分の明渡し，②所有権の移転登記，及び③賃料相当額の損害賠償の支払を求めて本件訴訟を提起するとともに，Yに対する本件売渡し請求に基づく売買契約の売買代金5885万8180円を供託した（以下「本件供託金」という）。

　Yは，平成23年9月13日に，Xに対し，本件訴訟において，再売渡し請求（以下「本件再売渡し請求」という。区分所有70条4項・63条6項）の意思表示をした。

　A団地から退去した本件建替え決議に賛成した区分所有者及び本件催告を受けて建替えに参加する旨を回答した区分所有者の一部は，平成24年10月26日，Yに対し，損害賠償請求訴訟（以下「別件訴訟」という）を提起した。また，Xは，平成24年10月31日，本件供託金のうち，XがYに対して本件訴訟において支払を求めている本件建物の賃料相当損害金のうちの一部として263万5200円を仮差押えした。

　Yは，平成24年11月15日までに，本件供託金のうち仮差押えがされていない5622万2980円について還付請求をし，これを受領した。

■　判決要旨

　本判決は，まず，Yが本件供託金のうち仮差押え部分を除く部分を受領したことは，Yが本件売渡し請求及びその前提である本件建替え決議が有効であることを前提とする行為であって，Yが本件訴訟において本件建替え決議及び本件売渡し請求の有効性を争うことは，権利を濫用するものであって許されないと判示した。

　また，本判決は，本件再売渡し請求について，Xが本件団地内建物の取壊

し工事に着手しなかったことは，再売渡し請求の制度趣旨に照らし，Xが建替えを放置したものとはいえず，建物の取壊し工事に着手しなかったことにつき正当な理由があると判示した上で，Yは，Xに対して，本件再売渡し請求をすることはできないとした。

解　　説

1　はじめに

本件の争点は，①前提となる本件建替え決議が無効であることにより本件売渡し請求は無効か，②本件売渡し請求自体が無効か，③Yの本件建替え決議又は本件売渡し請求の無効の主張は権利濫用にあたるか，④YはXに対して再売渡し請求ができるかであり，本判決は，主として争点③及び④について判断を示し，傍論で，争点①及び②についても判断を示した。本稿においては，中心的論点である争点③及び④について論ずる。

2　権利濫用について――争点③

本件において，Xは，Yが本件供託金を受領したことは，本件売渡し請求の有効性を認める行為であり，Yがこれを争うことは権利濫用であると主張した。これに対し，Yは，別件訴訟は恫喝訴訟であり，別件訴訟においてYが請求されている損害賠償請求権を被保全債権とする追加の仮差押えを回避するための緊急避難として，仮差押部分を除く本件供託金を受領したのであり，本件売渡し請求の有効性を認めるものではないと主張した。

この点に関して，弁済供託とは，債務者が弁済の目的物を供託所に供託することによって，債権者に直接弁済したのと同様の効果を生じさせ，債務者が弁済することができないことによって受ける不利益を免れさせる制度である（登記研究編集室編『実務供託法入門〔新訂版〕』110頁）。債務者が供託をした場合，供託により，供託物の取戻しを解除条件として，供託時に債権が消滅し，債務者は債務から解放される（民494条・496条）。他方，債権者がその権利に基づき供託物を受領すると，弁済はいわば完成して完全に効力を生じる（我妻榮＝有泉亨ほか『我妻・有泉コンメンタール民法――総則・物権・債権〔第4版〕』921頁）。債権者が供託物を受領したときは，債務者は供託物の取戻しをする

ことができなくなるため（民496条１項前段），確定的に債権が消滅することになる。そのため，債権者は，留保付きの還付請求として，(i)債権額に争いがある場合に債権者が一部弁済としての留保をして還付請求をすることや，(ii)債権の内容に争いがある場合に債権者が特定の債権の弁済としての留保をして還付請求をすることがあり得るところ，このような留保付きの還付請求により，どのような効果が生じるのかが問題となる。

　(i)の場合については，供託者が債権全額を弁済する意思で供託したときに，債権者が留保の意思表示をせずに供託金を受領すると，全額について供託の効力が生じ（最一小判昭33・12・18民集12巻16号3323頁），一部弁済として受領する旨の留保を付して受領すると，その一部についてのみ債権が消滅する（最三小判昭53・12・5判時917号53頁・判タ378号86頁）。

　本判決は，(ii)の場合について判示したものであり，原則として，供託者の特定した債権の全額について供託の効力が生じ，債権者は，供託者の主張する供託原因の存在を自認したものと解されるとした。本判決は，上記のような効果が生じない例外的な場合として，還付請求をする債権者が，当該債権の内容をめぐる紛争の成否によって，還付請求をする債権者の主張する債権と供託者が主張する債権のいずれかの請求権を選択的に有することになる場合を挙げる（札幌高判昭42・5・9判時489号62頁・判タ207号90頁参照）。確かに，このような場合には，いずれにせよ，債権者は，供託金を受け取る権利を有するのであるから，供託にかかる債権の確定的な消滅を認めても不都合はない。これに対し，本件のように，債権者が，供託者の特定した債権の存否と直接関連性を有しない債権の弁済として受領する旨の留保を付して還付請求をした場合に，これを有効とし，債権者に，供託者の特定した債権の存在を争う余地を認めると，債権者が一方的に主張した債権の弁済を供託者の意思に関わらず認める事態が生じるだけでなく，供託者の特定した債権につき，その存否判断の帰趨いかんによっては，供託者に再度の弁済を課す事態が生じるおそれがあり，供託者の利益を著しく害するといわざるを得ない。

　以上に加え，形式的審査権しか有しない供託所において，債権者・供託者の法律関係に影響を及ぼすような機能を認めるべきではなく，そもそも，多様な留保付きの還付請求を認めるべきではない（登記研究編集室編・前掲337頁）

ことからも，本判決の結論に異論はなかろう。

3 再売渡し請求の成否について——争点④

建替え決議後2年以内に，建物の取壊しの工事の着手がない場合において，売渡し請求によって区分所有権等を譲渡した者は，その権利を現に有する者に対して，再売渡しの請求をすることができる。これは，売渡し請求権を行使して不参加者の区分所有権を強制的に買い取ったままいつまでも建替えの実行に着手しないで放置することを許容することは，衡平を欠き，制度の趣旨に合致しないことから認められた制度である（濱崎恭生『建物区分所有法の改正』406頁）。

建替え決議後2年以内に取壊しの工事に着手しない場合であっても，それが正当な理由に基づくときは，再売渡し請求権は成立しない（区分所有63条6項但書）。ここでの「正当な理由」とは，売渡し請求を受けた者が任意に専有部分の明渡しをしないため，確定判決を得て強制執行をしない限り明渡しを実行できず，取壊しの工事に着手することができない場合や，建替えについて近隣住民との交渉が長引いた場合，急激な経済変動によって資金の見込み違いが生じ資材の欠乏が生じた場合などである（濱崎・前掲407頁）。

本件で，Yは，Xは不参加者らが居住していない区分所有建物の取壊しに着手することができたとして，不参加者らが区分所有建物の一部の明渡しに応じなかったことは，「正当な理由」にあたらないと主張した。本判決は，当該主張について特段の判断を下すまでもなくYの主張を排斥したが，団地内建物の一部を取り壊すことができない状況の下で，残部のみを取り壊しても，一部分について取壊しの工事を進めることができないとすれば，団地全体の効率的・一体的な利用を図る一括建替え決議の目的を達成することができないし，また，一部の取壊しを先行させれば，工事を途中で停止することを余儀なくされることにより，工事に要する時間・労力・費用が増大することになる可能性が高いことにかんがみれば，区分所有建物の一部を先行して取り壊さなかったことにより「正当な理由」を欠くことにはならないと解すべきであり（控訴審判決も同趣旨），本判決の結論に異論はなかろう。

4 控訴審及び上告審

本件の控訴審（東京高判平25・4・10（平25（ネ）第273号）公刊物未登載）は，本

判決を引用した上で，権利濫用を理由に，Ｙの主張を排斥し，本判決の結論を是認した。その後，平成26年4月11日付けで，上告却下及び上告不受理の決定が下されている（最二小決平26・4・11（平25(オ)第1330号，平25(受)第1633号）公刊物未登載）。

【稲垣　司】

57 建替組合認可の要件

東京高判平成25年3月14日（平成24年(行コ)第387号）
LLI/DBL06820503
（原審：東京地判平成24年9月25日（平成23年(行ウ)第597号）
判時2201号42頁）

争点

建替え決議において敷地の借地権価格が定められていないことが建替組合認可の瑕疵にあたるか

判決の内容

■ 事案の概要

　Xらはマンションの区分所有者であったが、区分所有者の一部は敷地利用権について借地権を有していた。マンションは建替えが計画されていたが、区分所有者らは建替えにあたり、敷地利用権としての土地所有権と借地権の混在を解消しようという意向を有していた。
　区分所有者に対する複数回の説明会を経て、マンションの建替え決議が行われたが、その決議内容として敷地利用権である借地権の価格が定められていなかった。
　その後、特定行政庁であるYは本件マンションの建替えを目的とするマンション建替組合を認可した（円滑化9条）。
　Xらは、区分所有法62条2項4号が決議事項と定める「再建建物の区分所有権の帰属に関する事項」には敷地利用権である借地権の価格が含まれているにもかかわらず、本建替え決議では借地権の価格が定められなかったのだから、マンション建替組合設立認可処分の要件である「申請手続が法令に違反するものでないこと」の要件（円滑化12条1号）を満たしていないから違法

であるとして，Yに対して，マンション建替組合の設立認可の取消しを求めた。

■ **判決要旨**

　原審は，区分所有法の建替え決議制度について，現建物の円滑な建替えの実施と建替えによって大きな影響を受ける区分所有者の権利利益の保護との調和を図るものと位置づけた上で，区分所有法62条2項各号に関しては，建替え決議の決議事項として建替えに関する重要事項を明示することによって，建替え決議における区分所有者の適切な議決権の行使を確保したものと説明し，それらができるだけ具体的に定められていることが望ましいとした。本件で問題となる「再建建物の区分所有権の帰属に関する事項」は，現建物における区分所有権が，再建建物における区分所有権としてどのような扱いを受けることになるのかという，区分所有者の重大な関心事項であるから，これを決議事項として明示しておくことにしたとする。

　しかし，建替え決議の段階で決議事項の内容の詳細を具体的に定めることは不可能であり，「再建建物の区分所有権の帰属に関する事項」も，建替え決議時点では建替え参加者が定まっていないので，再建建物のどの専有部分を誰が取得するか，あるいは清算価格がいくらになるかなどを建替え決議で具体的に定めることは不可能であるとした。また，区分所有法に建替え決議において敷地利用権の価格等について決議を行うことを定めた規程がない理由として，敷地利用権は一般に各区分所有者の専有部分の面積に応じた割合で与えられるのが通常であって，建替え決議においてあえて決議する必要性に乏しいからであると解した。したがって区分所有法は，建替え決議における決議事項として，現建物及び再建建物の敷地利用権の価格や内容について定めることを求めていないとし，裁判所は，この法律論を前提に，本建替え決議の決議事項としては欠けるところはないと判断した。

　次に，裁判所は，本マンションでは現建物の敷地利用権について土地所有権と借地権が混在しているところ，現建物の敷地利用権としての土地所有権と借地権が，再建建物の敷地利用権あるいは区分所有権にどのように反映されるのかが不明確である場合，現建物における区分所有者としての権利が再

建建物においてどのような扱いを受けるかがわからず、適切な議決権の行使ができない可能性が生じるという本マンションの複雑な事情を指摘した。

そして、本件では、建替え決議集会の前の建替え計画説明会において、敷地利用権として借地権価格及び所有権価格を具体的に明示し、その評価額に基づいて再建建物の各専有部分の概算価格が説明されたこと、建替え決議に賛成した借地権者と土地持分権者は等価交換方式で借地権と土地所有権を譲渡し、等価交換の割合は借地権価格と所有権の価格の割合によることが説明されていた。裁判所は、この説明から、区分所有者は現建物の敷地利用権が再建建物においてどのような扱いを受けることになるかを了解することが可能であって、適切な議決権の行使ができる状況であったと認定して、Xらの請求を棄却した。

Xのみが控訴したのが本件であるが、本控訴審は、原審の認定どおりであるとして控訴を棄却した。

解　説

1　建替組合認可の要件

建替組合は、建替えを事業として行うために設立されるが、任意的な団体の形態では、法人格が認められないため、建替え資金の借り入れ手続が困難となったり、組合の運営や意思決定方法等が画一的ではないために迅速な事業の運営が難しくなったりすることがあった。そこで円滑化法では、所定の手続によってマンション建替組合を設立した場合は、法人格を取得できると定めている（犬塚浩＝住本靖『新マンション建替え法』16〜17頁）。マンション建替組合は、建替え決議を経てマンションの建替えを行うことを同意した者が、都道府県知事等の認可を受けて設立することができるが（円滑化9条1項）、申請手続が法令に違反しないことが認可の基準となっている（同法12条1号）。

2　区分所有法62条2項の趣旨

マンションの老朽化や損傷等を原因として建替えを行う場合、区分所有者全員の同意を得るのが原則であるが、区分所有者は多数であり、かつ権利関係が多種多様であることから、全員の同意を得るのは困難である。そこで区

分所有法は特別の多数決により、多数者の賛成を得た場合に建替えを可能とした（区分所有62条）。

建替え決議にあたっては、①新たに建築する建物（再建建物）の設計の概要、②建物の取壊し及び再建建物の建築に要する費用の概算額、③②に規定する費用の分担に関する事項、④再建建物の区分所有権の帰属に関する事項を定めることとなっている（区分所有62条2項各号）。建替え決議でこれらの事項を定めなかった場合、建替え決議は無効となる。その趣旨は、区分所有者が賛否の意思決定をするには、建替えの概要が示される必要があり、また、この決議が単なる建物の取壊しの手段として利用されることがないようにすることにあると解されている（稲本洋之助＝鎌野邦樹『コンメンタールマンション区分所有法〔第3版〕』414頁）。

建替え決議において上記決議内容が定められなかった場合、マンション建替組合設立認可との関係では、無効な建替え決議に基づいた申請手続は違法であり、認可基準を満たさないとして認可の取消事由となる。

本件で、Xらは、区分所有権者の一部が敷地利用権としている借地権の価格が建替え決議において定められなかったため、区分所有法62条2項4号が決議事項とする「再建建物の区分所有権の帰属に関する事項」が定められていないので、申請手続が法令に違反するとして、建替組合認可の取消しを求めたものである。

3　決議事項に関する検討

(1)　再建建物の区分所有権の帰属に関する事項（区分所有62条2項4号）

再建建物の区分所有権の帰属に関する事項とは、再建建物の設計の概要（区分所有62条2項1号）において示される各専有部分が誰に帰属することになるか、帰属の結果その対価をどのように清算することになるかについて、その決定の仕方又は基準である。

しかし、敷地利用権の帰属については、建替え決議の際に明示されることは要求されていない。なぜなら、法律的に、敷地利用権の再配分は建替えのために必要不可欠なこととはいえず、多数決処理に親しまないのと、敷地利用の再配分については、決議とは別に参加者間の合意によってする必要があると考えられたからである（稲本＝鎌野・前掲417頁）。

本件においても、再建建物の敷地利用権の価格や内容を定める必要はなく、決議事項として不足はないとした。

(2) **本件特有の事情**

本件は、敷地利用権について所有権と借地権が混在するという複雑な事情があったので、裁判所は、決議事項として敷地利用権の価格や内容を定めるべきかという点に関して重ねて検討している。

本件では、決議集会前に敷地利用権としての借地権及び所有権の具体的な評価額が示されており、また、その評価額の割合に応じて借地権と所有権を等価交換方式で交換することが既に区分所有者に対して説明されていた。そこで、区分所有者が、現建物の敷地利用権が再建建物においてどのような扱いを受けることになるかを了解することが可能であり、適切な議決権の行使ができる状況であったと認められるとして、区分所有法62条2項4号を決議事項とした趣旨に反する事態ではなかったと認定した。

裁判所は、敷地利用権の価格や内容を定める必要はないとの原則論を述べた後に、例外として、別途、区分所有法62条2項4号の趣旨に反しないかを検討している。結論としては妥当であると考えるが、例外となる場合のメルクマールは示されていない。

4 他の建替え決議無効の判例

建替え決議において、区分所有法62条2項各号に定めた事項が決議されなかったとして、決議無効が認められた裁判例がある（東京高判平19・9・12判タ1268号186頁）。

本件は、マンションの建替えにあたり、現建物の敷地に隣接する土地も合わせて敷地とする計画であったところ、建替え決議集会で配布された議案に再建建物の敷地の記載がなく、かつ、周辺敷地の権利者や権利関係についても明確ではなかった。裁判所は、建替え決議に際して、敷地の特定は再建建物の設計の概要（区分所有62条2項1号）に該当すると述べ、その理由として敷地が特定されないと、再建建物の建ぺい率、容積率の諸規制が明らかではなく、建築面積、延べ床面積も具体的に定まらないことになるからとしている。

また、第三者との権利関係が不明であると、再建建物の区分所有権の持ち

分割合等も不明であるため,区分所有法62条2項4号の再建建物の区分所有権の帰属に関する事項の要件も満たさないとし,したがって本件決議は無効であると判断した。

【和久田玲子】

58 建替組合参加に対する条件付き回答の有効性

東京地判平成27年1月26日（平成25年(ワ)第31372号）
判時2253号94頁，判タ1423号329頁

争点

1 建替えに参加するか否かの催告に対して，条件付きの参加回答をした場合，建替えに参加しない旨を回答した区分所有者にあたるか
2 売渡請求における時価の算定方法

判決の内容

■ 事案の概要

　Xは，Aマンション建替えにあたり，円滑化法9条1項により設立認可されたマンション建替組合であり，YはAマンションの区分所有者である。
　Aマンションでは，区分所有者集会において建替え決議が成立したが，Yは建替え決議に賛成しなかった。そこで管理組合は，Yに対し，本件建替え決議の内容により建替えに参加するか否かの催告を，催告書到達後2か月以内に回答すべき旨の催告を行い，同催告書はYに平成24年3月20日に到達した。Yは，「参加。但し，建替決議無効の確定判決を解除条件とします」と回答し，回答は平成24年4月12日に管理組合に到達した。
　その後，Yは平成24年4月頃，本件建替え決議の無効確認訴訟を提起したが，当該訴訟は平成25年3月に請求棄却，同年6月に控訴棄却，平成26年5月に上告不受理決定がされ，建替え決議を有効とする判決が確定した。
　Xは，平成25年9月，Yに対し，円滑化法15条1項に基づく売渡請求を行った。
　Xは，Yに対し，売渡請求によりYの区分所有権及び敷地利用権（以下「区

分所有権等」という）を取得したとして，売渡請求により成立した売買契約又は所有権に基づき，区分所有権等の時価相当額の支払を受けるのと引き換えに，専有部分の明渡し請求及び所有権移転登記手続を求める訴訟を提起した。

■ 判決要旨

1 Xの売渡請求は有効か

区分所有法63条1項ないし3項は，①集会招集者は，建替え決議に賛成しなかった区分所有者に対し建替えに参加するか否かを催告すること，②催告された区分所有者は催告から2か月以内に回答をすべきこと，③区分所有者が期間内に回答しなかった場合は参加しない旨を回答したものとみなすとの規定を定めている。

裁判所は，本規定の趣旨は，建替えに参加する者と参加しない者とを峻別し，参加しない者に対する売渡請求の手続を進めることを可能とすることにあるとして，以下のとおり判示した。

本件は，催告期間が満了した平成24年5月20日の時点では，Yが管理組合に対し提起した建替え決議無効確認訴訟は第1審係属中であったから，Yが建替えに参加するか否かは，催告期間満了の時点では判明しない。

本件のように催告期間満了の時点では判明しない内容の回答をしたことをもって，Yが催告期間内に建替えに参加する旨を回答したということはできない。

以上により裁判所は，Yは建替えに参加しない旨を回答した区分所有者にあたるので，XがYに対して行った売渡請求は有効であると判断した。

2 売渡請求における時価

裁判所は，円滑化法15条1項にいう「時価」とは，建替え決議の内容により建替えが予定されていることを前提として，売渡請求がされた時点における区分所有権及び敷地利用権の取引価格を客観的に評価した額であると定義した。

そして，時価については，不動産鑑定評価の手法によって，①建替えが実現した場合における再建建物及び敷地利用権の価額から建替えに要する経費

を控除した額，又は②再建建物の敷地とすることを予定した敷地の更地価格から現存建物の取壊し費用を控除した額を試算し，①又は②の試算額に対象となる区分所有権及び敷地利用権の配分率を乗じて算定するのが相当とした。

X，Yともにそれぞれ試算額を主張したが，いずれも②の試算額が①の試算額よりも高額であったことから，裁判所は②の試算額を採用した。そして，②の試算額について，Xは近隣地域の標準的使用における標準価格を600万円／㎡，建替え計画に伴う建付減価を△35％としたのに対し，Yは近隣地域の標準的使用における標準価格を707万2000円／㎡，建付減価を△10％とした。

裁判所は，本件土地上の再建建物は建替えに参加する区分所有者が区分所有権を取得することを予定されているから利用上の制約があるが，Yの主張は，この制約を十分に考慮に入れずに，基本的に本件土地の最有効利用を前提としているので，そのまま採用することはできないと評価した。しかし，Yが指摘した取引事例の存在や画地の特性も考慮に入れて，Xが主張した金額を，近隣地域の標準的使用における標準価格を630万円／㎡，建替え計画に伴う建付減価を△25％に修正して，Yの区分所有権等の価格を3360万円と算出した。

▎解　　説

1　売渡請求の相手方

(1)　売渡請求権

マンション建替えを目的として旧マンションの取壊しや新たなマンションの建設を行うには，マンション建替え事業者が，マンションの全区分所有権及び敷地利用権を取得しておく必要がある。そこで，マンション建替えの反対者がいた場合，迅速かつ円滑な建替えのために，その者に対し売渡請求を行い，その者の区分所有権及び敷地利用権を建替え事業者が取得できるようにした（区分所有63条，円滑化15条）。

区分所有法63条1項ないし3項は，売渡請求権行使の前提として，売渡請

求の相手方を確定するため，建替え参加者と不参加者とを分別する手続である。

(2) 売渡請求の相手方

売渡請求の相手方は，建替えに参加しない区分所有者である。

本件では，建替えに参加するか否かの催告を受けた区分所有者が，建替え決議の無効を解除条件として建替えに参加すると回答したため，この者が売渡請求の相手方となるか否かが争点となった。

売渡請求権を行使できる期間は，区分所有法では建替えに参加するか否かの催告の回答期間が満了してから2か月以内（区分所有63条4項），円滑化法ではマンション建替え組合の認可公告の期間の満了の日から2か月以内かつ建替え決議の日から1年以内（円滑化15条1項・2項）と規定されており，極めて短期間である。また，不参加者全員に対して売渡請求権を行使しなければならない。

売渡請求権を行使できなければ，不参加者が区分所有権者として残るため，事実上もはや建替えは不可能となる。

売渡請求権の目的が建替え事業者による全区分所有権の取得であること，売渡請求権の行使期間が極めて短期間であること，かつ不参加者全員に対して行使する必要があることから，売渡請求の相手方は，参加・不参加の回答期間の満了の時点で明確でなければならない。そのために，期間内に回答しなかった区分所有者は，建替えに参加しない旨を回答したものとみなされる（区分所有63条3項）。

本判決において，裁判所は，Yが解除条件とした建替え決議の無効が回答期間満了の時点で確定していないため，Yが参加の回答をしたとはいえないとし，Yを不参加者と判断している。これは上記と同趣旨であると考えられる。

2 売渡請求時の時価

(1) 売渡請求権の法的性質

売渡請求権は形成権と解されている。形成権とは権利者の意思表示のみで法律効果が発生する権利である。したがって売渡請求の意思表示が反対者に到達した時点で，直ちに時価による売買契約が成立したことになる。

(2) 時価の評価

　売渡請求は時価によって行われるが，時価とは売渡請求権を行使した当時における区分所有権及び敷地利用権の客観的取引価額であると解されている。

　その評価は，①建替えが完成した場合における再建建物及び敷地利用権の価額とそれに要する経費の差額，又は②敷地の更地価格と現在の建物の取壊し費用との差額と考えられ，両者は，経済的にみれば，理論上は一致するはずであり，これを基準にして時価を算定することになるとの考え方がある（法務省民事局参事官室編『新しいマンション法』353頁）。

　本判決はこの法務省の考え方に沿い，①又は②に基づき算出するのが相当であるとしたうえで，より高額である②に，取引事例比較法による修正等を行い認定したものである。

【和久田玲子】

第2　震　災

59　地震と相当因果関係にある損害と損害保険における地震免責条項との関係

東京高判平成24年3月19日（平成23年(ネ)第7546号）
金法1958号96頁
（原審：東京地判平成23年10月20日（平成23年(ワ)第11368号）
金法1958号103頁）

争　点

1　個人賠償責任保険の地震免責条項における「地震」の意義
2　地震免責条項の適用の可否

判決の内容

■　事案の概要

　東日本大震災で，マンションの居室（6階）に設置されていた電気温水器の配水管に亀裂が生じ，そこから水が漏れたため，階下の居室（5階）に水漏れ事故（以下「本件事故」という）が発生した。当該マンションの所在する東京都では，最大震度5強を記録した。
　Xらは5階居室の区分所有者であり，Y_1は6階居室の区分所有者，Y_2はY_1が加入する個人賠償責任保険（個人財産総合保険に付された個人賠償責任総合補償特約）の保険会社である。
　Xらは，本件事故により室内の修理費等の損害を被ったとして，Y_1に対して民法717条1項に基づき損害賠償請求を，Y_2に対して損害賠償責任保険金の請求を行った。

ところで、本件保険契約には、Y_1 が居室の所有、使用又は管理に起因する偶然な事故により他人の身体の障害又は財物の滅失、毀損若しくは汚損に対して法律上の責任を負担することによって損害を被ったときは、Y_2 が保険金を支払う旨の約款が付されていたが、その約款には地震によって生じた損害に対しては保険金を支払わない旨の条項（以下「地震免責条項」という）が設けられていた。

■ 判決要旨

1 原審

　裁判所は、本件マンションの他の居室では電気温水器からの漏水事故はなく、近隣の同様のマンションにも地震による特段の被害が生じていないこと、亀裂が生じた配水管は経年劣化していたことから、土地の工作物である電気温水器の設置又は保存に瑕疵があったとして、Y_1 に民法717条による損害賠償責任を認めた。

　その上で、地震免責条項について、通常有すべき耐震性を有しなかったことにより地震によって損害が生じ、これにより保険契約者が民法717条による土地の工作物責任を負うことになった場合であっても、地震によって生じた損害であるとして保険会社の免責を認める趣旨の規定ではないと判断し、Y_2 の保険金支払義務を認めた。そして、裁判所は、地震の意義として、巨大かつ異常な地震、すなわち社会一般ないし当該保険契約の契約者において通常想定される危険の範囲を超えて大規模な損害が一度に発生し、保険契約者の拠出した保険料による危険の分散負担が困難となるような巨大な地震であると述べた。

2 控訴審（本判決）

　Y_2 はこの原審判決を不服として控訴したが、Y_1 の損害賠償責任は確定した。控訴審において、Y_1 はXに補助参加した。

　控訴審は、原審の Y_2 敗訴部分を取り消し、Xらの請求を棄却した。

　裁判所は、約款は免責の対象となる地震の意義ないし範囲等について何ら限定を付していないこと、社会通念上「地震」の語の意義は明確であって、保険事故の原因となった現象が地震であるかどうかにつき紛れが生じること

はないことから，約款の文言上，「地震」の語を強度，規模等によって限定的に解釈することはできないとした。

文言解釈に加え，裁判所は，地震保険に関する法律の解釈として，強さや規模等のいかんにかかわらず，社会通念上「地震」と認識される現象は広く同法の対象となるとみるのが相当であり，地震免責約款も同様に解すべきであるとした。そして，地震保険の対象とならない場合につき地震免責条項を限定的に解釈して，小規模な地震による損害には保険金を支払うこととしたのでは，一定の要件を満たす場合に地震保険による保険金を支払うものとして被災者の保護を図った同法の趣旨に反すると説示した。

その他，他の免責事由との比較や保険契約者間の公平等の観点から，地震免責条項にいう地震は，約款の文言上，地震の語をその強度，規模等によって限定されるものではなく，自然現象としての地震と相当因果関係のある損害はすべて地震免責条項の対象になると判断した。

裁判所は，結論として，電気温水器の配水管に経年劣化が生じており，このことが亀裂発生の一因となったということができるとしても，地震の揺れがきっかけとなって亀裂が生じたこと自体は当事者間に争いはなく，本件事故につきY_1が損害賠償責任を負担するという形で損害を被ったとしても，この損害は上記地震と相当因果関係があると認められるから，地震免責条項が適用され，Y_2は保険金支払義務を負わない，と判断した。

解　説

1　地震免責条項の意義
(1)　損害保険における地震免責条項

火災保険において，通常，地震による損害は免責となっている。その理由としては，地震の発生頻度を短期的に予想することは困難であり，地震の規模や発生場所，季節・時刻等により損害の程度が大きく異なることから，損害保険の前提である大数の法則（大量のデータによって結果の発生を予測し，適正な保険料を徴収すること）が十分に機能しないこと，損害が甚大であることが挙げられる（損害保険料率算出機構HP「日本の地震保険」https://www.giroj.

or.jp/publication/j_earthquake/j_earthquake_all.pdf#view=fitV）。

　損害賠償責任保険においても，火災保険と同様に地震免責約款が制定されている。これは，火災保険が地震を免責事由としているにもかかわらず，法律的な損害賠償責任が発生した場合に損害賠償責任保険が支払われると，地震免責条項が無意味になることを避ける趣旨であると解されている。

　ところで，火災保険には地震損害を対象とする地震保険（居住用建物と家財のみ対象）が創設されたが，損害賠償責任保険においては地震損害を対象とするものはない。

(2)　地震の意義

　地震免責条項の効力については，関東大震災の事故に関して争われた大審院大正15年6月12日判決（民集5巻495頁）が公序良俗に反せず有効であると判断して以来，判例・通説は有効と解している。

　火災保険の地震免責条項における「地震」の意義については，阪神・淡路大震災の損害を争った神戸地裁平成11年4月28日判決（判タ1044号191頁）は，一般通常人の認識・理解を基準に判断すれば，地震一般を意味し，地震を限定して解釈する必要はないと判断しており，本件も，同様の考えによるものと思われる。

2　地震免責条項の適用の可否

　震度6以上の地震による損害は，不可抗力として土地工作物責任（民717条）が認められないことが多いが，本件で裁判所が認定するとおり，震度5程度の地震では，使用者及び占有者の土地工作物責任が認められることがある（詳細は東京地判平24・11・26LEX/DB25497814【本書判例60】参照）。

　控訴審は，本件事故の原因が地震及び配水管の経年劣化の競合であると認めているが，損害賠償責任保険の適用にあたっては，地震と因果関係がある損害であることを理由に，保険会社の保険金支払義務を否定している。

　損害賠償責任保険で地震免責条項が規定されている理由は，地震損害を免責とする火災保険の潜脱を防止するためと言われている。しかし，損害賠償責任保険が対象とするのは，土地工作物責任等の不法行為と因果関係のある損害であるから，地震免責の理由となる大数の法則や甚大な損害はあてはまらない。

また，損害賠償請求権が認められたにもかかわらず，損害賠償責任保険が免責となった場合は，実際の賠償資力が確保されないため，被害者は救済されない（被害者が付保する地震保険の対象となるとしても，地震保険は火災保険と異なり，支払保険金額が極めて制限されている）。

　本件では，損害の原因が地震と不法行為の2つが競合した場合の損害賠償責任保険の適用については検討されていないが，詳細な判断があってもよかったように思う。

3　保険会社に対する直接請求
(1)　裁判所の判断

　本件におけるＸらの主張は，ＸらとＹ₁は，「Ｙ₁の保険金請求権を，本件の訴訟手続において，ＸらがＹ₂に対し直接行使する」旨の合意をしており，これに基づいて，ＸらはＹ₂に対して直接保険金を請求できるというものであった。

　原審は，ＸらとＹ₁の合意の内容は，Ｙ₁がＸらに対し保険金請求権を譲渡したものと認められると判断し，Ｙ₂に対する直接請求を認めた。

　控訴審では，裁判所は，債権譲渡の原因となる行為が主張，立証されていないため，債権譲渡の事実を認めることはできないとした。また，ＸらとＹ₁の合意はＹ₁が当事者として訴訟を遂行する権利をＸらに授けるものであり，ＸらがＹ₁の任意的訴訟担当にあたり得るとしながらも，訴外でＹ₁が保険金請求をしていること，Ｙ₁が自ら訴訟上の請求をすることに支障がないことから，任意的訴訟担当を認める合理性，必要性があるとはいえないとした。

　このほか，Ｙ₁が無資力であるとの立証がないので，債権者代位権に基づいてＹ₂のＸらに対する請求を認めることはできないとも判断している。

(2)　直接請求に関する判例・学説

　損害賠償責任保険において，保険会社に対する被害者の直接請求は，自賠責保険（自賠16条）や自動車保険約款において認められているものの他，原則として認められていない。その理由は，保険会社が単独で被害者と責任や損害範囲を決めることが困難であるからと解されている（塩崎勤＝山下丈＝山野嘉朗編『専門訴訟講座(3)保険関係訴訟』664頁〔加々美光子〕）。

本件控訴審においては，Y₁からXらに対する譲渡行為が立証されていないとして，譲渡の事実を否定したのは前述のとおりである（前提として，保険法22条は，保険請求権の損害賠償請求権者への譲渡を認めている）。

　また債権者代位による代位請求は，被害者が同一訴訟手続で，保険会社に対する加害者の保険金請求権の代位行使による請求訴訟と，加害者に対する損害賠償請求訴訟とを併合提起した場合，保険金代位請求権は将来の給付の訴えとして許される（最三小判昭57・9・28民集36巻8号1652頁）。しかし，債権者代位権の要件としての加害者の無資力について，判例は，損害賠償請求権も金銭債権であることを理由に無資力要件を必要としている（最三小判昭49・11・29民集28巻8号1670頁）。

　本判決も，この判断に従い，Y₁が無資力であるとの立証がないことを理由に，債権者代位権による直接請求を否定した。

【和久田玲子】

〔参考文献〕
- 窪幸治「土地工作物責任を保険事故とする責任保険と地震免責条項」総合政策15巻2号201頁以下 http://ci.nii.ac.jp/els/contentscinii_20170517110524.pdf?id=ART0010262232

[60] 震度5弱の地震による専有部の給湯配管亀裂による漏水の所有者責任

東京地判平成24年11月26日（平成23年(ワ)第24308号）
LEX/DB25497814

争　点

1　マンション室内に設置された温水器及び接続された給湯配管が土地の工作物（民717条1項本文）に該当するか
2　上記温水器及び給湯配管の設置又は保存に瑕疵（民717条1項本文）があったといえるか
3　上記温水器及び給湯配管の管理に不法行為責任が認められるか

判決の内容

■ 事案の概要

　Y_1は本件マンション（東京都目黒区）の区分所有権者であり，Y_2はY_1から居室を賃借している者である。X_1，X_2はいずれもY_1が所有している居室の階下にある居室の区分所有権者である。
　Y_1の専有部分たる居室には，給湯施設の電気温水器（以下「本件温水器」という）とこれに接続された給湯配管（以下「本件配管」という）がある（以下両者をあわせて「本件設備」という）。
　平成23年3月11日に発生した東日本大震災により，本件配管に亀裂が生じ，当該亀裂部分から流出した水が，Xらの居室に漏水するという事故（以下「本件漏水事故」という）が発生した。
　Xらは，本件漏水事故の原因は土地の工作物たる本件設備の設置又は保存に瑕疵があったためであるとして，主位的にYらには工作物責任（民717条）が認められるとし，予備的にYらには本件設備の適切な管理を怠ったことに

よる不法行為責任（民709条）が認められるとして，本件漏水事故により発生した修繕費用等の支払を求めた。

■ 判決要旨

1 本件設備が土地の工作物に該当するか

本判決は，本件温水器と本件配管は一体となって室内へ温水を供給するものであり，本件温水器や本件配管が破裂等した場合には，室内はもとより階下の居室に居住している人に危険を及ぼすのであるから，本件設備は土地の工作物にあたると認定した。

2 本件設備の設置又は保存に瑕疵があったといえるか

本件マンション内において，東日本大震災により漏水事故を発生させたのはY_1の居室のみであり，本件設備が設置されてから本件漏水事故発生までは19年以上の期間が経過しているものの，本件配管の物理的安全性について一般的な耐用年数はなく，設置又は保存に瑕疵があるか否かについては，個別具体的な使用状況，環境，施工状態等の事情により決せられるものであると判示した。

そして，本件漏水事故の約1年2か月前に業者によって本件設備の点検が実施された際に，本件配管については異常がないと判断されものと認められ，本件配管が老朽していたと認めることは困難であり，本件漏水事故を発生させた東日本大震災による揺れが通常発生することが予測される地震動にあたるとはいえないことからすれば，本件温水器に接続された本件配管が，通常想定される性能及び安全性を欠いていたとは認め難く，設置又は保存に瑕疵があったと認めることはできないとした。

3 本件設備の管理に不法行為責任が認められるか

Xらが，本件マンションにおいて，本件設備と同様の温水設備による漏水事故が本件訴訟提起前の約2年間に12件発生しており，いずれも給水管若しくは配管内の錆の付着が原因で亀裂を起こしたものであったため，Yらは定期点検等によって本件配管に錆の付着がないか等の点検を行わず，買換等の措置をしなかったのであるから，Yらには不法行為責任が認められると主張したのに対し，本判決は，本件漏水事故の原因が本件配管内に錆が生じてい

たことにあるとは認められず，また，本件設備の管理につき注意義務を怠ったと認めることも困難であるから，Yらに不法行為責任は認められないとした。

解　説

本件は，東日本大震災という強度の地震動に起因して発生した漏水事故に関し，漏水事故が発生した本件設備を設置していた居室の区分所有者及び居住者に対する土地工作物責任（民717条）及び不法行為責任（民709条）のいずれも認めなかったものである。

1　マンション居室に設置された温水器及び配管が土地工作物にあたるか

土地工作物責任が認められるか否かを検討するにあたり，まず当該設備等が土地工作物にあたるか否かが問題となる。Yらは，本件温水器及び本件配管は着脱及び交換が可能であり，それ自体には危険性がない等として，土地工作物にはあたらないと主張していたが，本判決は土地工作物にあたると認めている。本判決が示すとおり，本件温水器及び本件配管は居室内に温水を供給するものであって，本件マンションの一部を構成するものといえ，また，漏水による危険性が生じることは明らかであるから，本件設備が土地の工作物であると認定したことは妥当であろう。

2　温水器及び配管の設置又は保存に瑕疵が認められるか

次に本件温水器及び本件配管の設置又は保存に瑕疵が認められるか否かが問題となる。ここにいう瑕疵とは当該物が通常備えるべき安全性を欠くことをいうとされる。

本判決は，本件漏水事故の約1年2か月前に業者によって本件設備の点検が実施されたときの状況から，本件配管が老朽していたと認めることは困難であり，平成8年4月1日から気象庁が東京都千代田区に震度計を設置して観測を開始してから平成23年3月10日までの間における最大震度は4であり，同年3月11日になって初めて震度5強の揺れが観測されていることなどからすれば，本件漏水事故を発生させた東日本大震災による揺れが通常発生することが予測される地震動にあたるとはいえず，本件温水器に接続された

本件配管が，通常想定される性能及び安全性を欠いていたとは認められず，設置又は保存に瑕疵があったと認めることはできないとした。

　この点，同じく東日本大震災による漏水事故が問題となった東京地裁平成23年10月20日判決（判時2147号124頁【本書判例59の原審】）（以下「参考判例」という）では，当該マンションが昭和57年新築の鉄筋コンクリート造建物であり，気象庁震度階級関連解説表の「鉄筋コンクリート造建物の状況」では，震度5強でも耐震性の高い建物では特段の被害はなく，耐震性の低い建物でも，壁などの部材に亀裂がはいるとされているにすぎないこと，東日本大震災発生時に当該マンションでは他の居室や近隣の同様のマンションでも漏水事故が発生していないこと，亀裂が生じた排水管は他の排水管と比較して色褪せており，経年劣化していたことが明らかであったことから，電気温水器の配管の強度又はその設置方法につき，通常有すべき程度の耐震性が確保されていなかったと認めるのが相当であるとして，電気温水器の設置又は保存の瑕疵を認めており，本判決とは結論を異にしている。

　両判決は，同じマンション内で他に漏水事故が発生した居室はなかったという点は共通しているものの，参考判例では周囲の同様の構造のマンションでも漏水事故はなかったことが認定されているのに対し，本判決ではこの点について言及がなされていない。

　また，温水器及び配管の劣化に関する認定において本判決では，破損した配管等の写真が残っていなかったと推測され，約1年2か月前に行われた点検時に排水管等が劣化していたことを示す措置が講じられていなかったのに対し，参考判例では，亀裂が生じた配管の写真や同じ温水器の他の配管と比較して経年劣化していたことが明らかであったという点が異なっており，本判決において本件温水器及び本件配管の損傷状況が明確に写真等で残っていたならば，異なった認定がなされた可能性は否定できないと思われる。

　さらに，震度5強という震度が通常発生することが予測されるものか否かについて，本判決は気象庁が東京都千代田区に設置した震度計により平成8年4月1日から計測を開始した記録によれば，平成23年3月10日までの最大震度は4であったところ，東日本大震災発生時には震度5強が観測されていること（なお，本件マンションのある東京都目黒区では震度5弱が観測されている）か

ら，通常発生することが予測される震度といえるかについては疑問の余地があるとしているのに対し，参考判例では，昭和57年新築の鉄筋コンクリート造建物の耐震性から震度5強程度の地震の振動は通常発生することが予測される震度と判断しており，異なった考え方を示している。

　土地工作物が通常備えるべき安全性を有しているか否かを判断するという観点からすれば，本判決よりも参考判例のように建物の耐震性から検討する方が基準として妥当と考える。なお，本判決において本件マンションの築年数や構造など耐震性がどの程度あったかについては明らかにされておらず，当事者からはこの点に関する主張及び立証がなされていなかったようである。

　地震による漏水事故において土地工作物責任が認められるか否かについては，当該配管等が老朽化していたか否か，損傷した配管等につき当該地震による振動によっても損傷しないことが当該配管等の通常備えるべき性質を有しているといえるかどうかが問題となるところ，本判決と参考判例はこの点の判断につき実務上参考になるものといえる。

【石橋　京士】

61 「大規模半壊」罹災証明による災害救助法の各種優遇措置取消処分の適法性

仙台地判平成25年10月8日（平成24年(行ウ)第20号）
LLI/DBL06850527

争点

審査請求前置主義の例外となる「正当な理由」（行訴8条2項3号）の有無

判決の内容

■ 事案の概要

Xらは，いずれも仙台市太白区所在の本件マンションに居住する住民であり，本件マンションは平成23年3月11日に発生した東日本大震災により，梁の一部が損傷，剥落するなどの被害を受けた。

仙台市太白区長であるYは同年8月30日，本件マンションの被害の程度を「大規模半壊」とする罹災証明を発行した。これにより，Xらは東日本大震災に伴い実施された災害救助法による住民税及び固定資産税等の税金の減免等や各種施策の措置（以下「本件各優遇措置」という）を受けていた。

Yは，同年11月22日及び同年12月15日に本件マンションの被災状況に関する再調査を実施し，平成24年2月10日付で本件マンションについて，被害の程度を「一部損壊」とする罹災証明書を発行し，本件各優遇措置を取り消す各処分（以下「本件各処分」という）を行った。

Xらは，本件各処分は手続に違法がある，処分要件を欠き違法であると主張して，本件各処分の取消しを求めた。

Yは，Xらの訴えはいずれも審査請求前置主義に違反するかXらにとって有利な減額変更処分であって，訴えの利益がないため不適法として却下されるべきであると主張した。

■ 判決要旨

　本判決は，行政事件訴訟法8条1項が「処分の取消しの訴えは」，「法律に当該処分についての審査請求に対する裁決を経た後でなければ処分の取消しの訴えを提起することができない」旨定め，行政事件訴訟法8条2項3号が「裁決を経ないことにつき正当な理由があるとき」は「裁決を経ないで，処分の取消しの訴えを提起することができる」と定めていることにつき，審査請求前置が要求されるのは，主に行政庁等に当該処分の見直しの機会を与え，紛争の自主的解決及び行政庁等の専門性等を活かした迅速かつ的確な紛争解決を期待する趣旨と解せられるから，裁決を経ないことにつき正当な理由があるといえるためには，不服の内容に対する行政庁等の判断が明らかにされており，かつ客観的にその処分の変更が行われないと考えられ，審査請求をすることが無意味といえるほどの確実性をもって裁決の内容が予測できるという，司法審査の前に審査請求という不服申立手続を経由させることに合理的理由がない場合に限られるというべきであるとの判断を示した。

　その上，Ｘらが取消しを求める本件各処分のうち，①固定資産税賦課額更正処分，②固定資産税・都市計画税賦課処分，③市民税・県民税税額決定（変更）処分，④市民税・県民税減免不承認処分，⑤国民健康保険一部負担金等免除取消処分，⑥介護保険料減免取消処分，⑦介護保険料賦課（変更）処分，⑧国民健康保険料減免取消処分，⑨国民健康保険料賦課（変更）処分はいずれも取消訴訟提起前に審査請求をしなければならないと法律上定められているところ，Ｘらは審査請求をしておらずＸらの主張を踏まえても「裁決を経ないことにつき正当な理由」は認められない，⑩国民健康保険料の減額更生処分，⑪市民税・県民税の減額更生処分は納税者に有利な処分であり，訴えの利益はないとして，Ｘらの訴えはいずれも不適法であるから却下するとした。

■ 解　　説

1　訴えの適法性について

本件は、Xらが本件各処分に対する取消訴訟を提起した事案である。本件各処分はいずれも法律上、取消訴訟提起前に審査請求をしなければならない旨定められていたところ、Xらは「裁決を経ないことにつき正当な理由がある」（行訴8条2項3号）と主張していた。本判決では正当な理由があると認められる場合を厳格に絞っているが、法が審査請求前置を定めた趣旨からすれば妥当な判断といえよう。もっとも、本件各処分に関する法律で定められた審査請求期間は処分があったことを知った日の翌日から起算して60日以内にしなければならないとされており、この日数が妥当か否かについては議論の余地があると思われる。

2　マンションが被災した場合の法的整理

マンションが被災した場合、保存行為に該当するものについては各共有者にて行うことができ（区分所有18条1項但書）、保存行為を超える管理行為に属するものについては集会の決議が必要となる（区分所有18条1項本文）。

マンションがすべて滅失することはマンション管理組合法人の解散事由であり（区分所有55条1項1号）、土地の共有関係か借地権の準共有関係が残ることになる。この場合、各共有者は土地の分割請求（民256条1項）が可能となり、建物再建は共有者全員の同意が必要となる（民251条）が、被災区分所有建物の再建等に関する特別措置法は、政令で定める災害によりマンションが全部滅失した場合には原則として、政令の施行日から起算して3年間分割の請求ができないとし（被災6条1項）、マンションの再建や敷地売却等の決議は、議決権の5分の4以上の多数で決議が可能としている（被災4条・5条）。

マンションの一部滅失の場合は、滅失部分を復旧するか取り壊して建替えするかが問題となる。復旧の場合、建物の価格の2分の1以下に相当する部分が滅失したときは区分所有者及び議決権の各過半数以上の決議で共有部分の復旧が可能となるところ（区分所有61条3項）、建物の価格の2分の1を超える部分が滅失した場合は区分所有者及び議決権の各4分の3以上の多数の決議が必要となる（区分所有61条5項）。建替えの場合は滅失の程度に関係なく、区分所有者及び議決権の各5分の4以上の多数の決議が必要となる（区分所有62条）。

3　マンションの滅失が争われた裁判例

(1) 罹災証明と滅失

　神戸地裁平成7年8月8日判決（判タ896号168頁）は，阪神・淡路大震災により4階建マンションの1階の柱が建物内部で折れ曲がり，建物全体が傾いた状態になり，地方自治体により建物が全壊した旨の罹災証明が発行されていることから，借家である当該マンション3階部分の居室は滅失しているとして賃借人が賃貸人に対し保証金の返還を請求した事案である。

　この判決では，「建物が滅失したかどうかの判断にあたっては，物理的に建物の主要な部分が消失したかどうかだけではなく，消失した部分の修復が通常の費用では不可能と認められるかどうかをも考慮して決せられるべきである」（最一小判昭42・6・22判タ209号139頁）とし，当該マンションの2ないし4階における建物の躯体部分にほとんど被害が生じていないこと，当該マンションは1階のみ解体，修復することも技術的に可能であり，その費用は同様のマンションを建築する費用の約7分の1であることなどから，当該マンションは滅失したとはいえないと判示した。

　全壊した旨の罹災証明があったとしても直ちに滅失とは扱われない点において参考となる。

(2) 建物の滅失の判断要素

　神戸地裁平成7年10月17日決定（判時1560号127頁）は，阪神・淡路大震災で区分所有建物が滅失したため，建物の賃貸借関係は終了したとして，土地の共有者らが当該建物の補修工事の差止めと土地の明渡しを求めた仮処分申立事件である。

　本決定では，本件建物の1階にある全部で13本ある柱脚アンカーボルトがすべて切断されるなどの被災事実が認められるものの，本件建物の地下構造物に変形，陥没等はないこと，2階部分以上は目視で大きな破損が確認できなかったこと，新しいアンカーボルトを溶接でつぎ足し，新しい柱の柱脚を固定したこと，超音波深傷検査を行い合格していること，これらの修復工事にかかった費用は建物取壊し・新築工事に要する費用の約4分の1で済んだことなどから，建物が滅失したものとはいえないとして，仮処分申立てを却下した。

　滅失か否かの判断にあたって考慮される事項につき参考になる。

4　建物滅失に関連する基準

　一般社団法人日本建築学会による「被災度区分」では，致命的な被害となる「大破」，大規模な補強・補修を要する「中破」，相当な補修が必要な「小破」，外観上ほとんど損傷がない「軽微」，損傷が認められない「損傷なし」という整理がなされている。

　罹災証明においては，損壊・滅失・流失の床面積が延床面積の70％以上に達したもの又は構成要素の経済的被害が50％以上の「全壊」，その他「大規模半壊」，「半壊」，「その他」という整理がなされている。

　一般財団法人日本建築防災協会による応急危険度判定では，立ち入りが危険であり，立ち入りには専門家への相談と応急措置が必要とされる「危険」，立ち入りには十分注意が必要であり，応急的に補強する場合には専門家との相談が推奨される「要注意」，被災程度が小さく建物が使用可能な「調査済」という整理がなされている。

　地震保険においては「全損」，「半損」，「一部損」という整理がなされている。

　いずれも上記裁判例のとおり，これらの認定が建物の滅失の判断に直ちに影響を与えるものではなく，前記最高裁判例（最一小判昭42・6・22判タ209号139頁）に依拠した判断が重要である。

【石橋　京士】

62 被災マンション法に基づく敷地売却決議の集会招集通知の瑕疵

仙台地判平成27年9月28日（平成27年(ワ)第6号）
公刊物未登載

争点

1 被災区分所有建物の再建等に関する特別措置法に基づく管理者選任手続の瑕疵により、集会招集手続は無効となるか
2 集会招集手続の瑕疵により、決議は無効となるか

判決の内容

■ 事案の概要

本件マンションは平成23年3月11日に発生した東日本大震災で被災し、公費で解体された。

Yは平成22年11月18日に本件マンションの本件敷地持分を取得した企業から平成25年9月4日に本件敷地持分を買い取った株式会社である。

本件マンションの公費解体後、区分所有者らである敷地共有者等が本件敷地の売却等につき、Aを代表とするA清算委員会とBを代表とするB清算委員会とでそれぞれ検討を行い、平成26年1月12日にA清算委員会において、AとBとの話合いで管理者を決定することが決議され、同日B清算委員会においてAとBで今後のことにつき結論を出すことが決議され、AとBとの話合いにより、Aを管理者とすることが決められた。その後Aは、本件マンション敷地共有者清算委員会の管理者の名において同年2月10日付で同年4月20日に本件マンション敷地共有者等集会を行う旨を通知し、同日本件集会が開催され、Xに本件敷地を売却することが議決権の5分の4以上で決議（以下「本件売却決議」という）された。

AはYに対し，上記決議に基づき売却に参加するか否かを回答するよう催促したところ，Yから同年8月6日付でXに敷地売却する旨の回答書が送付された。XはYに対し，敷地共有持分の売買が成立しているか，Xからの売渡請求により売買が成立しているとして，売買契約に基づき敷地共有持分の移転登記手続を求めた。

■ 判決要旨

1 被災区分所有建物の再建等に関する特別措置法に基づく管理者選任手続の瑕疵により，総会招集手続は無効となるか

敷地共有者等が置く管理者は，集会の決議によって選任されるべき（被災3条によって準用される区分所有25条1項）ところ，A清算委員会及びB清算委員会はいずれもこの集会にはあたらず，いずれの清算委員会においてもAを管理者に選任するとの決議はなされていないものの，Aを管理者とすることについては敷地共有者等の意思が反映されていると考えられることなどからすれば，管理者選任の瑕疵により本件総会の招集が直ちに無効となるとはいえないとした。

2 集会招集手続の瑕疵により，集会決議は無効となるか

本判決は，敷地売却決議の集会招集通知において，目的事項のみならず議案の要領をも通知すべきとされている趣旨は，敷地共有者等の権利に重大な影響を与える決議を行う場合には，敷地共有者等が事前に十分な検討をしてから集会に臨むことができるようにすること，集会に出席しなかった者についても書面による議決権行使を可能にし，議事の充実を実現しようとしたことにあると解されるから，議案の要領を欠く集会招集通知は，敷地共有者等の適切な議決権行使を困難にするものであって，軽微な瑕疵とはいえないと判示した（東京高判平7・12・18判タ929号199頁）。

そして，本件集会の通知では敷地売却決議を目的とするものであるとの告知がなされているとはいえず，議案の要領たる敷地売却決議を行うのに必要な情報が与えられていないことからすれば，招集手続の瑕疵が決議に影響を与えなかったとはいえないとし，本件集会において行われた本件売却決議は無効であり，本件売却決議を前提とした売渡請求も効力がないとして，Xの

請求を棄却した。

解　説

1　被災区分所有建物の再建等に関する特別措置法に基づく敷地売却の手続について

(1)　管理者の選任

　敷地共有者等が置く管理者は，集会の決議によって選任されることになる（被災3条によって準用される区分所有25条1項）。この点，本判決では，管理者選任の集会決議がなされた事実はなく，A清算委員会とB清算委員会におけるAとBとの協議で決定する旨の決議に基づきAとBとの協議によって，Aが管理者となっていた。本判決は，管理者選任手続の瑕疵によって本件総会の招集が直ちに無効になるものではないと判示している。管理者の選任決議は議決権者の過半数でなされるところ，本件では実質的に議決権者の過半数が集まっている点が重視されたものと思われる。

(2)　敷地売却決議

　敷地売却決議は，敷地共有者等の議決権の5分の4以上の多数が必要となり（被災5条1項），この決議においては「売却の相手方となるべき者の氏名又は名称」と「売却による代金の見込額」を明らかにしなければならず（被災5条2項），敷地売却決議を目的とする集会の招集には集会の2か月前までに会議の目的事項を示し，議案の要領，敷地売却を必要とする理由を通知し（被災5条3項で準用する同4条4項・5項），集会の少なくとも1か月前までに，議案の要領及び敷地売却が必要な理由に関する説明会を開催しなければならない（被災5条3項で準用する同4条6項）。敷地売却決議がなされた場合，決議に賛成し，又は売却に参加するとした敷地共有者等は，敷地の売却に参加しない敷地共有者等に対しても，その権利を売り渡すよう請求できる（被災5条3項により準用される区分所有63条1項ないし3項・4項前段・6項・7項・64条）。

　本判決は，判決要旨記載の集会招集通知に議案の要領等の記載が求められている趣旨から，売却の相手方や売却代金の見込のみならず，議案の要領，敷地売却を必要とする理由等の欠ける招集手続によってなされた本件売

却決議は無効と判断した。

　この点，本件において敷地売却決議に賛成した議決権は全体の5分の4を辛うじて超えていたというのであるから，管理者選任の場合と同様，結論として決議を有効とする判断もあり得たとも考えられる。しかし，上記議決のうち，委任状によって参加した者がいることや，5分の4を大きく上回る議決が集まっていたわけではないことからすれば，適切な招集通知を行っていた場合に同様に賛成の決議を得られるかは疑わしく，法の趣旨を踏まえると，招集手続に瑕疵があるとして，本件売却決議を無効とした本判決の判断は妥当といえる。

　本判決は被災区分所有建物の再建等に関する特別措置法に基づく敷地売却の手続について判断を示したものであり，実務上参考になろう。

2　買取時の時価額算定について

　本判決では争点とならなかったが，敷地買取請求権が認められた場合の時価の算定について参考となる裁判例として大阪高裁平成14年6月21日判決（判時1812号101頁。以下「参考裁判例」という）がある。

　事案は，阪神・淡路大震災によって損壊したマンションの復旧決議（旧区分所有61条5項）に反対した区分所有者が賛成した区分所有者に対して建物・敷地の買取請求権を行使し，主として買取の時価が争われたものである。

　参考裁判例の原審（大阪地判平10・8・25判時1668号112頁）は，買取請求権は形成権であるから買取請求での時価の算定の基準時は買取請求権の行使時であり，その時価は一部滅失した状態での時価であって，買取請求時において被災しなかったものとした場合の価格から復旧工事費の被災による減価を控除して算定すると判断した。

　参考裁判例は時価の基準時につき，原審と同じ理由から買取請求権の行使時であるとした。

　時価の算定については，損壊した状態のままの評価基準時における建物及び敷地に関する権利の価格とするのが相当であるとした上で，実在した被災前建物と同じ状態の建物が買取請求時に存在すると仮定し，建物の専有部分の買取請求時の評価額から，被災前の状態に復旧するのに必要な工事費用等を減額するとの方法を採用し，基本的には原審とほぼ同様の判断を示した。

参考裁判例では，買取請求時点で復旧工事が終了しているものと仮定し，その場合の専有部分の買取請求時点における価格を想定し，ここから復旧するのに必要な工事費用等を減額するという方法によるべきであるとの主張がなされていた。しかし，この主張の趣旨は，復旧後の専有部分は中古マンションの売買市場で商品とするのにふさわしいものをいうとされていることから，参考裁判例が採用した方法と比べて復旧工事には機能性の向上等も含まれるなど工事費用が高額になりやすく，仮定に仮定を重ねることになり，時価額の算定を困難ならしめるものといえる。

　参考裁判例が示すとおり，時価の立証には的確な証拠による裏付けが必要であるから，時価額が争点となった場合には，その時価額について合理性が認められる主張立証に努めることが肝要といえる。

【石橋　京士】

〔掲載誌，評釈等〕
　・　岡田康夫・マンション学54号68頁

第6章

その他

第1 税

63 団地の敷地にかかわる固定資産税登録価格決定の適否

最二小判平成25年7月12日（平成24年（行ヒ）第79号）
判時2201号37頁，判タ1394号124頁

争点

1　固定資産課税台帳に登録された土地の価格（登録価格）が，固定資産評価基準によって決定される価格を上回る場合の登録価格の適法性
2　固定資産評価基準に従って決定される価格と適正な時価（土地の客観的な交換価値）との関係

判決の内容

■ 事案の概要

　団地の区分所有者でその敷地権にかかわる固定資産税の納税義務を負うXが，Y（当該団地の存する市）に対し，Yにより決定され土地課税台帳に登録された当該敷地権の目的である土地（以下「本件土地」という）の平成21年度の価格（以下「本件登録価格」という）を不服として，市の固定資産評価審査委員会に審査申出をしたが，棄却される決定を受けたため，XがYにその取消しを求めた事案である。
　本件土地を含む一帯の土地は，団地の敷地等であり，市の都市計画において第1種中高層住居専用地域で，指定建ぺい率60％，指定容積率200％と定められているが，本件土地は都市計画法の「一団地の住宅施設」（都計11条1項8号）として当該都市計画において，建ぺい率が20％，容積率が80％と制

限されている（以下「本件制限」という）。しかるに，本件登録価格は本件制限が適切に考慮されておらず違法である，というのがXの主張である。

1審及び原審とも，XとYが提出した各鑑定意見書から認められる事情を総合考慮して，本件登録価格は本件土地の適正な時価よりも低いと認められるから，本件登録価格は違法ではないと判断したため，Xが上告したものである。

最高裁は判決要旨のとおり述べ，原判決破棄のうえ原審に差し戻した。

■ 判決要旨

1 登録価格が違法となる場合の判断枠組み

(1) 判決要旨1

ア 登録価格が適正な時価を上回る場合は，その登録価格の決定は違法である（最一小判平15・6・26民集57巻6号723頁）。

イ 登録価格が評価基準によって決定される価格を上回る場合は，適正な時価を上回るか否かにかかわらず，その登録価格の決定は違法である。

(2) 判決要旨2

ウ イの評価基準によって決定する方法が一般的な合理性を有し，登録価格がその方法によって決定された価格を上回るものでない場合は，特別な事情の存しない限り，その登録価格は適正な時価を上回るものではないと推認する（最二小判平15・7・18裁判集民210号283頁，最二小判平21・6・5裁判集民231号57頁）。

(3) 要旨1及び要旨2から導かれる登録価格が違法となる場合の判断枠組み

エ 以上を総合すると，登録価格が違法となるのは次のどちらかのときである。

① 登録価格が，評価基準によって決定される価格を上回るとき（イの場合）

② 上回るものではないが，評価方法が一般的な合理性を有しないか，特別の事情がある場合（ウの推認が及ばず，又は推認が覆される場合）で，かつ適正な時価を上回るとき（アの場合）

2 本件でのあてはめ
(1) 審理不尽の違法1
　本件登録価格の適法性を判断するには，上記エ①の場合にあたるか否か（建ぺい率及び容積率の制限にかかわる評価基準における考慮の要否や在り方を含む）の審理判断が必要なところ，原審はこれをしておらず（適正な時価を超えているかがが審理対象であり，本件では超えていないといえるから適法であるとしている），審理不尽の違法がある。

(2) 審理不尽の違法2
　また上記エ②の場合にあたるか否かについての審理判断が必要なところ，適正な時価を超えていないことのみを理由として違法でないとしており，この点についても審理不尽の違法がある。

解　　説

1 判決要旨1の意義
(1) 事件の背景としての固定資産税評価額の状況
　固定資産税の評価基準，方法及び手続は総務大臣の告示により，道府県知事が細目を定め（地方税法388条1項），市町村長がその評価基準によって固定資産の評価をする（地方税法403条1項）。平成6年に知事あてに自治事務官から，それまで地価公示価格等の2～3割とされていた評価額を7割程度とする（「7割評価」という）通達が出され，またバブル崩壊により不動産価格が急激に下落し評価基準によって決定される金額が適正な時価を上回る事例もあるなどして，固定資産税評価額について批判や争いがあった。

(2) 判決要旨1の意義
　登録価格の適法性について，適正な時価を超えないことのみではなく，評価基準によって決定される価格をも上回らないことが必要ということを明確に述べた点である。この点は，既出の最判等でも同様の考え方が示されていたものの明言されていなかったため，適正な時価を超えてさえいなければ違法にならないという反対解釈の余地があったところを，明確にしたものと考えられる。

全国一律の統一的な評価基準による評価によって各市町村全体の評価の均衡を図り、評価に関与する者の個人差に基づく評価の不均衡を解消するため、評価基準によって固定資産の評価を決定すべきであり、適正な時価との多寡との問題とは別に、全国一律の統一的な基準に従って公平な評価を受ける利益が地方税法上（地方税法388条1項・403条1項）保護されるべきことを理由としている。

地価公示価格は地価公示法に基づき調査公表されるもので、目安ではあるものの適正な時価の算定の重要な指標となるものである。7割評価が原則であるから、適正な時価との間に3割程度の余力があることになるが、だからといって、評価方法等が多少間違っていてもその範囲に登録価格が収まるから適法だということにはならず、全国一律の基準で算定された価格を上回る場合には、公平な評価がされていない、という点で違法である、ということである。

(3) 建物について

本件は土地の登録価格が問題になったものであるが、非木造家屋の事案である前掲最高裁平15・7・18第二小法廷判決が参照されていることから、家屋の登録価格についても判決要旨1及び2とも妥当するものと考えられている。

2 判決要旨2の意義

(1) 判決要旨2の意義

評価基準によって決定される価格と適正な時価との関係についても、既に既出の最判で同様の考え方が示されていたが、個別事案に即した判断枠組みを示したにとどまっていたところ、本判決で一般的な法理として判決要旨2のとおり判示し、最高裁の考え方を明確に示したものである。

(2) 「特別の事情」に関して

「特別の事情」とは評価基準を正しく適用したとしても適切に時価を算定することができないことを基礎づける具体的な事情であって、納税義務者が立証責任を負うものと解される。補足意見はこの「特別の事情」が争点となる事案の審理の在り方に関し参考となる点を述べている。

納税義務者から鑑定意見書等が提出されることがよくあるとして、その性

質上鑑定評価には一定の幅があり，課税者側がその不適当であることを逐一反論し主張立証することは大量の評価を公平かつ効率的に処理しようとする地方税法上の趣旨に反するし，実際「特別の事情」の存否は評価方法の当てはめの適否で処理すべきことも多いと考えられる点などを理由として挙げている。

本件でも，後述の差戻高裁判決で，建ぺい率及び容積率が制限されている事情が評価基準の適正さの中で考慮されており，「特別の事情」の存否の問題とはなっていない。

3 本事案の評価基準

(1) 差戻高裁判決（東京高判平26・3・27判自385号36頁，上告が棄却され確定（最三小決平26・9・30LEX/DB25540657））

差戻し後の高裁は，登録価格の決定方法が適正でないとして審査決定の取消しを認めた。

本件は固定資産税評価基準の定める市街地宅地評価法によって登録価格が算定されるべきとされ，そのときには地域の区分，標準宅地の選定，標準宅地の適正な時価の算定等がいずれも適正に行われることが必要である，とした上で，建ぺい率及び容積率が制限されていることによる不利益は当該一団地を共有する住民だけが負担し，その良好な居住環境を享受するという利益は団地の住民だけでなく広く周辺住民においても享受することができる公共的な利益であり，その増加部分が減価部分を上回ることはないと考えられ，本件登録価格は本件制限が減価要因として考慮されておらず，標準宅地の適正な時価の評定が適切になされたものとはいえず，本件登録価格の決定及びこれを是認した本件決定は違法なものである。

(2) 建ぺい率と容積率の制限の評価

建ぺい率と容積率は，土地の面積に対して，どれだけの規模のマンションや団地を建設できるかを定めるものである。判決は，本件制限は当該一団地の住宅建設に限って適用されるものであるが，一団地の住宅建設を構成する建築物を増築したり，その一部を建て替えたりする場合には，一団地の住宅施設について定められている本件制限を受けることになり，一団地の住宅施設の敷地として利用されている土地の有効利用の限度を制限していることは

明らかであって，土地の取引価格にも一定程度の影響を与える要因になることは否定できず，本件登録価格の決定で個別的要因として減価されるべきと述べている。

　都市計画上の制限は，都市計画審議会等の審議を経て変更されることもあるから，将来建替えを行う際に，都市計画法等の変更により建ぺい率や容積率の変更が行われる場合には，評価において変わることもあるということになるだろう。

【永盛　雅子】

第2 著作権

64 マンション建築設計図の著作権

知財高判平成27年5月25日（平成26年（ネ）第10130号）
裁判所HP

争点

1 建築設計図面に著作物性は認められるか
2 著作物性の認められる建築設計図面はいかなる範囲で保護されるか

判決の内容

■ 事案の概要

Aマンションでは，等価交換事業として建替えが計画され，区分所有者（管理組合）は複数の共同事業者候補と打ち合わせをしていた。

そして，候補のうちの1社であるBは，X（原告，控訴人）に依頼し，「Aマンション建替え計画」にかかる基本設計図を制作させた。

Xは，自らの設計図が採用されて建替計画が進むものと考えていたところ，AマンションではBへの依頼を見合わせ，他業者Cを選定し，Cが依頼したY（被告，被控訴人）が実施設計図を制作し，Y図面に基づいて建替えが実施された。

Xは，「自己の制作した基本設計図に無断で依拠して実施設計図を制作したのは著作権（複製権ないし翻案権）の侵害である」と主張して，Yのほか，区分所有者やC等を被告として，損害賠償を請求した。

第1審は，X図面の創作性について，いずれもX図面の作図上の工夫ということはできず，X図面を精査しても，他に表現の創作性といえるような作

図上の工夫があると認めることはできないとし，X図面とY図面との共通点については，いずれもアイデアが共通であるにすぎない等とし，X図面の著作物性を否定してXの請求をいずれも棄却した。これに対し，原判決を不服として，Xが控訴した。

■ 判決要旨

1 建築設計図の著作物性

建築物の設計図は，設計士としての専門的知識に基づき，依頼者からの様々な要望，及び，立地その他の環境的条件と法的規制等の条件を総合的に勘案して決定される設計事項をベースとして作成されるものであり，その創作性は，作図上の表現方法やその具体的な表現内容に作成者の個性が発揮されている場合に認められると解すべきである。もっとも，その作図上の表現方法や建築物の具体的な表現内容が，実用的，機能的で，ありふれたものであったり，選択の余地がほとんどないような場合には，創作的な表現とはいえないというべきである。

2 本件マンション建築設計図の著作物性

(1) 作図上の表現方法

作図上の表現方法については，一般に建築設計図面は，建物の建築を施工する工務店等が設計者の意図したとおり施工できるように建物の具体的な構造を通常の製図法によって表現したものであって，建築に関する基本的な知識を有する施工担当者であれば誰でも理解できる共通のルールに従って表現されているのが通常であり，作図上の表現方法の選択の幅はほとんどないといわざるを得ない。

X図面をみても，その表現方法自体は，そのような通常の基本設計図の表記法に従って作成された平面的な図面であるから，表現方法における個性の発揮があるとは認められず，この点に創作性があるとはいえない。

(2) 具体的な表現内容

X図面に係るマンションは，通常の住居・店舗混合マンションであり，しかも旧マンションを等価交換事業として建て替えることを予定したものであるところ，このようなマンションは，一般的に，敷地の面積，形状，予定建

築階数や戸数,道路,近隣等との位置関係,建ぺい率,容積率,高さ,日影等に関する法令上の各種の制約が存在し,また,等価交換事業としての性質上,そのような制約の範囲内で,敷地を最大限有効活用するという必要性がある上,住居スペースの広さや配置等は旧マンションにおける住居面積,配置,住民の希望や,建築後の建物の日照条件等によることもあり,建物形状や配置,柱や施設の配置を含む構造,寸法等に関する作図上の表現において設計者による独自の工夫の入る余地は限られているといえる。

　特に,本件においては,X図面は,区分所有者らとの協議結果に基づいて作成されたものであると認められること,本件建物においても建替え前の住戸位置や階数は原則として踏襲することとされ,住戸面積についても各住民の希望があったこと等からすれば,住民の希望に沿った建物の全体形状,寸法及び敷地における建物配置並びに建物内部の住戸配置,既存杭を前提とした場合の合理的な位置の選択の幅は狭いというべきである。

　もっとも,住民の希望に沿った建物の全体形状,寸法及び敷地における建物配置並びに建物内部の住戸配置,既存杭を前提とした場合の合理的な位置の選択の幅は狭いとはいえ,各部屋や通路等の具体的な形状や組合せ等も含めた具体的な設計については,その限定的な範囲で設計者による個性が発揮される余地は残されているといえるから,Xの一級建築士としての専門的知識及び技術に基づいてこれらが具体的に表現されたX図面全体については,これに作成者の個性が発揮されていると解することができ,創作性が認められる。

3　本件図面の保護範囲

　本件においては設計者による選択の幅が限定されている状況下において作成者の個性が発揮されているだけであるから,その創作性は,その具体的に表現された図面について極めて限定的な範囲で認められるにすぎず,その著作物性を肯定するとしても,そのデッドコピーのような場合に限って,これを保護し得るものであると解される。

　そして,X図面とY図面とを比較すると,建物の全体形状に所以する各階全体の構造や,Aマンションと基本的に同様の配置とすることに所以する内部の各部屋の概略的な配置は類似するものの,各部屋や通路等の具体的な形

状及び組合せは異なる点が多くあり，もともとX図面の各部屋や通路の具体的な形状及び組合せも，通常のマンションにおいてみられるありふれた形状や組合せと大きく相違するものではないことを考慮すれば，X図面及びY図面が実質的に同一であるということはできない。そうすると，X図面とY図面とが，その基本となる設計与条件において共通する点があるとしても，具体的に表現された図面としては異なるものであるといわざるを得ず，Y図面がX図面の複製権又は翻案権を侵害しているとは認められない。

解　　説

1　マンション建築設計図の著作物性

　著作権法において，著作物は，「思想又は感情を創作的に表現したものであつて，文芸，学術，美術又は音楽の範囲に属するもの」（著作権法2条1項1号）と定義されている。さらに，著作物の具体的な例示として，「学術的な性質を有する図面……の著作物」があげられている（著作権法10条1項6号）。

　本判決も，建物の建築設計図が同号の著作物に該当する場合があることを前提としているが，その創作性は，①作図上の表現方法や②具体的な表現内容に作成者の個性が発揮されている場合に認められるとし，「実用的，機能的で，ありふれたものであったり，選択の余地がほとんどないような場合」は，創作性は否定されるとした。

　上記判示は，建物の建築を施工する工務店等が設計者の意図したとおりに施工できるように建物の具体的な構造を通常の製図法によって表現したものについては，建築に関する基本的な知識を有する施工担当者であれば誰でも理解できる共通のルールに従って表現されているのが通常であり，その表現方法そのものに独創性を見いだすことはできないという従前の裁判例の考え方を踏襲しているものと考えられる。

　すなわち，従前の裁判例は，個人住宅については，敷地の面積・形状や，道路・近隣建物等との位置関係，建ぺい率，容積率，高さ，日影等に関する法令上の規制に加え，間取りについても施主の要望を取り入れる必要があるため，設計者の独自の工夫が入る余地はほとんどないと考えられることか

ら，設計図に著作物性が認められるのは，他に例をみないほどの独創性，学術性が認められるような例外的な場合に限られると考えられ，裁判例も同様の考え方に立っているものとみられてきた（東京地判昭54・6・20無体集11巻1号322頁，東京地判平14・12・19裁判所HP等）。マンションも，様々な規制によって設計者の独自の工夫が入る余地が大きく制約されている点において，個人住宅と同様であると捉え，マンション建築設計図の創作性について厳しく判断しているものと考えられる。

2　本件図面の著作物性の検討

本判決は，上記1のとおり，①作図上の表現方法と②具体的な表現内容の2点から，本件図面の創作性について判断している。

このうち，本判決は，①作図上の表現方法については，一般論として，建築設計図面は建築に関する基本的な知識を有する施工担当者であれば誰でも理解できる共通のルールに従って表現されているのが通常であって，作図上の表現方法の選択の幅はほとんどないとした上で，本件図面もそのような平均的な図面であるとして創作性を否定している。本判決の考え方に従えば，マンションの建築設計図の創作性が①の観点から認められるのは極めて限られたケースになると思われる。

他方，本判決は，②具体的な表現内容については，住民の希望に沿った建物の全体形状，寸法及び敷地における建物配置並びに建物内部の住戸配置，既存杭を前提とした場合の合理的な位置の選択の幅は狭いとしつつ，各部屋や通路等の具体的な形状や組合せ等も含めた具体的な設計については，その限定的な範囲で設計者による個性が発揮される余地は残されているとして，本件図面全体について創作性を認めている。

本判決が，マンション建築設計図に広く創作性を認める可能性を示唆したものであるか，本件図面に限定した判断をしたものであるかは明確ではないが，部屋や通路の具体的な形状や組合せによっては，少なくともマンション建築設計図に創作性が認められる場合があることを示した点で意義があるといえる。

3　著作物であるマンション建築設計図の保護範囲

本判決は，本件図面の創作性を認めつつも，設計者による選択の幅が限定

されている状況下において作成者の個性が発揮されているだけであるとして，デッドコピーのような場合に限って，これを保護し得るものとしており，その保護範囲を限定している。

　本判決も繰り返し指摘するとおり，マンション建築設計図における各要素の選択の幅は狭く，偶然の一致が避けられない面もあることからすれば，保護範囲を絞ることは妥当な帰結と考えられる。本判決の示す「デッドコピーのような場合」に該当するケースは限定されるが，そもそも選択の幅が狭い中での比較検討であるから，これが肯定されることもあり得るのではないかと思われる。

【宮田　義晃】

判例索引

【大審院】

〔明治〕

大判明38・10・20民録11輯1374頁 ……………………………………… *225*
大連判明41・12・15民録14輯1276頁 …………………………………… *225*

〔大正〕

大判大15・6・12民集5巻495頁 …………………………………………… *312*

〔昭和〕

大判昭8・1・14民集12巻71頁 …………………………………………… *90, 102*

【最高裁判所】

〔昭和〕

最二小判昭31・7・20民集10巻8号1059頁 ……………………………… *199*
最一小判昭33・12・18民集12巻16号3323頁 …………………………… *295*
最二小判昭36・7・21民集15巻7号1966頁 ………………………………… *36*
最一小判昭39・10・15民集18巻8号1671頁 …………………………… *127, 205*
最一小判昭41・4・14民集20巻4号649頁 ………………………………… *102*
最一小判昭41・6・23民集20巻5号1118頁 ……………………………… *200*
最一小判昭42・6・22判タ209号139頁 ………………………………… *323, 324*
最三小判昭42・7・18民集21巻6号1559頁 ……………………………… *109*
最二小判昭43・8・2民集22巻8号1571頁 ……………………………… *225*
最二小判昭43・11・15民集22巻12号2671頁 …………………………… *225*
最二小判昭45・12・18民集24巻13号2151頁 …………………………… *199*
最一小判昭47・3・9民集26巻2号213頁，判時664号33頁，判タ277号136頁 ……… *216*
最三小判昭47・6・27民集26巻5号1067頁 ………………………………… *63*
最一小判昭48・10・11裁判集民110号231頁，判時723号44頁 ………… *151*
最三小判昭49・11・29民集28巻8号1670頁 ……………………………… *314*
最三小判昭53・12・5判時917号53頁，判タ378号86頁 ………………… *295*
最一小判昭56・6・18判時1009号58頁，判タ446号76頁 ……………… *237*
最一小判昭56・6・18判時1009号63頁 …………………………………… *237*
最二小判昭56・7・17判時1018号72頁 …………………………………… *237*
最三小判昭56・9・8判タ453号70頁 ……………………………………… *102*
最三小判昭57・9・28民集36巻8号1652頁 ……………………………… *314*
最二小判昭59・10・26（昭和58年（行ツ）第35号）民集38巻10号1169頁 ……… *11, 16, 33*

最二小判昭61・4・25判時1199号67頁 ·· *237*
最一小判昭61・7・10裁判集民148号269頁 ·· *128*
最大判昭62・4・22民集41巻3号408頁，判タ633号93頁 ···················· *288*
最二小判昭62・7・17判時1243号28頁 ·· *195*

〔平成〕

最二小判平5・2・12判時1459号111頁 ·· *237*
最二小判平10・10・30民集52巻7号1604頁 ··· *145*
最三小判平12・3・21判時1715号20頁 ·· *237*
最三小判平14・1・22（平成9年（行ツ）第7号）民集56巻1号46頁 ·········· *33*
最大判平14・2・13民集56巻2号331頁，判時1777号36頁 ······················ *289*
最一小判平15・6・26民集57巻6号723頁 ·· *334*
最二小判平15・7・18裁判集民210号283頁 ··· *334*
最二小判平16・4・23裁判所HP，民集58巻4号959頁，裁時1362号5頁，判タ1152号147頁，判時1861号38頁 ··· *282*
最二小決平17・6・24判タ1187号150頁 ··· *46*
最大判平17・12・7民集59巻10号2645頁 ·· *10*
最三小判平18・1・17民集60巻1号27頁 ·· *225*
最一小判平18・3・30民集60巻3号948頁，判時1931号3頁，判タ1209号87頁 ····· *5, 12, 24*
最二小判平19・7・6民集61巻5号1769頁，判タ1252号120頁 ········· *112, 117, 119*
最一小判平21・4・23（平成20年（オ）第1298号）裁判集民230号435頁，判時2045号116頁，判タ1299号121頁 ··· *287*
最二小判平21・6・5裁判集民231号57頁 ·· *334*
最一小決平21・7・2判自327号79頁 ·· *18*
最一小判平21・10・15民集63巻8号1711頁 ··· *12*
最一小判平21・12・17民集63巻10号2631頁，判時2069号3頁，判タ1317号81頁 ········· *17*
最三小判平22・1・26（平成20年（受）第666号）裁判集民233号9頁，判時2069号15頁，判タ1317号137頁 ··· *144*
最三小判平22・6・1判時2083号77頁，判評625号172頁 ························ *102*
最三小判平23・2・15（平成21年（受）第627号）裁判集民236号45頁，判時2110号40頁，判タ1345号129頁，金法1944号123頁 ································· *125, 273*
最一小判平23・7・21裁判集民237号293頁 ··· *119*
最三小決平23・10・11（平成23年（ク）第166号，平成23年（許）第8号）裁判集民238号1頁，判時2136号36頁，判タ1361号128頁 ························· *247, 262*
最三小判平24・1・17（平成22年（受）第2187号）判時2142号26頁 ········· *193, 261*
最二小判平24・4・20裁判集民240号185頁 ··· *22*
最三小判平25・3・26裁判集民243号101頁，裁時1576号8頁，裁判所HP ···· *41*
最二小判平25・7・12（平成24年（行ヒ）第79号）判時2201号37頁，判タ1394号124頁
　··· *333*

判例索引　*347*

最二小決平26・4・11（平成25年（オ）第1330号，平成25年（受）第1633号）公刊物未登載
　··*297*
最三小決平26・9・30LEX/DB25540657 ···*337*
最二小判平27・9・18（平成25年（受）第843号）民集69巻6号1711頁，判時2278号63頁，
　判タ1418号92頁···*269*
最二小決平28・3・18（平成27年（許）第15号）民集70巻3号937頁 ··············*249, 259*

【高等裁判所】

〔昭和〕

札幌高判昭42・5・9判時489号62頁，判タ207号90頁·································*295*
東京高決昭51・11・11判タ348号213頁···*6*
東京高判昭53・2・27下民集31巻5〜8号658頁，金判552号35頁，金法875号31頁
　···*174, 189, 243, 261*
名古屋高金沢支判昭56・3・30判時1027号74頁···*216*
大阪高判昭62・11・10判時1277号131頁，判タ670号140頁·····························*229*

〔平成〕

東京高判平2・5・28判時1354号100頁··*271*
東京高判平6・8・4判タ855号301頁···*148*
東京高判平7・2・28判時1529号73頁··*239*
東京高判平7・12・18判タ929号199頁··*326*
東京高判平8・2・20判タ909号176頁···*148*
東京高判平8・12・26判時1599号79頁···*271*
大阪高判平10・12・17判時1678号89頁··*195*
東京高決平11・8・2判タ1057号153頁···*17*
大阪高判平11・9・17判タ1051号286頁···*59*
東京高判平12・11・30判時1737号38頁···*157*
東京高決平12・12・22判時1767号43頁··*24*
東京高判平13・10・31判時1777号46頁···*282*
東京高判平14・6・7判時1815号75頁···*24*
大阪高判平14・6・21判時1812号101頁···*328*
東京高判平14・8・28判時1812号91頁··*157*
大阪高判平16・12・2（平成15年（ネ）第3590号）判時1898号64頁，判タ1189号275頁
　···*59, 92*
福岡高判平16・12・16民集61巻5号1892頁··*119*
東京高判平17・12・19判時1927号27頁··*24*
東京高判平18・11・1 ウエストロー2006WLJPCA11016004 ···························*245*
東京高判平19・9・12判タ1268号186頁··*302*
東京高判平19・11・28判タ1268号322頁··*161*

大阪高判平20・4・16（平成20年（ツ）第7号）判時2018号19頁，判タ1267号289頁
.... 134, 142
大阪高判平20・5・19公刊物未登載.. 288
東京高判平21・1・14裁判所HP 17
東京高決平21・2・6（平成21年（行ケ）第5号）裁判所HP 14
福岡高判平21・2・6判時2051号74頁... 119
札幌高判平21・2・27（平成20年（ネ）第234号）判タ1304号201頁 218, 229
東京高判平21・5・28公刊物未登載.. 37
東京高判平21・8・6（平成21年（ネ）第2046号）判タ1314号211頁 223
東京高判平21・9・24判時2061号31頁... 148
東京高決平22・6・25（平成22年（ラ）第1083号）判タ1336号281頁 251
東京高判平22・7・28ウエストロー2010WLJPCA07286005 193
東京高決平23・1・17判タ1363号203頁... 248
大阪高判平23・3・30判時2130号13頁 215
札幌高判平23・5・26（平成22年（ネ）第291号，平成23年（ネ）第75号）法ニュース89号203頁，LLI/DBL06620261.. 51
東京高判平23・9・15判1375号223頁 158
東京高判平23・11・16（平成23年（ツ）第148号）判時2135号56頁 255
東京高判平23・11・24（平成23年（ネ）第3590号）判タ1375号215頁 165, 261
福岡高判平24・1・10（平成23年（ネ）第764号）判時2158号62頁，判タ1387号238頁 ... 119
東京高判平24・3・19（平成23年（ネ）第7546号）金法1958号96頁 309
東京高判平24・12・13民集69巻6号1722頁 269
名古屋高判平25・2・22（平成24年（ツ）第7号）判時2188号62頁 139
福岡高判平25・2・27判時2254号44頁 113
東京高判平25・3・14（平成24年（行コ）第387号）LLI/DBL06820503 ... 298
東京高判平25・4・10（平成25年（ネ）第273号）公刊物未登載 296
東京高判平25・10・23（平成24年（行コ）第122号）判時2221号9頁，判タ1415号87頁 8
大阪高判平26・1・23（平成25年（ネ）第2160号）判時2261号148頁 7, 59, 61
大阪高判平26・3・20LLI/DBL06920424 11
東京高判平26・3・27判自385号36頁 337
東京高判平26・4・16（平成25年（ネ）第6530号，平成26年（ネ）第432号）判時2226号26頁，判タ1417号107頁... 149
知財高判平27・5・25（平成26年（ネ）第10130号）裁判所HP 339
東京高判平27・12・22（平成26年（ネ）第5388号）判自405号18頁，裁判所HP 20
大阪高判平28・12・9（平成28年（ネ）第1420号）裁判所HP，ウエストロー2016WLJPCA12099002... 154

【地方裁判所】

〔昭和〕

東京地判昭51・5・13判時840号84頁 ……………………………………… *239*
東京地判昭52・12・21判時895号89頁 …………………………………… *239*
東京地判昭53・12・7判時924号77頁，判タ378号115頁 ………… *238, 239*
東京地判昭54・6・20無体集11巻1号322頁 …………………………… *343*
東京地判昭54・10・30判タ403号127頁 ………………………………… *238*
東京地判昭56・8・3判時1034号112頁 ………………………………… *239*
大阪地判昭62・6・23判タ658号218頁 …………………………………… *138*
京都地判昭63・6・16判タ683号148頁 …………………………………… *164*

〔平成〕

大阪地判平元・5・31判時1351号91頁 …………………………………… *229*
横浜地判平元・9・7判タ729号174頁 ……………………………………… *68*
東京地判平3・2・26判タ768号155頁 …………………………………… *239*
東京地判平5・3・30判時1461号72頁 …………………………………… *148*
東京地八王子支判平5・7・9判時1480号86頁 ………………………… *168*
東京地判平5・11・29判時1499号81頁 ……………………………… *137, 142*
東京地判平6・3・31判時1519号101頁 ………………………………… *179*
横浜地判平6・9・9判時1527号124頁 …………………………………… *168*
神戸地判平7・8・8判タ896号168頁 ……………………………………… *323*
神戸地決平7・10・17判時1560号127頁 ………………………………… *323*
東京地判平7・11・21判タ912号188頁 ………………………………… *179*
東京地判平8・5・13判時1595号77頁 …………………………………… *195*
東京地判平8・7・5判時1585号43頁 ……………………………………… *179*
神戸地判平9・3・26判タ947号273頁 …………………………………… *238*
東京地判平9・7・24判タ966号274頁 …………………………………… *267*
京都地判平10・1・30判タ969号267頁 …………………………………… *267*
大阪地判平10・8・25判時1668号112頁 ………………………………… *328*
東京地判平10・9・16判タ1038号226頁 …………………………………… *65*
東京地判平10・11・26判時1682号60頁 ………………………………… *104*
札幌地判平11・1・27判タ1054号267頁 ………………………………… *271*
東京地判平11・2・25判時1676号71頁 ………………………………… *59, 65*
神戸地判平11・4・28判タ1044号191頁 ………………………………… *312*
東京地判平13・2・28判時1748号110頁，判自217号65頁，裁判所HP ……… *36*
東京地判平13・11・14ウエストロー2001WLJPCA11140004 …………… *85*
東京地判平14・6・24判時1809号98頁 ………………………………… *271*
東京地判平14・12・19裁判所HP …………………………………………… *343*

判決	頁
大分地判平15・2・24民集61巻5号1775頁	119
札幌地判平16・3・31裁判所HP	7
東京地判平17・5・13判タ1218号311頁	262
東京地判平17・6・23判タ1205号207頁	168
東京地判平17・9・13判時1937号112頁	195
東京地判平17・9・28ウエストロー2005WLJPCA09288002	91
東京地判平17・11・21判時1915号34頁,判タ1255号190頁	37
横浜地判平17・11・30判自277号31頁	46
東京地判平17・12・5判タ1219号266頁	109
東京地判平18・5・17LLI/DBL06131989	151
東京地判平18・6・27判時1961号65頁	245, 262
東京地判平18・8・31判タ1256号342頁	164
東京地判平19・7・31LLI/DBL06233429	152
大阪地判平19・9・26（平成18年（レ）第306号）	135
東京地判平19・10・10判タ1279号237頁	109
東京地判平19・10・23判タ1285号176頁,ウエストロー2007WLJPCA10238004	37
大阪地判平19・10・30公刊物未登載	288
大阪地判平19・12・27判タ1270号191頁	31
東京地判平20・2・27（平成19年（ワ）第30283号）LLI/DBL06330962	208
東京地判平20・3・27ウエストロー2008WLJPCA03278014	86
東京地判平20・4・28判タ1275号329頁	68
さいたま地判平20・12・24公刊物未登載	37
東京地判平21・1・29（平成20年（ワ）第8735号）判タ1334号213頁	160
東京地判平21・3・23公刊物未登載	157
東京地判平21・5・27判タ1304号206頁	46
東京地判平21・6・26ウエストロー2009WLJPCA06268003	69
東京地判平21・10・1（平成16年（ワ）第18418号）法ニュース82号267頁	105
札幌地判平21・10・29判時2064号83頁	114
大阪地判平21・11・26判タ1348号166頁	68
東京地判平21・12・24ウエストロー2009WLJPCA12248012	37
東京地判平21・12・28（平成19年（ワ）第25978号）ウエストロー2009WLJPCA12288001	169, 261
横浜地判平22・2・25ウエストロー2010WLJPCA02250610	193
札幌地判平22・4・22判時2083号96頁	52
東京地立川支判平22・5・13（平成20年（ワ）第2785号）判時2082号74頁	175
東京地判平22・5・21（平成20年（ワ）第900号）ウエストロー2010WLJPCA05218001	240
東京地決平22・10・18（平成22年（ケ）第1558号）	247

東京地判平22・11・17判時2107号127頁 ……………………………… *262*
東京地判平22・12・22判タ1360号105頁 ……………………………… *25*
東京地判平23・3・22LLI/DBL06630156 ……………………………… *212*
東京地判平23・3・23ウエストロー2011WLJPCA03238020 ………… *257*
福岡地判平23・3・24（平成17年（ワ）第3128号）判時2119号86頁 …… *110*
仙台地判平23・6・30裁判所HP，ウエストロー2011WLJPCA06309005 …… *37*
さいたま地川越支判平23・8・18LLI/DBL06650470 ……………… *37*
東京地判平23・8・24ウエストロー2011WLJPCA08248008 ………… *142*
東京地判平23・9・30（平成22年（ワ）第11068号）ウエストロー2011WLJPCA09308002
……………………………………………………………………………… *70*
東京地判平23・10・20（平成23年（ワ）第11368号）判時2147号124頁，金法1958号103頁
……………………………………………………………………… *309, 318*
東京地判平23・11・11（平成22年（行ウ）第295号）判タ1387号109頁 …… *32*
東京地判平23・12・16LLI/DBL06630668 ………………………… *179*
横浜地判平24・1・30民集69巻6号1719頁 ………………………… *269*
福岡地判平24・2・9（平成23年（ワ）第2294号）裁判所HP ……… *186, 261*
東京地判平24・2・17（平成22年（行ウ）第271号）判時2221号17頁，判タ1387号126頁 … *8*
東京地判平24・3・2 LEX/DB25492504 …………………………… *245*
大阪地判平24・3・27（平成22年（ワ）第15843号）判時2159号88頁 …… *3*
東京地判平24・3・28（平成21年（ワ）第23322号，平成22年（ワ）第45754号）判時2157号50頁 ……………………………………………………………… *129*
東京地判平24・9・21（平成22年（行ウ）第613号）LEX/DB25496539 …… *18*
東京地判平24・9・25（平成23年（行ウ）第597号）判時2201号42頁 …… *298*
東京地判平24・11・26（平成23年（ワ）第24308号）LEX/DB25497814 …… *312, 315*
東京地判平24・12・27（平成22年（ワ）第38641号）判時2187号51頁，判タ1394号340頁
……………………………………………………………………………… *292*
東京地判平25・1・23判タ1408号375頁 …………………………… *191*
大阪地判平25・2・26（平成22年（ワ）第136号，平成23年（ワ）第1926号）判タ1389号193頁
……………………………………………………………………………… *77*
東京地判平25・3・11（平成24年（ワ）第12463号）ウエストロー2013WLJPCA03118001
……………………………………………………………………………… *83*
東京地判平25・5・8 LEX/DB25512820 …………………………… *245*
東京地判平25・5・27（平成24年（ワ）第29021号）LEX/DB25513111 …… *264*
東京地判平25・7・3判タ1416号198頁 ……………………………… *69*
東京地判平25・8・22（平成21年（ワ）第26799号，平成22年（ワ）第3953号）判時2217号52頁 ……………………………………………………………… *213*
東京地判平25・8・23（平成22年（ワ）第12710号）LEX/DB25514411，ウエストロー2013WLJPCA08238001 ……………………………………………… *115*

仙台地判平25・10・8（平成24年（行ウ）第20号）LLI/DBL06850527 ··················· *320*
東京地決平25・10・24LEX/DB25502764 ······································· *184*
東京地判平25・10・25判時2226号29頁，判タ1417号111頁 ················· *149*
東京地判平25・11・21（平成24年（ワ）第26150号）ウエストロー2013WLJPCA11218004，
　LEX/DB25515985 ·· *98*
東京地判平25・12・27（平成21年（ワ）第28348号）LEX/DB25516770 ·················· *56*
東京地判平26・1・15（平成25年（ワ）第15563号）LEX/DB25517189 ··················· *88*
東京地判平26・2・4（平成22年（ワ）第31348号）公刊物未登載 ················ *18*
東京地判平26・4・15（平成25年（ワ）第3227号）ウエストロー2014WLJPCA04158002
　··· *66*
東京地判平26・7・10（平成26年（ワ）第3903号）ウエストロー2014WLJPCA07108003，
　LEX/DB25520423 ··· *226*
東京地判平26・10・28（平成24年（ワ）第26314号）判時2245号42頁 ········· *235*
東京地判平26・12・9（平成26年（レ）第394号）ウエストロー2014WLJPCA12098003
　··· *93*
東京地判平27・1・26（平成25年（ワ）第31372号）判時2253号94頁，判タ1423号329頁
　··· *304*
東京地判平27・1・29（平成25年（ワ）第34283号）ウエストロー2015WLJPCA01298031
　··· *279*
東京地判平27・1・29（平成25年（ワ）第697号）ウエストロー2015WLJPCA01296011
　··· *38*
東京地判平27・2・16（平成26年（ワ）第16514号）判時2267号67頁，ウエストロー2015
　WLJPCA02168002 ··· *231*
東京地判平27・6・19（平成24年（ワ）第20670号）判タ1422号317頁 ············ *43*
東京地決平27・6・24裁判所 HP ··· *18*
東京地判平27・9・18（平成26年（ワ）第5667号）LLI/DBL07031046 ········· *180, 261*
仙台地判平27・9・28（平成27年（ワ）第6号）公刊物未登載 ················ *325*
東京地判平27・11・24LLI/DBL07031213 ··· *12*
福岡地小倉支判平28・1・18（平成26年（ワ）第1109号）判時2300号71頁 ·········· *274*
東京地判平28・2・2ウエストロー2016WLJPCA02028003 ····················· *262*
東京地判平28・2・12裁判所 HP，ウエストロー2016WLJPCA02128024 ·········· *37*
東京地判平28・2・16（平成27年（行ウ）第243号）判時2313号18頁 ············ *27*
東京地判平28・2・23（平成27年（ワ）第25430号）LEX/DB25533870 ·········· *197*
東京地判平28・2・26（平成26年（ワ）第15270号）LEX/DB25533857 ·········· *203*

【簡易裁判所】

〔平成〕

大阪簡判平18・11・17（平成18年（ハ）第4365号）··· *135*

【編集代表】

犬塚　浩（いぬづか　ひろし）
平成5年弁護士登録（第二東京弁護士会），京橋法律事務所
社会資本整備審議会住宅宅地分科会「民間賃貸住宅部会」臨時委員，同「既存住宅・リフォーム部会」臨時委員，一般財団法人ベターリビング評議員（現），国土交通省住宅局市街地建築課「住宅団地の再生のあり方に関する検討会」委員，国土交通省「住宅瑕疵担保履行制度のあり方に関する検討委員会」委員，同「賃貸住宅に係る紛争等の防止方策検討ワーキングチーム」主査等

【編集委員】

宮田義晃（みやた　よしあき）
平成20年弁護士登録（第二東京弁護士会），京橋法律事務所
日本弁護士連合会住宅紛争処理機関検討委員会幹事，第二東京弁護士会住宅紛争審査会紛争処理委員，慶應義塾大学大学院法務研究科非常勤講師等

吉田可保里（よしだ　かほり）
平成23年弁護士登録（第二東京弁護士会），T＆Tパートナーズ法律事務所
一級建築士，日本弁護士連合会住宅紛争処理機関検討委員会幹事，第二東京弁護士会住宅紛争審査会運営委員会，一般社団法人賃貸不動産経営管理士協議会試験委員

永盛雅子（ながもり　まさこ）
平成27年弁護士登録（第二東京弁護士会），株式会社ザイマックス法務部
日本弁護士連合会住宅紛争処理機関検討委員会幹事，第二東京弁護士会住宅紛争審査会運営委員会副委員長

マンション
判例ハンドブック

2018年2月20日　初版第1刷印刷
2018年3月6日　初版第1刷発行

©編者　犬塚　浩

発行者　逸見慎一

発行所　東京都文京区本郷6丁目4の7　株式会社　青林書院
振替口座　00110-9-16920／電話03(3815)5897～8／郵便番号113-0033
http://www.seirin.co.jp

印刷・星野精版印刷㈱／落丁・乱丁本はお取替え致します。
Printed in Japan　ISBN978-4-417-01733-2

JCOPY 〈㈳出版者著作権管理機構　委託出版物〉
本書の無断複写は著作権法上での例外を除き禁じられています。複写される場合は，そのつど事前に，㈳出版者著作権管理機構（電話 03-3513-6969，FAX 03-3513-6979，e-mail:info@jcopy.or.jp）の許諾を得てください。